梅本堯夫・大山　正 監修 **2** コンパクト新心理学ライブラリ

学習の心理
第2版

行動のメカニズムを探る

実森正子・中島定彦 共著

サイエンス社

監修のことば

　心理学をこれから学ぼうという人の中には，おうおうにして先入観をもっている人が多い。それは，たいていマスコミで取り上げられることの多いカウンセリングや深層心理の問題である。心理学といえば，それだけを扱うものであるという誤解が生まれやすいのは，それらの内容が青年期の悩みに，すぐに答えてくれるように思われるからであろう。それらの臨床心理の問題も，もちろん，心理学の中で重要な問題領域であるが，心を研究する科学としての心理学が扱う問題は，もちろんそれだけではない。

　人間は環境の中で生きていくために，環境の事物をよく見たり，聞いたりしなければならないし，欲望を満足させるために行動しなければならないし，行動して得た貴重な経験は生かされなければならない。心は，考えたり，喜んだり，泣いたり，喧嘩したり，恋愛をしたりという，人間のあらゆる活動で働いている。大人の心だけではなく，子どもの心も知らなければならない。人はそれぞれ違った性格をもっているし，社会の中で生きていくためには人間関係がどのようになっているかも知らなければならない。

　心理学は実に豊富な内容をもっていて，簡単にこれだけが心理学であるというわけにはいかない。『吾輩は猫である』という作品一つで，夏目漱石とは，こういう作家であるといえないようなものである。夏目漱石を知ろうと思えば，漱石全集を読む必要がある。

　それと同じように心理学とはなにかということを理解するためには，知覚心理学も発達心理学も性格心理学も社会心理学も臨床心理学も，およそのところを把握する必要がある。

　われわれがさきに監修した「新心理学ライブラリ」は，さいわい世間で好意的に受け入れられ，多くの大学で教科書として採用していただいた。しかし近年，ますます大学で学ばなければならない科目は増加しており，心理学のみにあまり長い時間をかける余裕はなくなってきた。そこで，今回刊行する，心理学の各領域のエッセンスをコンパクトにまとめた「コンパクト新心理学ライブラリ」は現代の多忙な大学生にとって最適のシリーズであると信じる。

監修者　梅 本 堯 夫

大 山　　正

第2版へのはしがき

　本書の初版は2000年に刊行された。その"はしがき"には，「最新の学習心理学のもっとも簡明な教科書を作る」という目的で執筆したと記されている。それから19年の歳月を経て，第2版には新たに11章「エピソード記憶とメタ記憶」を付け加えた。いずれも，従来はヒトに特有な記憶だと考えられていた。11章に収録した動物研究の多くが2000年以後のものであるように，動物におけるエピソード記憶やメタ記憶の行動的研究は近年加速度的に進展した。本書は，こうした新たな潮流を背景に改訂された。「学習の心理」という視点から，エピソード記憶やメタ記憶を動物で検証するための行動実験パラダイムに焦点をあて，平易に解説するように努めた。

　1章から10章までの構成は，初版と同じである。ただし，近年の研究を適宜追加し，随所に変更や補足をほどこした。とりわけ，本書を用いた授業で学生から提起された疑問点や意見を参考にした。第2版がより簡明になっているとすれば，学生諸氏のおかげである。

　最後に，改訂の作業に長い間とりかかれなかった著者の背中を押してくださった本ライブラリ監修者の大山　正先生に深く感謝したい。また，編集を担当されたサイエンス社の清水匡太氏には大変お世話になった。記して謝意を表したい。

　2019年10月

実森正子

中島定彦

初版へのはしがき

　本書は「最新の学習心理学のもっとも簡明な教科書を作る」目的で執筆された。伝統的な学習心理学の領域では，ある特定の行動が特定の環境要因のもとで学習される過程について多くの研究が行われていた。しかし近年では，生得的な基盤や過去の経験，そして現在の全環境の中で学習行動をとらえるようになった。そのような流れにあって，種特異性の重視，パヴロフの条件反射学に由来する古典的（レスポンデント）条件づけの新たな展開，動物の認知的行動への関心の高まり，などの動きがあった。道具的（オペラント）条件づけも，「ある場面で，何をしたら，どうなったか」という行動と環境との関係についての認識の成立であり，それを他の場面で生じるさまざまな行動とも関係づけてとらえ直すという見方が主流になってきている。本書では，これらの新展開を取り入れながら，学習心理学の重要な事項について簡明に記述することを心がけた。

　学習心理学の基礎的成果の多くは動物実験に負うところが大きい。旧来の学習理論については歴史的に重要な研究者をトピック記事で紹介するにとどめ，動物での基礎研究の実際を具体的に理解できるようにすることと，今日の学習心理学が人間の日常行動の理解にどう役立つかを平易に解説することに重点をおいた。紙面の関係上，人間の言語行動や動物の知覚や認知についての行動的研究の詳細は解説できなかったが，学習心理学の入門書として必要な事項はすべて取り入れたつもりである。

　「行動」は今日のすべての心理学に関わるテーマである。また，本書で取り上げた条件づけの手法は臨床心理学や教育場面でも利

用されている。学習心理学以外の他の心理学を志す学生も，動物を用いた行動実験を一度は経験してほしい。もし動物の学習が進まなかったり何らかの問題行動があれば，その動物に問題があるのではなく，環境設定や課題が適切ではないからである。適切な環境操作によって動物の行動が劇的に変化する様子を見ることによって，行動を環境との関係のうえでどうとらえて理解すべきかを経験的に知ることができるだろう。また，人間や動物はそれぞれの仕方で行動しそれぞれの環境に適応した結果，命の営みを今に繋いできたことにも気づくだろう。本書もまた，その一助となれば幸いである。

　1～5章は中島が，6～10章は実森が担当したが，6，7，9章のいくつかの事項は中島が執筆した。そして，相互に添削を重ねて本書が完成した。執筆の機会を与えてくださった本ライブラリ監修者の梅本堯夫先生・大山　正先生に感謝したい。とくに大山正先生には，執筆にあたって多くの助言をいただいた。また，編集を担当されたサイエンス社の清水匡太，小林あかね両氏には大変お世話になった。サイエンス社の小林貴弘氏は面倒な注文に快く応じて扉絵を画いてくださった。それらの方々にも改めて感謝の意を表したい。

　2000 年 5 月

実 森 正 子
中 島 定 彦

目　次

第2版へのはしがき ………………………………………………………… i
初版へのはしがき …………………………………………………………… iii

1章　「学習」について学ぶ　　　　　　　　　　　1

学 習 と は ………………………………………………………… 2
学習研究の方法 …………………………………………………… 4
学習研究はどのように役立つか？ ……………………………… 8
人間の学習と動物の学習 ………………………………………… 10
生得的行動 ………………………………………………………… 10
◆参 考 図 書 ……………………………………………………… 16

2章　馴化と鋭敏化　　　　　　　　　　　　　　17

馴　　化 …………………………………………………………… 18
馴化現象を応用した知覚・認知研究 …………………………… 26
鋭 敏 化 …………………………………………………………… 28
◆参 考 図 書 ……………………………………………………… 30

3章　古典的条件づけ1：基本的特徴　　　　　　31

古典的条件づけの獲得 …………………………………………… 32
刺 激 般 化 ………………………………………………………… 36
条件づけの保持 …………………………………………………… 36
情動反応の条件づけ ……………………………………………… 40
消　　去 …………………………………………………………… 40
外制止と脱制止 …………………………………………………… 42
拮抗条件づけ ……………………………………………………… 42
古典的条件づけに影響を及ぼす諸要因 ………………………… 44
◆参 考 図 書 ……………………………………………………… 50

4章　古典的条件づけ2：信号機能　　51

複雑な古典的条件づけ ································ 52
古典的条件づけにおける刺激性制御 ················ 54
刺激の情報価とレスコーラ=ワグナー・モデル ········· 58
形態的学習と階層的学習 ·························· 60
条件興奮と条件制止 ····························· 62
随伴性空間と真にランダムな統制手続き ············· 64
◆参 考 図 書 ································· 66

5章　古典的条件づけ3：学習の内容と発現システム　　67

古典的条件づけで何が学習されるか？ ··············· 68
条件制止の検出 ································· 72
反応の遂行 ···································· 74
古典的条件づけの適応的意味 ······················ 78
◆参 考 図 書 ································· 82

6章　オペラント条件づけ1：基礎　　83

オペラント条件づけとは？ ························· 84
歴史的背景 ···································· 84
オペラント条件づけの基礎 ························· 98
オペラント行動の獲得 ···························· 100
観察による行動の獲得 ···························· 114
ルール志向行動 ································· 114
オペラント条件づけの普遍性 ······················ 116
◆参 考 図 書 ································· 118

7章　オペラント条件づけ2
：強化・消去と罰・強化スケジュール　　119

強　　化 ····································· 120

消　　去 …………………………………………………… 130

罰 ……………………………………………………………… 132

罰の副作用 ………………………………………………… 134

強化スケジュール ………………………………………… 140

部分強化スケジュール後の消去 ………………………… 150

◆参 考 図 書 ………………………………………… 152

8章　オペラント条件づけ3：刺激性制御——弁別と般化　153

弁　　別 …………………………………………………… 154

刺 激 般 化 ………………………………………………… 166

複合刺激の弁別と注意 …………………………………… 174

◆参 考 図 書 ………………………………………… 186

9章　概念学習・観察学習・問題解決　187

概 念 学 習 ………………………………………………… 188

等 価 性 …………………………………………………… 198

観察による学習 …………………………………………… 206

問題解決行動 ……………………………………………… 210

◆参 考 図 書 ………………………………………… 212

10章　記憶と学習　213

記憶と学習 ………………………………………………… 214

短期記憶の研究法 ………………………………………… 214

符 合 化 …………………………………………………… 218

リハーサルと志向的忘却 ………………………………… 220

系列刺激の記憶 …………………………………………… 228

イメージの記憶 …………………………………………… 238

◆参 考 図 書 ………………………………………… 240

11章　エピソード記憶とメタ記憶　　241

エピソード記憶……………………………………242

メタ記憶……………………………………………256

◆参考図書……………………………………………270

引用文献………………………………………………271

人名索引………………………………………………283

事項索引………………………………………………285

執筆者紹介……………………………………………292

「学習」について学ぶ 1

　私たちは日々さまざまなことを学んでいる。コンピュータのキーボードの使い方を習ったり，新しい料理を作れるようになったり，怖そうな顔をした先生が実はやさしい人だと知ったりする。学習心理学とは，私たちが何をどのように学ぶのか，学んだ結果がどのように行動に反映されるのかについて研究する学問である。私たちの行動のほとんど，そして知識や価値観のすべては実体験から，あるいは書物・新聞を読んだりテレビを見たりした経験から学んだものである。したがって，「学習」のしくみと働きについて学ぶことは，心と行動を考えるうえでたいへん重要である。

● 学習とは

　私たちは経験によって変化する。本を読むことによって新しい知識を身につけたり，練習を繰り返すことでシュートがうまくなったり，英会話学校に通うことで英語が話せるようになったり，見知らぬ国を旅して価値観が変わったりする。これらはすべて，学習の例である。学習とは，経験によって生じる比較的永続的な変化のことをいう。この変化は，上手なシュートとか流暢な英会話のように行動として外からはっきりわかる場合もあれば，知識や価値観のように直接目に見えないこともある。しかし，知識や価値観の変化も何らかの形で行動に反映されるし，他人にはわからなくても，自分に語りかけたり考えたりといった「行動」に影響を与える。

　行動に関する変化であっても成熟（例：声変わりして低い声で話すようになった）や老化（例：年をとって物覚えが悪くなった）は，学習とはいわない。経験による変化ではないからである。また，疲労（例：疲れて動けなくなった）や動機づけによる変化（例：お腹がすいて怒りっぽくなった），薬物の短期的効果（例：お酒を飲んで陽気になった）も学習ではない。そうした変化は一時的であり，永続性がないからである。永続的変化であっても，薬物の長期的効果や外傷，筋力トレーニングのように直接身体に影響を与えることで行動の変化が生じる場合も学習ではない。つまり，行動に関わる心理的機能に対して経験が及ぼす比較的永続的な効果が学習である。

　学習するのは私たち人間だけではない。お手をするイヌや玉乗りをするアシカ，手をたたくとやってくる池のコイも，そうした行動を経験によって学習したのである（図1-1）。

図 1-1 チンパンジーの学習の成果
（ケーラー，1917）
さまざまな経験の結果，木箱を積み上げて，手の届かないところにつるされたバナナを取ることもできるようになる。

Topic 習慣族

習慣とは，経験によって獲得され安定して出現する行動のことである。ハル（1934）は，習慣は単独の反応ではなく，特定の状況で特定の行動に至る過程に生じるさまざまな反応の集合体であるとし，これを習慣族とよんだ。たとえば，フタの閉まったビンの中身を食べるという場面を考えてみよう（図1-2）。まず，手でフタを開けようと試みる。これがうまくいかないと，お湯でフタをあたためて開けやすくしようとするだろう。それでもフタが開かないと，誰か腕に力のある人を呼んで開けてもらおうとするかもしれないし，ペンチでこじ開けようとするかもしれない。どうしても開かなければ，ビンを叩きつけて割って中身を手に入れようとするだろう。

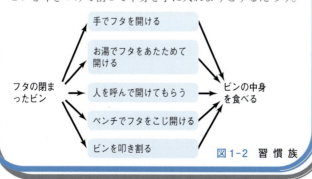

図 1-2 習慣族

学習研究の方法

観察と実験　それでは，経験によって生じる変化はどのようにとらえ研究すればよいのだろうか？　一つの方法は**観察**である。特定の経験をしたことによって，その人や動物の行動がどのように変化するかを観察することができる。たとえば，焼き魚の内臓を口にした子どもが，それ以後，それを食べなくなったという事例を目のあたりにすれば，「食べたものが苦いと，子どもは二度とそれを食べなくなる」と考えることができる。

観察法の欠点は，本当にその特定の経験がその行動変化を生じさせたのか確認しにくいことである。上の例でも，子どもが焼き魚の内臓を食べなくなったのは苦さのせいではなく，周囲の大人の好奇の目が気になったためかもしれない。また，まれにしか生じない事柄の場合，観察した事例が特殊なものである可能性がある。同じような行動変化は他の子どもには生じないかもしれない。またその子どもについても，そのときたまたま体調が悪くてそのような変化が生じたのかもしれない。

学習の**一般法則**を明らかにするためには，**実験**を行う必要がある。つまり，経験させる内容（**独立変数**）をあらかじめ決めておき，その経験の結果どのように行動が変化するか（**従属変数**）を測定しなければならない。この際，独立変数以外の条件は一定に保つことが重要である。また，複数の実験参加者に同じような経験をさせて，同じ結果になるかどうかを確認する必要がある。こうした実験的研究により，どのような条件で学習が生じるのか，何が学習されるのか，学習した内容はどのように行動に表出されるのかを明らかにできるのである。

Topic 学習についての哲学的考察

　学習についての学問的研究は，科学的心理学が生まれるはるか以前から行われていた。当時は，学習とは観念と観念の連合であるとされ，観念連合の法則について哲学的考察が行われた。紀元前4世紀の哲学者アリストテレスは，表1-1の3つの法則をあげている。

表1-1　観念連合の法則

接近	2つの観念が時間的または空間的に接近していると一方が他方を導く。	例：「稲妻」→「雷鳴」，「机」→「椅子」
類似	1つの観念は類似した観念を導く。	例：「りんご」→「なし」，「ライオン」→「トラ」
対比	1つの観念はその正反対の観念を導く。	例：「昼」→「夜」，「黒」→「白」

　アリストテレスの唱えた観念連合は，17〜18世紀のイギリス経験論の哲学者たちによっても支持された。ロックは，人間の心は生まれたときは白紙（タブララサ）であって，経験がその上に観念を刻んでいくと主張し，生まれながらに観念が存在するという生得主義に反対した。

　現在の学習心理学は経験論哲学者の主張した連合主義の遺産を受け継いでいる。しかし，行動のすべてが経験の結果だとは考えない。行動の中には生得的なものがあり，学習はこうした行動の上に形成されるのである。また，多くの学習心理学者は，観察や実験によって学習の法則を明らかにし，その一般性を確認するという実証的な研究に従事している。

学習研究の方法

学習曲線　　学習の結果はさまざまな形で表出されるが，心理学の研究では学習の効果を示すために，しばしば**学習曲線**が描かれる。学習とは経験による変化であるから，横軸に経験回数や経験時間をとり，縦軸には成績をとる。**図1-3**は1匹のアリの迷路学習を表している。横軸は迷路を走った回数，縦軸は誤って袋小路に入った回数を示している。経験を繰り返すことでだんだん誤りが少なくなっていく様子が右下がりのグラフに示されている。迷路を脱出するのに要した時間についても同様の学習曲線を描くことができる。逆に，どれだけ速く迷路を脱出できたか（遂行速度）を縦軸にとると，経験に伴いだんだん速くなるという右上がりのグラフを描くことができる。

　図1-4に，さまざまな学習曲線を模式的に示した。いずれも横軸は経験量，縦軸は成績である。経験に伴い一定の割合で進歩する場合（A），初めはあまり進歩しないがだんだんと進歩が大きくなる場合（B），初めに大きく進歩し徐々に進歩が遅くなる場合（C），Bの変化の後にCの変化を示す場合（D），Cの変化の後にBの変化を示す場合（E）がある。Eの学習曲線では一度，進歩が停滞してからふたたび進歩がみられるが，このように成績が停滞しているところを**高原（プラトー）**という。高原現象は複雑な運動技能を学習するようなときにしばしば生じる。

　学習曲線の形状はさまざまだが，縦軸に示されるのは行動に現れた遂行成績であって，その背景にある学習量ではない。学習量は遂行成績に反映するが，遂行成績は学習者の体調や感情状態，動機づけなど他の要因の影響も受ける。また，学習曲線の形状は学習者ごとに大きく異なることがあるので，平均値をグラフ化する際には注意が必要である（ガリステルら，2004）。

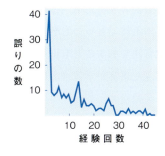

図1-3 アリの迷路学習
（シュネイラ，1933）

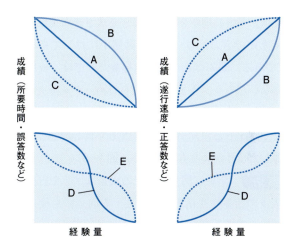

図1-4 さまざまな学習曲線
縦軸の成績が所要時間や誤答数などの場合は右下がり，遂行速度や正答数などの場合は右上がりのグラフとなる。

学習研究はどのように役立つか？

　学習に関する心理学的研究の成果は，学校教育に生かすことができる。学習の本質がわかれば，どのように児童・生徒が学ぶのかを理解できるだろう。また，どの条件でもっとも学習成績が上がるかを知っていれば，最善の教育法を施すことも可能になる。実際，学習心理学が明らかにしてきた事実や学習理論は教育分野に大きな貢献をしている。

　しかし，学習心理学は学校教育にだけ役立つわけではない。私たちの行動のほとんどは学習された行動であり，私たちは日々多くの事柄を学んでいるから，さまざまな分野で学習心理学の知識が重要になる。

　たとえば，学習心理学を応用して，さまざまな運動技能を向上させることができる。コーチが運動選手に対して指導する際，「やればできる，がんばれ」的な精神論だけでは，成績向上はあまり望めないだろう。うまくやったらほめ，ダメだった場合にはそれを指摘し，時にはお手本をみせることも必要である。その際，一般的な知識をもとにコーチするよりも学習心理学の知見を生かして指導したほうがより有効だろう（図1-5）。

行動療法　学習に関する研究の成果は，心や行動に問題を抱える人々の治療や生活の質（QOL）の向上にも役立てられている。学習心理学の研究から得られた知識や理論にもとづく心理療法を**行動療法**という。行動療法では，人々が不適応状態にあるのは，適切な行動が学習されていないか，不適切な行動が学習されているため（あるいはこの両方）だと考える。したがって，適切な行動を獲得させ，不適切な行動を除去することが治療となる。そのために，学習心理学の知識が必要になるのである（図1-6）。

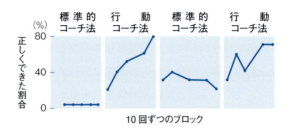

図 1-5 **標準的なコーチ法と学習心理学にもとづいた行動コーチ法の比較**（アリソンとエイロン，1980）
中学女子体操部のある補欠選手について，行動コーチ法を試みたところ「背面蹴上がり」が正しくできるようになった。行動コーチ法をやめて標準的なコーチ法に戻すと成績が低下したが，ふたたび行動コーチ法を行うとまた成績がよくなった。各点は 10 回あたり何回正しくできたかをパーセントで示している。

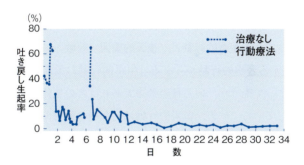

図 1-6 **行動療法の効果**（サイワイら，1974）
ミルクを飲んだ後，吐き戻してまた飲むという問題行動を示す乳児に対し，学習心理学の理論にしたがって，問題行動が生じるたびにレモン汁を与えると，問題行動が消失する。12 日までは 1 日 2〜6 回測定した。以後は 1 日 1 回測定した。

人間の学習と動物の学習

　人間も動物も，ともに環境に適応するという進化の圧力を受けてきたわけだから，同じ種類の学習を人間と他の動物が共有していても不思議ではない。特に，学習の基本的なしくみを探る場合，より単純な動物を用いたほうがその学習に影響する独立変数を同定しやすい。また，学習とは経験の効果であるから，経験を統制しやすい実験動物が好まれる傾向にある。このような理由で，学習心理学では動物を用いた研究が数多く行われている。さらに，学習の神経生理的メカニズムを明らかにする場合など，動物を対象にして研究するメリットは大きい。もちろん，人間には人間固有の学習があり，動物にもそれぞれの種に特有な学習の様式があるので，1つの種で得られた知見を他の種に適用する際には注意が必要である。

生得的行動

　私たち人間を含めた動物の行動は，先天的要因（遺伝）によって決まっている生得的行動と，後天的要因（経験）によって変容（学習）する習得的行動からなる。生得的行動の種類や数は動物の種によって違うが，同じ種の動物であればどの個体でもほぼ等しく有している。一方，習得的行動は同じ種の動物の間でも，その個体が過去にどのような経験をしたかによって異なっている。たとえば，突然カメラのフラッシュがたかれたら，人間ならみな目を閉じるであろうが（生得的行動），「心理学」という言葉に対してどのようなイメージを抱くかは人によってさまざまである（習得的行動）。習得的行動の多くは生得的行動の上に成り立っているので，学習の基礎としてさまざまな生得的行動について知っておく必要がある。

Topic 刻印づけ（刷り込み）と初期学習

　カモやニワトリのヒナは，孵化直後に見た大きな動く対象を追尾するようになる。これを**刻印づけ（刷り込み）**という。刻印づけは生後の一定期間（鳥類では1～2日以内）にしか生じない（**臨界期**の存在），一度刻印づけられると元に戻すことが困難である（不可逆性）といった特徴をもつ。刻印づけによる追尾行動は離巣性の鳥など一部の動物に特有であるが，生まれてすぐに見たものに愛着を示すようになることは多くの動物でみられる現象である。また，知覚や社会性の健全な発達には生後の一定期間（**感受期**）の経験が重要であることは人間を含む多くの動物で確認されており，これを**初期学習**という。

Topic 小鳥の歌学習

　小鳥の歌（さえずり）学習は非常に興味深い特徴をもっている。ある種の若鳥は限られた期間に同種の成鳥の歌を聞かないと正しく歌えなくなる。このように，歌学習には感受期がある。また，初めは短く不規則な歌しか歌えないが，しだいに上手に歌えるようになり，完成（結晶化）した歌は一生変わらない。さらに興味深いことに，歌を習う記憶期と実際に歌の練習を開始する時期が大きくずれている鳥がいる。たとえば，ウタスズメでは，記憶期から数カ月後に練習期が始まる。この数カ月間に成鳥の歌を聞かなくても，その後正しく歌えるようになる。練習期では自らの歌とかつて聞いた成鳥の歌を比較して上手にさえずるようになっていく。歌学習は鳥の種類によって，感受期の季節や長さ，社会的隔離経験の悪影響などが異なることも知られている。

生得的行動　11

向性（走性と動性）　ガは灯火に向かって飛ぶ習性がある。逆にゴキブリは光を避ける習性がある。このように，ある刺激に関して身体全体を単純移動させる生得的行動を**走性**とよぶ。どのような刺激に関して行動するかによって，走光性，走湿性，走風性，走流性などに分類される。また，その刺激に向かう行動を**正の走性**，その刺激から遠ざかる行動を**負の走性**という。灯火に集まるガは正の走光性，明るい場所を嫌うゴキブリは負の走光性の例である。このように走性では，動物は刺激を感知して，その方向に進路をとるか逆の方向に進む。つまり，行動に方向性がある。

これに対して，結果的にある刺激に近づくか遠ざかることにはなるが，行動そのものに方向性がないものを**動性**とよぶ。たとえば，ダンゴムシは乾いた場所よりも湿った場所を好む習性があるが，これは，乾いた場所では運動性が高く湿った場所では運動性が低いという特性によるものであり，乾いた場所から逃れるとか湿った場所をめざすといった方向性のある行動ではない。走性と動性をまとめて**向性**という。向性は，無脊椎動物や魚など比較的単純な動物にみられる生得的行動である。

無条件反射　突然大きな音がしたら驚く。これは**驚愕反射**とよばれるもので，強い刺激に対して生じる生得的行動である。それほど大きくない音が聞こえた場合，驚かないかもしれないが，そちらを振り向くだろう。この行動も多くの場合，生得的であり，**定位反射**という。このような生得的行動を**無条件反射**とよぶ。**表1-2**には，ヒトのもつ無条件反射の例をあげた。

刺激により引き起こされた反射が次の反射を生むこともあり，これを**連鎖反射**という（**図1-7**）。

表1-2 ヒトの無条件反射の例

名　称	刺　激	反　応
眼瞼反射（瞬目反射）	強い光，ほこりなど	まばたき
瞳孔反射	明るさの変化	瞳孔の大きさの変化
唾液反射	口中の食物・酸	唾液分泌
膝蓋腱反射	ひざ下への打撃	ひざ下の伸張
屈曲反射	手や足への侵害刺激	手足のひっこめ
排尿反射	膀胱圧	排尿
把握反射*	手のひらへの圧刺激	握る
モロー反射*	大きな音や強い光など	抱きつき
吸啜反射*	唇や頬への触刺激	唇や舌で吸う
バビンスキー反射*	足裏の外側への摩擦刺激	足親指の屈曲

*新生児にみられる原始反射

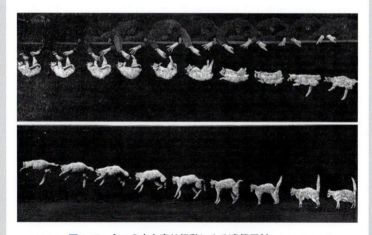

図1-7 ネコの立ち直り行動にみる連鎖反射
(エティエンヌ=ジュール・マレー撮影，1894)

高いところから落とされたネコがきちんと着地できるのは，平衡の異常を刺激として首の筋肉が収縮反射を起こし頭が水平になると，その結果生じた首のねじれを感じて四肢の筋肉が身体全体を安定させる反射を生むためである。

生得的行動

本能的行動　　無条件反射は，特定の刺激によって生じる身体の一部の単純反応または単純反応の組合せであるが，動物は，食物摂取，天敵からの逃避，配偶者獲得などのためにより複雑な生得的行動を示す。たとえば，トゲウオのオスは自分の縄張りに侵入してきた他のオスに対して攻撃行動を起こすが，メスに対しては求愛行動をとる。どちらの行動も相手に対して接近することは同じだが，攻撃行動の場合，相手のオスを追い払うようにまっすぐ接近し，それでも相手が逃げないと，頭を下げて赤い腹を示す威嚇姿勢をとる。一方，求愛行動では，ジグザグ・ダンスをしながらメスを巣に誘導していく。刺激に対する複雑化された全身的行動を**本能的行動**といい，自然状態かそれにきわめて近い状態で動物の行動を研究する**動物行動学（エソロジー）**によって，そのしくみが明らかにされてきた。

　本能的行動を引き起こす刺激は**解発刺激（信号刺激）**と名づけられている。オスのトゲウオにとって他のオスは攻撃行動を引き起こす解発刺激であり，メスは求愛行動を引き起こす解発刺激である。では，オスやメスのどのような特徴が，攻撃行動や求愛行動を解発するのだろうか？　**図1-8**に示したように，攻撃行動を解発するのはオスの赤い腹部であり，求愛行動を解発するのはメスのふくれた銀色の腹部である。他の特徴はこれらの行動の解発には重要でない。

　解発刺激が本能的行動を引き起こすしくみを**生得的解発機構**という。本能的行動が生じるのは特定の動機づけ状態にあるときである。たとえば，オスのトゲウオの攻撃行動や求愛行動は，解発刺激に対していつでも生じるわけではなく，雄性ホルモンの働きが活発になる繁殖期に限ってみられる行動である。

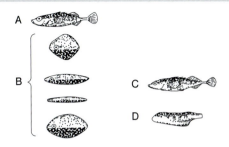

図1-8　トゲウオのオスの攻撃行動と求愛行動の解発刺激
（ティンバーゲン，1951を改変）

オスにそっくりでも腹が赤くない模型（A）に対しては攻撃行動を示さないが，形が似ていなくても腹が赤い模型（B）は攻撃する。また，メスにそっくりでも腹がふくれていない模型（C）には求愛行動を示さないが，形が似ていなくても腹が銀色にふくれた模型（D）には求愛する。

Topic　固定的動作パターンと生得的反応連鎖

　本能的行動は解発刺激によって引き起こされた単独の反応であることも，いくつかの反応が順に生じる系列的行動である場合もある。系列的行動の場合，ひとたび解発刺激が呈示されると決まった順序で最後まで進むという**固定的動作パターン**を示すことがある（図1-9）。しかし，系列的行動の中には，環境の変化に対応して，途中で中止したり，反応順序を変えるものも存在する。そのような行動は**生得的反応連鎖**とよばれる。トゲウオの求愛行動はその例であり，ジグザグ・ダンスの途中でメスが逃げてしまうとオスは1匹だけで巣に向かうことはない。

図1-9　カマキリの捕食行動（スレーター，1985）
ひとたび捕食行動が開始されると，中断したり変更したりできない。捕食開始後に獲物が移動しても，元の位置に襲いかかる。

● ● ● 参考図書

リーヒ，T. H.　宇津木　保（訳）（1986）．心理学史——心理学的思想の主要な潮流——　誠信書房

　アリストテレスや連合主義哲学，科学的な学習心理学研究の歴史を知ることができる。

梅本　堯夫・大山　正（編著）（1994）．心理学史への招待——現代心理学の背景——　サイエンス社

　2, 8, 9, 14章で学習心理学の歴史について紹介している。

ボークス，R.　宇津木　保・宇津木　成介（訳）（1990）．動物心理学史——ダーウィンから行動主義まで——　誠信書房

　学習心理学の歴史は動物心理学の歴史と重なる部分が大きい。

宮下　照子・免田　賢（2007）．新行動療法入門　ナカニシヤ出版

　学習心理学に基づく行動療法の入門書。

武田　建（1985）．コーチング——人を育てる心理学——　誠信書房

　学習心理学に基づく行動コーチングの入門書。

スレーター，P. J. B.　日高　敏隆・百瀬　浩（訳）（1988）．動物行動学入門　岩波書店

　動物行動学の入門書。生得的行動についてくわしい知識を得ることができる。

ローレンツ，K.　日高　敏隆（訳）（1998）．ソロモンの指環——動物行動学入門——　ハヤカワ文庫

　読み物形式で書かれた動物行動学の名著。

ブランバーグ，M. S.　塩原　通緒（訳）（2006）．本能はどこまで本能か？——ヒトと動物の行動の起源——　早川書房

　行動は遺伝要因と環境要因の能動的相互作用の結果であることを最新の研究をもとに論じた良質の科学読み物。

パピーニ，M. R.　比較心理学研究会（訳）（2002）．パピーニの比較心理学——行動の進化と発達——　北大路書房

　進化論に根ざした行動理解のための教科書。神経科学，遺伝学，動物行動学，学習心理学の知見を結集して書かれている。

馴化と鋭敏化

　1章の終わりに紹介した無条件反射や本能的行動は，それらを引き起こす刺激を繰返し経験することによって減少したり，時には増大することがある。こうした行動変化は学習のもっとも単純な形式であり，動物が環境にうまく適応するには必須のメカニズムである。たとえば，鳥のヒナは頭上を横切る影に対して首をすくめるが，舞い散る落ち葉に対してそのような反応を毎回行うのはエネルギーの無駄遣いであり，そのような反応はだんだん小さくなっていくだろう。一方，ワシやタカのような天敵の影であれば，ただちに大きく反応するように学習するほうが適応的であろう。本章では，こうした単一の出来事の経験によって生じる学習を取り上げる。

馴　化

　突然大きな音がすると驚く。これは，前章で述べたように，驚
愕反射とよばれる無条件反射である。ふたたび同じ音がする。今
度はあまり驚かない。3度目，4度目，5度目と同じ音が繰り返さ
れると驚きがだんだん小さくなっていく。このように，同じ刺激
を繰返し与えられることで，最初にその刺激に対して生じていた
反応が減少することを**馴化**（**慣れ**）という。馴化は無脊椎動物か
ら人間まで，さまざまな動物にみられる現象である（**図 2-1**）。
無条件反射だけでなく，求愛行動や攻撃行動といった本能的行動
でも，刺激の繰返し呈示に伴い馴化がみられることが知られてい
る。

単純接触効果　　一般に，未知の刺激に対して動物は生得的に
恐怖反応を示す（**新奇性恐怖**）。しかし，その後に危険な出来事
が生じなければ，その刺激に対する恐怖反応は次第に馴化してい
く。その刺激が安全であることを動物が学習したのだとみなすこ
ともできる。なじみの安全な刺激は，危険性を秘めた新奇な刺激
に比べて好まれる。したがって，同じ刺激を繰返し経験するだけ
で，その刺激への好感度が増すことがある。これを**単純接触効果**
とよぶ（**図 2-2**）。

刺激特定性　　馴化にはさまざまな行動的特徴がある。まず，
馴化は学習した刺激に特定的である。たとえば，ピストルの音を
何度も聞くと，だんだん驚かなくなっていくが，その後でサイレ
ンの音を聞くとふたたび驚く。逆に，サイレンの音を何度も聞い
てだんだん驚かなくなった後で，ピストルの音を聞いたら驚く。
反応の減少は訓練刺激に特定的であって，他の刺激にはきちんと
反応するのである。

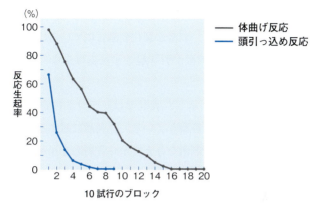

図 2-1 振動刺激に対するミミズの無条件反応の馴化
（ガードナー，1968）

ミミズに振動刺激を与えると体曲げ反応や頭引っ込め反応という無条件反射を示すが，繰返し振動を与えるとこうした反応は減少する。10試行あたり何回反応したかについて，90匹のミミズのデータを平均してグラフ化している。

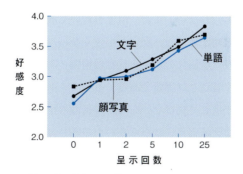

図 2-2 刺激の呈示回数と好感度（ザイアンス，1968 より作図）
実験参加者に，未知の文字や単語，あるいは人物の顔写真を事前に0回，1回，2回，5回，10回，または25回見せた後，好感度を評定してもらった。どの刺激でも呈示回数が多いと好感度が高い。

馴化

刺激般化　刺激特定性はあるものの，馴化訓練の効果は新しい刺激に対してまったくみられないわけではない。これを馴化の**刺激般化**という。新しい刺激が馴化刺激に似ているほど，馴化の影響が波及し，その刺激が引き起こす反応は少なくなる（**図2-3**）。

脱馴化　**図2-4**に示した実験では，ラットに音刺激を呈示して驚愕反応の馴化を観察している。音刺激に対する驚愕反応が馴化したところで，光刺激を与えてから音刺激を呈示してみると，音刺激に対する驚愕反応が復活した。このように，ある刺激に馴化させた後，別の刺激を与えることによって元の刺激に対する反応が大きくなることを**脱馴化**という。

　馴化は学習の一種であるが，刺激の繰返し呈示によって反応が減少しても，それは学習以外の要因のせいかもしれない。たとえば，**図2-4**に示されているラットの驚愕反応の減少は，大きな音を聞くことで難聴になったために，音刺激に対して反応しなくなったのかもしれない。また，何度も驚いて飛び上がることで効果器である筋肉が疲労し，反応が小さくなったのかもしれない。しかし，一般に脱馴化の現象を感覚器損傷・順応や効果器疲労によって説明することは困難である。もしラットが難聴になっていたり，筋肉が疲れて動けないなら，音刺激の呈示直前に光を見せても音が聞こえるようにはならないだろうし，光刺激によって疲労から解放されるわけではないので，反応が復活する理由がない。なお，先に紹介した刺激特定性という馴化の特徴も感覚器損傷・順応や効果器疲労では説明困難である。このようなことから，馴化は感覚器損傷・順応や効果器疲労とは区別され，学習の一種とされているのである。

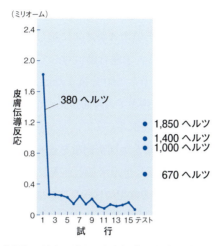

図2-3 音刺激に対する成人の皮膚伝導反応（発汗）の馴化と般化
（ウィリアムズ，1963）
380ヘルツの音を16回聞かされた後，670，1,000，1,400，1,850ヘルツでテストされた。

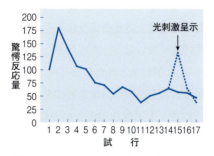

図2-4 ラットの驚愕反応の馴化
（グローブスとトンプソン，1970）
実線は17回の音刺激に対する驚愕反応の変化。15回目の直前に光刺激が与えられると，点線のように脱馴化を示す。

自発的回復　馴化が生じた後，しばらく時間をおいてふたたび同じ刺激を呈示すると，馴化していた反応が**自発的回復**を示す。**図2-5**は，コガネコバチのオスがメスに対して示す求愛行動の馴化に関する実験である。求愛行動に対して反応しないメスを30秒おきに20回与えてから，60分後または24時間後に同じ馴化訓練を再開した。再訓練までの時間が長くなるほど自発的回復が大きくなることがみてとれる。

刺激強度　乳児に珍しい図形刺激を見せるとそちらを注視するが，同じ図形を繰返し呈示すると注視反応は馴化する。**図2-6**には図形刺激に対する乳児の注視反応の馴化が示されている。注視反応の減少は，図形がくっきりしているほど（刺激強度が強いほど）ゆっくりで小さい。逆にいえば，呈示される刺激が弱ければ弱いほど，「その刺激に対する馴化」は速く大きい。**図2-7**は音刺激に対するラットの驚愕反応の実験である。この実験ではまず，弱い刺激（108デシベルの音）または強い刺激（120デシベルの音）を300回呈示して驚愕反応を馴化させた。馴化訓練後に訓練で用いた刺激を含むさまざまな強度の音刺激を使ってテストすると，訓練刺激が弱いほど，その刺激への驚愕反応が小さい（馴化が大きい）ことがわかる（大きな丸同士を比較）。しかしながら，同じ強度のテスト刺激に対する反応を比べると，弱い刺激で訓練されていたラットの反応が大きい（馴化が小さい）。たとえば，96デシベルの音に対する驚愕反応は，弱い刺激で訓練されていたラットで20%弱だが，強い刺激で訓練されていたラットではその半分である。つまり訓練で用いられる刺激が弱いと「馴化そのもの」は小さいことになる。

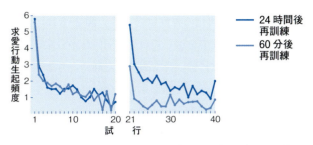

図2-5 コガネコバチのオスの求愛行動の馴化と自発的回復
(バラス, 1961を改変)

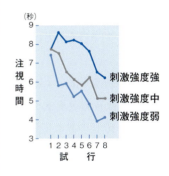

図2-6 図形刺激(市松模様)に対する乳児の注視反応の馴化
(カプランら, 1988を改変)

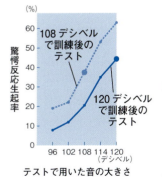

図2-7 音刺激に対するラットの驚愕反応の馴化
(デイビスとワグナー, 1968を改変)

108デシベルまたは120デシベルの音に馴化させた後, さまざまな強度の音に対してテストした。

馴 化 23

刺激強度呈示順序　　学習時にどのような順序で刺激強度を呈示するかによっても馴化の程度は異なる。図2-8は，音刺激に対するラットの驚愕反応を示している。弱い音から徐々に強い音に変化させた群が，常に強い音で訓練した群や，さまざまな強度の音刺激をランダムに与えた群よりも，強い音を呈示するテストでの驚愕反応が小さい（馴化が大きい）。強い音は感覚器損傷・順応を引き起こしやすく，大きな反応を引き起こすために効果器疲労も大きい。したがって，常に強い音で訓練されていたラットは，刺激強度を徐々に強くしたラットよりも，テストでの反応が小さくなるはずであるが，結果はこの逆であった。したがって，この実験結果も，馴化が感覚器損傷・順応や効果器疲労とは別の現象であることを示している。

試行間間隔　　試行と試行の間隔，つまり刺激を呈示する時間間隔も馴化に影響する。デイビス（1970）は音刺激をラットに1,000回呈示した。試行間間隔が2秒の群は16秒の群よりも驚愕反応の減少は大きかった。このように，馴化の進行は試行間間隔の短いほうが速やかである。しかしテストで両群ともに同じ試行間間隔でテストすると，訓練時の試行間間隔が16秒の群で驚愕反応が小さかった。つまり，長い試行間間隔で刺激が繰り返されるほうが馴化学習そのものは大きいと結論できる。

　ところで，試行間間隔が短いということは，短時間にたくさんの試行を実施するということであり，このような条件での学習を**集中学習**という。逆に，試行間間隔を長くとったり，数日に分けて訓練を行う場合を**分散学習**という。

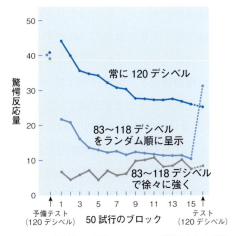

図 2-8 音刺激に対するラットの驚愕反応の馴化
(デイビスとワグナー，1969 を改変)

訓練時の音が常に 120 デシベルだった群，83〜118 デシベルの音刺激が毎試行ランダムな順序で呈示（各ブロックの平均強度は 100 デシベル）された群，83 デシベルから 50 試行ごとに 2.5 デシベルずつ強度をあげ最終的に 118 デシベルに至った群の成績を示す。いずれの群も 120 デシベルの音でテストされた。

Topic 集中学習と分散学習

集中学習と分散学習のどちらがより効果的であるかについては，馴化以外にもさまざまな学習で検討されている。一般に，分散学習のほうが集中学習よりも効果的であるが，学習課題の性質や困難度，学習者の動機づけ，試行間間隔中の学習者の活動などの影響を受ける。また，あまり試行間間隔が長いと忘却が生じ，かえって学習効率は悪くなる。

馴化

短期馴化と長期馴化　　試行間間隔が短い集中学習では，試行間間隔が長い分散学習に比べて，その後の自発的回復も大きい。つまり，集中訓練で生じた学習は忘却されやすく，分散訓練で生じた学習は忘却されにくい。こうした事実から，速やかに生じるが持続時間の短い**短期馴化**と，学習速度は遅いがなかなか消失しない**長期馴化**の 2 種類があることが指摘されている。短期馴化と長期馴化は，**図 2-9** に示したアメフラシの水管引っ込め反応の実験からもみてとることができる。短期馴化は毎日の訓練内での変化に反映されており，長期馴化は日を重ねるごとに自発的回復が小さくなり，1 日の平均持続時間も短くなっていることに現れている。動物の種類や反応によって異なるが，短期馴化は数分から数時間，長期馴化は数日から数週間にわたって継続するといわれている。これら 2 種類の馴化はそれを引き起こす生理学的メカニズムが違うことも指摘されている。

● 馴化現象を応用した知覚・認知研究

先に述べたように，馴化には刺激特定性という性質があるので，これを利用して乳児の知覚・認知能力を研究できる。コーエンとストラウス（1979）は，ある女性のさまざまな顔写真（表情や撮影角度が異なるもの）に対して乳児の注視反応を馴化させた後，その女性のまったく新しい顔写真と別の女性の顔写真でテストした。18 週齢児や 24 週齢児では，すべての写真に注視反応が復活したが，30 週齢児では別の女性の顔写真だけに注視反応が復活した。つまり，生後 30 週目になると，まったく新しい写真でも「同じ人」と判断できるのである。

馴化という現象を用いて，動物の知覚や認知の世界を探ることもできる。その一例を右ページの Topic に示した。

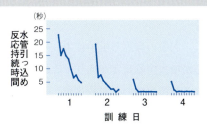

図2-9 触刺激に対するアメフラシの馴化と自発的回復
（カルーら，1972を改変）

Topic 同じ嘘を繰り返すな

　チェニーとセイファース（1988）は，イソップ寓話の「羊飼いと狼」を思わせる方法を用いて，アフリカにすむベルベットモンキーというサルの行動を野外で調べた。ベルベットモンキーは，天敵を見つけたとき，その種類に応じて異なる警戒音をあげる。それを聞いた仲間は，警戒音に応じて特有の行動をとる。たとえば，「ワシが来た！」という意味の警戒音に対しては空を見上げ，藪の中に駆け込むが，「ヒョウが来た！」という意味の警戒音に対しては木に登る。

　そこで，ある個体の「ワシが来た！」という警戒音を録音し，スピーカーから何度も流して，それに対する他のサルたちの反応を馴化した。その後，同じ個体の「ヒョウが来た！」という警戒音を流すテストを行ったところ，サルたちは正しく木に登った。つまり，異なる意味をもつ警戒音に対しては馴化の般化はほとんど生じなかった。なお，同じ意味をもつ警戒音であれば，それらの物理的音響特性が違っていても，馴化の般化がみられた。

　この研究はベルベットモンキーが「あいつは嘘つきだが，今度は話題が違うから信用しよう」と考えたことを示唆している。イソップ寓話の羊飼いの少年も「狼が来た！」とばかり叫んでいないで，毎回違う嘘をついていれば，もっと長い間，村人をだまし続けられたかもしれない。

鋭　敏　化

　馴化とは逆に，刺激の繰返し呈示によって，その後，刺激に対する生得的反応が増大することがあり，これを鋭敏化という。一般に，呈示される刺激が強いと鋭敏化が，弱いと馴化が生じる。また，鋭敏化は初期の試行で生じやすい。先に紹介した図2-6の実験でも，強い刺激に対して訓練初期に鋭敏化が生じている。一方，中程度または弱い刺激には馴化だけがみられる。

　鋭敏化の特徴は，馴化のように刺激特定性を示さないことである。たとえば，大地震のような強い刺激を経験した後は，余震に対しても恐れを感じる。被災者は救急車のサイレンの音にすら恐怖を引き起こすことがある。

　グローブスとトンプソン（1970）の二重過程説では，刺激の繰返し呈示によって，2つの過程が並行して生じるとされる。その一つは，強い刺激によっても引き起こされる一般的な興奮状態であり，刺激の繰返しによって増大し，その後で正常な状態に復帰する。もう一つの過程は，同じ刺激に対して反応が繰返し生じることを抑制しようとする傾向である。実際に観察される反応はこの2過程の合成であり，刺激が強い場合には，呈示回数に伴ってまず反応が増大してからやや減弱するという経過を示し，刺激が弱い場合には反応の単調減少がみられることになる（図2-10）。

　強い刺激の種類を毎回変えて与えると興奮過程は働くが，同一刺激ではないので反応抑制過程は作動しない。このため，長期間にわたって鋭敏化が続くことがある。たとえば，いつも皮膚の同じ部位を刺激されたカエルでは，刺激を後ろ足で払いのける反射がしだいに馴化するが，刺激部位が毎回異なると払いのけ反射の頻度はだんだん増えていく（キンブルとレイ，1965；図2-11）。

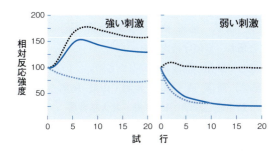

図2-10 二重過程説における興奮過程(黒色破線)および反応抑制過程(青色破線)と観察される反応(青色実線)
(グローブスとトンプソン, 1970を改変)

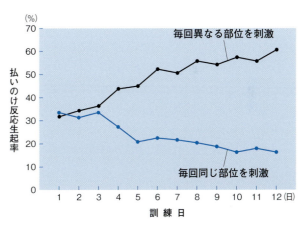

図2-11 カエルの払いのけ反射における馴化と鋭敏化
(キンブルとレイ, 1965を改変)

●●●● 参考図書

　馴化について日本語で紹介した書籍はほとんどなく，以下の図書も特定の馴化に限定したものか簡単な紹介にとどめたものである。

マックワース，J. F.　福島 脩美・井深 信男（訳）（1975）．ヴィジランスと慣れ　岩崎学術出版社
　注意に関連して馴化の問題を考察したもの。

宮田 洋（監修）藤澤 清・柿木 昇治・山崎 勝男（編集）（1997〜1998）．新生理心理学　1〜3巻　北大路書房
　1巻の第4章に定位反応の馴化が紹介されている。

メイザー，J. E.　磯 博行・坂上 貴之・川合 伸幸（訳）（2008）．メイザーの学習と行動（日本語版第3版）　二瓶社
　米国で定評のある学習心理学の入門書の翻訳。第3章後半に馴化が解説されている。

古典的条件づけ 1
：基本的特徴

　馴化と鋭敏化は単一の刺激を繰返し呈示したときに生じる学習であった。しかし，自然界や私たちの日常生活では，ある刺激が単独で生じるのではなく，他の刺激と何らかの関係をもって生じることも少なくない。稲妻が光れば雷鳴がとどろくことを私たちは知っている。草のしげみがガサゴソいえば，敵が現れるかもしれない。このような関係が存在し，それを経験するとき，私たちはどういう学習を行うのだろうか？　本章ではこうした学習の基本知識を解説し，この学習に影響するいろいろな要因を紹介する。

古典的条件づけの獲得

刺激の対呈示　　空腹のイヌに餌を与えると唾液を出す。これは唾液反射とよばれる無条件反射である。つまり，餌という**無条件刺激**（unconditioned stimulus, **US**）に対する**無条件反応**（unconditioned response, **UR**）として唾液分泌が**誘発**されるのである。

　さて，このイヌに，餌を与える前にメトロノームの音を聞かせる。この手続きを繰り返すと，そのうちイヌはメトロノームの音を聞いただけで唾液を流すようになる（**図 3-1**）。このとき，メトロノームの音を**条件刺激**（conditioned stimulus, **CS**）といい，それによって誘発された反応を**条件反応**（conditioned response, **CR**）という。

　パヴロフ（1927）は，生得的行動である**無条件反射**「餌→唾液分泌」に対して，学習された「メトロノームの音→唾液分泌」の関係を**条件反射**とよんだ。このように，初めは反応を引き起こさなかった刺激（中性刺激）が，US との対呈示によって，反応を引き起こす CS になることを**古典的条件づけ**（または**パヴロフ型条件づけ，レスポンデント条件づけ**）という。CS と US の対呈示手続きは**強化**とよばれる。

　古典的条件づけは無脊椎動物から人間まで，ほとんどすべての動物で生じる学習のしくみであり，反射だけでなく求愛行動や攻撃行動のような本能的行動にもとづいて形成されることもある。古典的条件づけでは，生じる CR の種類や実験事態によって「唾液条件づけ」「眼瞼条件づけ」「接近反応条件づけ」「恐怖条件づけ」などの名称が用いられる。私たちの日常でも，古典的条件づけで説明できることは多い。

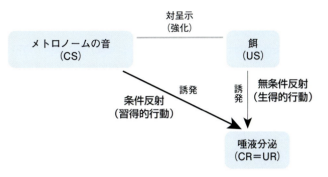

図3-1 古典的条件づけの獲得

Topic 心的外傷後ストレス障害（PTSD）

強い精神的ショック（心的外傷）により生じる重大な心理的後遺症を心的外傷後ストレス障害（post-traumatic stress disorder, PTSD）という。PTSDの発症メカニズムの一つが古典的条件づけである。たとえば，1995年に起きた地下鉄サリン事件の被害者の中には，身体の健康が回復してからも，怖くて地下鉄に乗れないとか，乗ってしまってから不安が押し寄せてきたという人がいる。そうした苦しみの声が，事件から3カ月後の新聞紙上に掲載されている（朝日新聞1995年6月7日付朝刊）。心理的後遺症が20年以上続くケースもある。この事件の場合も，「21年前の恐怖今も　地下鉄に乗れない」として報道された（朝日新聞デジタル2016年6月19日付）。こうした被害者は，地下鉄をCS，毒ガスをUSとした古典的条件づけを経験したのだと考えられる。

テロ事件，震災，交通事故，暴力，性暴力，戦争，虐待などによって，多くの人々がPTSDを発症し，社会生活に支障をきたしている。古典的条件づけの知識は，PTSDという症状を理解し，効果的治療を開発して正しく用いるためにも必須である。

古典的条件づけの獲得　33

Topic　条件反射学の始祖パヴロフ

　条件反射研究で著名なパヴロフは 1849 年，ロシアの田舎司祭の長男として生まれた。サンクトペテルブルク大学卒業後に医科専門学校へ進学。血液循環に関する研究で 1883 年に医学博士号を取得し，ドイツ留学時に消化腺（唾液や胃液など消化液の分泌腺）の研究に着手する。1890 年に軍医学校の薬理学教授に着任，その翌年新設された実験医学研究所に転職した。パヴロフは着眼点や理論が優れていただけでなく，実験の名手であった。とくにその手術は神技的であり，難しい手術を迅速かつ的確にこなしたという（図 3-2）。1904 年にロシアの科学者として初めてノーベル賞を受けたが，そのときの記念講演では受賞対象になった消化腺の研究だけでなく，調べ始めたばかりの条件反射について語った。

　パヴロフは図 3-3 のような手術を行ったイヌで胃液分泌を測定して，餌が体内に入らなくても胃液が出ることを知り，これを「心的分泌」とよんでいた。当時胃液は胃腸薬として売れたので，彼はこの方法で多くの胃液を採取し，多額の売上金を研究費に当てていたという。1897 年，唾液が外に出るように手術したイヌで唾液腺を研究していたとき，餌を口に入れなくてもイヌが唾液を分泌することに気付き，すでに発見していた心的分泌（つまり条件反射）の重要性を初めて認識した。パヴロフはこの現象を通して高次精神活動が研究できると考えたのである。

　ノーベル賞を受賞した後はこの新しい現象の解明に全精力を傾け，ソビエトの指導者レーニンの経済的協力を得て研究を進めた。晩年には条件反射学で睡眠や神経症を理解しようとしたが，1936 年に肺炎でこの世を去った。科学を志す若者に向けたパヴロフのメッセージに次のような言葉がある。「まず事実を見，次に比較し，そして集めなさい。鳥の翼がどんなに完全であっても，空気の助けがなければ，鳥は飛ぶことはできません。事実とは学者にとって空気なのです」。

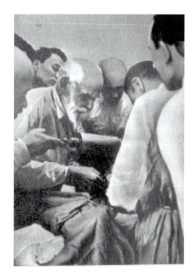

図3-2 手術中のパヴロフ（アスラチャン，1953）

図3-3 「偽の給餌」によって心的分泌を示すイヌ
（アスラチャン，1953）
食道に入った餌は胃に入らず，外に出てくる。また胃液分泌を
直接観察できるようなしくみになっている。

刺激の非対呈示　古典的条件づけで注意しなければならないのは，前章の終わりに取り上げた鋭敏化の問題である。CSとUSを対呈示しなくても，CSだけの繰返し呈示で反応が増大するのかもしれない。また，強い刺激（ここではUS）の繰返し呈示により，他の刺激（ここではCS）に対する反応が増大したのかもしれない（擬似条件づけ）。こうした要因を排除するためには，CSとUSを同数回，対呈示せずに与えた群の成績と比較することが必要である。図3-4に古典的条件づけの実験例を2つあげたが，いずれの実験でも，対呈示群で明らかな反応増大がみられるのに対し，非対呈示群ではほとんど変化がみられず，CSとUSの対呈示が反応増大の原因であることを示している。

🔵 刺激般化

訓練で用いられたCSと類似した刺激を呈示すると，その刺激に対してもCRがみられる。これを刺激般化という。また，テスト刺激が訓練で用いたCSと類似しているほど大きな般化がみられる（般化勾配）。図3-5の青丸は，ハトを被験体とし，1,000ヘルツの音刺激をCS，電撃をUSに用いた恐怖条件づけ後の般化勾配を示したものである。

🔵 条件づけの保持

古典的条件づけによって形成された反応は長期間にわたって続くことが知られている。たとえば，図3-5のハトは，2年半後にテストされたときにも，音刺激に対して恐怖反応を示し，般化勾配も確認された（灰色の丸）。恐怖反応は全体に弱くなっているが，訓練されていた刺激への反応は依然大きいことがわかる。

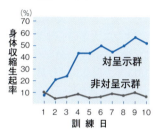
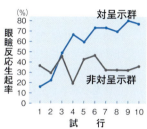

図 3-4　古典的条件づけの実験例
（A：ヘンダーソンとストロング，1972 を改変，B：内藤，1969）

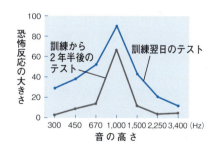

図 3-5　ハトの恐怖条件づけにおける刺激般化と保持
　　　（ホフマンら，1963 を改変）

条件づけの保持

Topic　ワトソンと行動主義

　1878 年米国サウスカロライナ州に生まれたワトソンは 16 歳で地元のファーマン大学に入学した。大学を卒業して地元で教師生活を送った後，シカゴ大学大学院に進学し，苦学して1903 年に 25 歳で博士号を取得した。指導教授である機能主義心理学者エンジェルの助手を務めた後，シカゴ大学に就職した。1908 年に 30 歳でジョンズ・ホプキンス大学の心理学教授兼心理学研究室主任になると同時に，米国心理学会発行の「心理学評論」誌編集長に就任した。1913 年，同誌に「行動主義者から見た心理学」を発表して，行動主義宣言を行った。

　20 世紀初めまでの心理学は意識の科学であり，自らの意識の状態を内省することで人間の心理を解き明かそうとしていた。これに対しワトソンは，意識のような目に見えず主観的なものではなく，客観的に観察可能な「行動」こそ心理学が研究対象とすべきだと主張した。彼は，行動は刺激と反応で記述可能であると考え，パヴロフの条件反射の概念ですべての習得的行動を説明しようとした。アルバート坊やの実験も彼のこの考えを実証するためのものであった（図 3-6）。

　ワトソンは 37 歳の若さで米国心理学会会長となったが，スキャンダルで失脚。広告業界に転職し（図 3-7），1958 年に80 歳で死去した。ワトソンの唱えた行動主義はその後，ハル，トールマン，スキナーらのいわゆる新行動主義者の時代を迎える。ワトソンの行動主義（記述的行動主義）では意識を研究対象にしないだけでなく，外から観察できない「こころ」で人間行動を説明することを禁じていたが，ハルやトールマンの論理的行動主義では，「こころ」を客観的に定義し，それによって行動を説明しようとした。逆に，スキナーの徹底的行動主義では意識を言語行動ととらえて研究対象にしたが，「こころ」によって行動を説明するのではなく，現在および過去の環境から行動を理解しようとした。

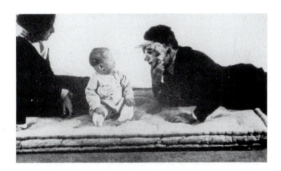

図3-6 アルバート坊やとワトソン（バックリー，1989）
左側に写っているのが共同研究者のレイナー。

図3-7 大手広告代理店で副社長を務めるワトソン
（バックリー，1989）

情動反応の条件づけ

　私たちがもつさまざまな感情（情動反応）も，古典的条件づけによって形成され，引き起こされていることが少なくない。好きな異性の香りにドキドキしたり，特定の対象を怖がったりするのも，条件づけの結果であることが多い。なお，恐怖や不安の条件づけでは，大脳辺縁系にある扁桃体が重要な役割を果たしていることが明らかにされている（ファンズローとポウロス，2005）。

消　　去

　条件づけによって形成された反応を消失させるには，CS を呈示して US を呈示しないという消去手続きが有効である。この手続きの結果，反応が消失または減弱することを消去という。図3-8 は恐怖反応を条件づけたラットの例である。CS と US の対呈示により形成された CR が，消去手続きによって日々減弱している。なお，前日の消去最終試行に比べて翌日の消去第 1 試行では CR が大きくなっている。これを CR の自発的回復という。消去訓練を繰り返すと自発的回復は徐々に小さくなる。

　自発的回復がみられることから，消去手続きによって，条件づけ学習が解消されてしまったわけではないことを示している。パヴロフは，条件づけによって興奮メカニズムの学習が行われるとし，この興奮メカニズムを抑制するような制止メカニズムを消去手続きが形成すると考えた。彼によれば，興奮メカニズムに比べて制止メカニズムは「もろい」ので，形成後時間が経過すると制止メカニズムが弱まり，興奮メカニズムの効果だけがふたたび作用して CR の自発的回復を生むことになる。

　なお，恐怖条件づけの消去は，大脳の前頭前皮質から扁桃体への抑制系によって生じるとされている（クイルクら，2006）。

Topic アルバート坊や

　ワトソンとレイナー（1920）は，アルバートという名前の乳児に次のような実験を行った。まず，白ネズミ，ウサギ，イヌ，毛のついていないお面，毛のついたお面，脱脂綿，燃えている新聞紙などをアルバート坊やに見せたところ，まったく恐怖を示さなかったが，鉄棒をハンマーで叩いて鳴らした音に対しては驚いて泣き出した。これは，大きな音が恐怖反応（UR）を誘発するUSであることを意味している。ワトソンたちは，アルバート坊やが白ネズミに恐怖反応を引き起こすように条件づけることができるかどうかを検討した。アルバート坊やに白ネズミを見せてから彼の背後で鉄棒をハンマーで叩く，ということを繰り返したのである。

　このような手続きの結果，アルバート坊やは白ネズミを恐れるようになった。そして，この恐怖反応は，ウサギ，イヌ，毛皮のコート，毛のついたお面，脱脂綿などにも般化したのである。また，1カ月以上たってからテストしたときにも恐怖反応が引き起こされた。この研究から，ワトソンらは成人にみられる恐怖症もこのように条件づけられた恐怖反応であると考えた。

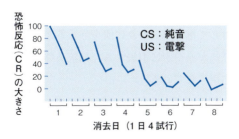

図3-8　ラットの恐怖反応の消去と自発的回復
（玉井，1998より作図）

外制止と脱制止

　CR は，新奇な刺激によって影響を受ける。条件づけ形成後，新奇刺激と同時（または新奇刺激呈示直後）に CS を呈示すると，CR は小さくなる。パヴロフはこれを**外制止**とよび，新奇刺激に対する無条件性の定位反射が CS に対する CR を抑制するためだと考えた。一方，CR を消去してから新奇刺激と CS を呈示すると，消失していた CR が一時的に復活する。パヴロフはこれを**脱制止**と名づけ，消去手続きによって生じていた制止メカニズムが新奇刺激によって阻害されるために CR の復活をもたらすとした。

　図3-9の青い棒グラフは，ヒトの情動反応の条件づけと消去を示している。電球が点灯される直前に皮膚への刺激を与えても，訓練前にはほとんど影響がなかった。しかし，電球点灯を CS として条件づけた後には，皮膚への刺激は CR を抑制した（外制止）。CR を消去した後に改めて皮膚を刺激して電球を点灯すると，再び情動反応が喚起された（脱制止）。

拮抗条件づけ

　CR をさらに速くより小さくするには，CR と競合するような別の反応を新たに条件づければよい。これを**拮抗条件づけ**という。たとえば，音と電撃の対呈示により音に対する恐怖反応を形成した後，音に対して電撃の代わりに餌を与えるという操作を行うと，音に対する恐怖が速やかに消失する。拮抗条件づけの原理は恐怖症の治療に応用されている。

　拮抗条件づけ手続きによって，CR だけでなく，UR も減弱させることができる。たとえば電撃と餌の対呈示を繰り返すと，初め電撃に対してみられていた無条件性の恐怖反応が徐々に消失していく場合がある。

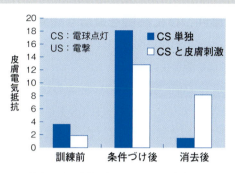

図3-9 ヒトの情動反応の条件づけでみられた外制止と消去後の脱制止
（ウェンガー，1936より作図）

Topic 恐怖症・不安神経症の治療

　ワトソンの弟子のジョーンズ（1924）はウサギを怖がる男児に対し，お菓子をあげながらウサギを見せるという拮抗条件づけを施した。その結果，この男児は徐々にウサギに近づくことができるようになり，最後には自分で進んでウサギに触るようになった。このような恐怖症治療の手続きは，ウォルピ（1958）によって洗練され，**系統的脱感作**という名称で，幼児だけでなく成人の恐怖症や不安神経症の治療に用いられ効果をあげている。系統的脱感作法では，恐怖や不安に対する拮抗反応としてリラックスを用いる。まず，身体の筋肉を緊張させた後，解放するという**筋弛緩法**で，リラックスという状態を患者に教える。次に，リラックスした状態で恐怖や不安を引き起こす状況を想像させて拮抗条件づけを行う。このとき，あまり恐怖・不安を生じさせない状況から徐々に訓練する。そのため，治療に先だち，さまざまな状況の恐怖・不安の強さを調べて**不安階層表**を作っておくことが必要になる。なお，このように恐怖・不安を誘発する状況を想像させて治療する方法を**イメージ脱感作法**というが，症状によっては，実際の状況に徐々にさらして治療する**現実脱感作法**が用いられることもある。

古典的条件づけに影響を及ぼす諸要因

古典的条件づけの形成速度や CR の大きさは，以下に述べるさまざまな要因の影響を受ける。

CS と US の時間的関係　メトロノームの音を聞かせてから餌を呈示するというように，CS の後に US を呈示する手続きを順行条件づけという。これに対して，CS と US を同時に呈示する手続きを同時条件づけ，CS の前に US を呈示する手続きを逆行条件づけという。順行条件づけは，さらに，CS の呈示中または呈示直後に US を呈示する延滞条件づけと，CS 呈示が終了してからしばらくして US を呈示する痕跡条件づけに分類される。図3-10 に，これらの手続きにおける CS と US の時間的関係を示した。

一般に，CR の獲得速度や最終的な大きさは，延滞条件づけ，痕跡条件づけ，同時条件づけの順に小さくなり，逆行条件づけでは CR の形成は困難である。また，延滞条件づけや痕跡条件づけといった順行条件づけの場合，CS 呈示開始から US 呈示開始までの間隔（CS—US 間隔）が短すぎても長すぎても，形成される CR は小さくなるが，条件づけ可能な CS—US 間隔は動物種，CSや US の種類，反応指標などによって大きく異なる（図3-11）。

なお，図 3-10 の右下に示したように，CS を呈示せず US だけを一定間隔で呈示する方法を時間条件づけという。この手続きで動物を長期間訓練すると，次の US が呈示される直前に CR が集中的に生じるようになる。これは，前の US からの時間経過が CS として働くためだと解釈されている。

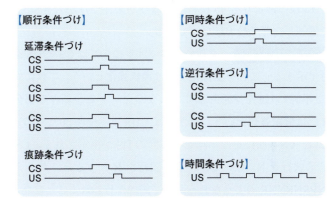

図 3-10 CS と US の時間的関係

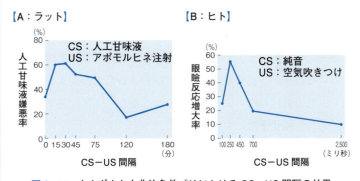

図 3-11 さまざまな古典的条件づけにおける CS−US 間隔の効果
（A：ガルシアら，1966 とシェイフら，1995 より作図，
B：マカリスター，1953 を改変）

古典的条件づけに影響を及ぼす諸要因

試行間間隔　試行と試行の間隔は長いほど条件づけが速やかである。図3-12に示したウサギの実験では，試行間間隔の平均値が15秒の群よりも45秒の群のほうが条件づけが大きく，135秒で訓練した群で最大になっている。

強化スケジュール　通常の条件づけ手続きではCSとUSを毎回対呈示する。これを全強化または連続強化という。これに対し，CS呈示時にUSを呈示したりしなかったりする手続きを部分強化または間歇強化という。たとえば，US呈示確率50％の部分強化では，CS2回に対し平均して1回のUSが呈示される。CS単独呈示試行をN，CS−US対呈示試行をRとすると，たとえばNRNRRNRNNRのような試行系列で訓練が行われることになる。

　一般に，全強化のほうが部分強化よりも条件づけは速やかで大きいが，実験事態によっては必ずしもこの規則があてはまるとは限らない。これに対して，かつて全強化で訓練されていたときのほうが速やかに消去が生じる（消去抵抗が小さい）という現象は多くの実験事態で観察されており，部分強化効果とよばれている。直感的には，確実にCSがUSを信号する全強化手続きで訓練されているほうが，部分強化手続きで訓練された場合よりも反応が強く，消去抵抗も高いように思える。しかし，実際は逆であるので，これを強化矛盾ともいう。

CSとUSの強度　一般に，古典的条件づけでは，CSやUSが強いほど，学習が速く大きい。図3-13にはCS強度の効果を調べたラットの実験例とUS強度の効果を検討したウサギの実験例が示されている。

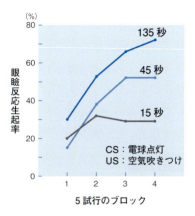

図 3-12　ウサギの眼瞼条件づけにおける試行間間隔の効果
（プロカシーら，1958を改変）

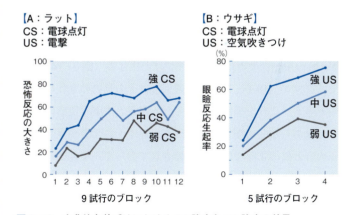

図 3-13　古典的条件づけにおける CS 強度と US 強度の効果
（A：イマダら，1981より作図，B：プロカシーら，1958を改変）

古典的条件づけに影響を及ぼす諸要因

CSとUSの類似性　CS と US が類似していると条件づけが大きくなることが知られている。たとえば，光刺激を CS，強風を US に用いたラットの嫌悪条件づけの実験（テスタ，1975）では，天井から与えられる光が CS の場合，天井からの強風が US のときに条件づけが大きく，床からの強風が US のときには条件づけが小さかった。逆に，床から与えられる光が CS の場合，床からの強風が US のときに条件づけが大きく，天井からの強風が US のときには条件づけが小さかった。

連合選択性と生物的制約　上述の類似性の実験では，ある CS とある US の組合せでは条件づけが大きく，それ以外の組合せで条件づけが小さいという連合選択性が示されている。CS と US の類似性以外の要因でもこの連合選択性はみられる。たとえば，CS が味覚の場合，薬物や放射線によって引き起こされる内臓不快感を US に用いると，CS に対して嫌悪条件づけが生じるのに対し，電撃を US に用いても嫌悪条件づけは生じない。一方，CS が視聴覚刺激の場合は，内臓不快 US では嫌悪条件づけが生じず，電撃 US を用いたときに嫌悪条件づけが生じる（図 3-14）。

　セリグマン（1970）は，連合選択性はその動物の進化の所産であると考え，これを準備性とよんだ。味覚と内臓不快感のような組合せはあらかじめ準備されており，速やかに学習が生じるが，ベルの音と餌のような関係は準備されておらず，条件づけに時間がかかる。また，味覚と電撃のような組合せは逆方向に準備されており，対呈示手続きをいくら行っても条件づけが生じない。つまり，ある CS と US の間に条件づけが形成されるかどうかは生物的制約を受けている。

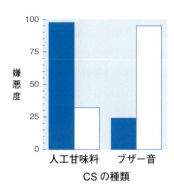

図3-14 ラットの嫌悪条件づけにおける連合選択性
（ドムヤンとウィルソン，1972より作図）

Topic　味覚嫌悪学習

　特定の味覚を忌避するようになる学習を**味覚嫌悪学習**という。味覚嫌悪学習には，連合選択性がみられ，条件づけがきわめて迅速に生じ，条件づけ可能なCS—US間隔がきわめて長く，消去抵抗も大きい，という特徴がある。このため，味覚嫌悪学習は古典的条件づけとは異なるタイプの学習であるとする研究者もいる（ガルシア，1989）。しかし，これらの特徴にみられる味覚嫌悪学習と通常の古典的条件づけの差異は量的な差であり，質的な違いを示すものではないとする見解が現在では有力である。たとえば，長いCS—US間隔で味覚嫌悪学習が生じるといっても限界があり，間隔が長すぎると学習が困難になる（**図3-11A**を参照）。

古典的条件づけに影響を及ぼす諸要因　49

●●●● 参考図書

メイザー，J. E.　磯 博行・坂上 貴之・川合 伸幸（訳）（2008）．メイザーの学習と行動（日本語版第3版）　二瓶社

　第4章で古典的条件づけの基本知識が述べられている。

今田 寛（監修）中島 定彦（編）（2003）．学習心理学における古典的条件づけの理論——パヴロフから連合学習研究の最先端まで——　培風館

　第1章でパヴロフの研究がその背景を含めて詳しく解説されている。

トーデス，D. P.　近藤 隆文（訳）（2008）．パヴロフ——脳と行動を解き明かす鍵——　大月書店

　パヴロフの評伝。条件反射発見までの経緯と発見の意義が述べられている。

柘植 秀臣（1982）．条件反射とはなにか——パヴロフ学説入門——　講談社ブルーバックス

　パヴロフの条件反射学についての入門書。古典的条件づけ以外の学習も条件反射でとらえるなど，現在の学習心理学の枠組みからは誤った記述も多いが，パヴロフ学派の考えを知るには便利。

古武 彌正・新濱 邦夫（1976）．条件反応——行動科学の原理——　福村出版

　わが国で初めて古典的条件づけを体系的に研究した心理学者による解説書。現在ではやや内容が古くなったが，人間の唾液条件づけに関する著者ら自身の研究紹介は興味深い。

古典的条件づけ2
：信号機能

　古典的条件づけとは，ある刺激と別の刺激との対呈示関係によって生じる学習である。しかし，2つの刺激の対呈示関係を学ぶだけでは，環境にうまく適応することはできない。本章では，より複雑な古典的条件づけについて述べた後，古典的条件づけにおいて刺激が反応をどのように制御するかを検討する。古典的条件づけとは，ある刺激が他の刺激の到来や非到来をどれだけ信号するかを学ぶしくみである。

● 複雑な古典的条件づけ

高次条件づけ　CS と US との対呈示操作によって，CS は CR を誘発するようになる。ここでもし，別の新たな刺激とこの CS とを対呈示して訓練すると，新たな刺激も CR を誘発するようになる。

図 4-1 はパヴロフ（1927）の弟子が行った実験の手続きを示したものである。まず，空腹のイヌにメトロノーム（CS_1）と餌（US）を対呈示し，メトロノームに対する唾液分泌（CR）を形成する。次に，黒い正方形（CS_2）とメトロノームを対呈示して訓練すると，やがて黒い正方形だけで唾液が誘発されるようになる。

このように，すでに形成された条件づけをもとに新たな条件づけを形成することを**高次条件づけ**という。これに対し，CS と US の対呈示によって生じる通常の条件づけは，生得的行動をもとに形成されたものであり，**1 次条件づけ**とよばれる。1 次条件づけをもとに形成される高次条件づけを **2 次条件づけ**，2 次条件づけをもとに形成される高次条件づけを **3 次条件づけ**という。私たちの日常生活では 1 次条件づけよりも，高次条件づけが働いている場合が少なくない。

感性予備条件づけ　2 次条件づけ手続きは，すでに条件づけられた刺激を用いて新たな刺激を第 2 の CS にすること，具体的には CS と US の対呈示訓練後に CS_2 と CS_1 の対呈示訓練を行う操作であった。ここで，訓練の順序を逆にして，まず CS_2 と CS_1 を対呈示し，その後で CS_1 と US を対呈示すると，直接 US と対呈示した CS_1 だけでなく，CS_2 に対しても CR がみられるようになる（図 4-2）。これを**感性予備条件づけ**という。

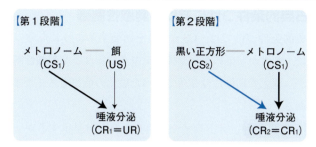

図 4-1　2次条件づけ手続きとその結果

図 4-2　感性予備条件づけ手続きとその結果

Topic　お笑いタレントによるテレビ CM

　美人や美男のタレントがテレビ CM で商品を紹介するとしよう。美人美男を見ることは生得的に快であると仮定すると，商品と美形タレントが一緒に呈示されていることになり，商品を CS，美形タレントを US とした条件づけによって，その商品に対しても快の感情が生じるようになると考えられる。

　しかし，あまり美的とは思えないお笑いタレントが CM に起用されることもある。これは高次条件づけを応用した手法だと考えられる。まず，バラエティ番組などでお笑いタレントが言うギャグや演じるコントが面白いと，そのタレントに好感をもつ。そうすると，すでに視聴者の好感を得たタレントを起用して商品に好感をもたせることが可能になる。

● 古典的条件づけにおける刺激性制御

　古典的条件づけでは，CS が CR を誘発するようになる。このように，刺激が反応の生起や種類を左右することを刺激性制御というが，刺激性制御には 3 章で述べた般化の他にもさまざまな現象がある。

分化条件づけ　メトロノームの音を餌と対呈示するが，ベルの音は餌と対呈示しなければ，唾液はメトロノームの音がしたときにだけ誘発されるようになる。このように，複数の刺激のうちあるものを US と対呈示し，残りの刺激を US と対呈示しない手続きを分化条件づけという。US と対呈示される刺激を正刺激（CS⁺），対呈示されない刺激を負刺激（CS⁻）という。

　図 4-3 は 2 種類の匂い刺激を CS とし，砂糖水を US にしたミツバチの口吻伸ばし反応の分化条件づけの例である。CS⁺は口吻を伸ばす反応を CR として誘発するようになるが，CS⁻は訓練初期に弱い CR を誘発した後，反応を喚起しなくなる。いいかえれば，CS⁺に対する反応と CS⁻に対する反応が分化してくる。なお，この例のように，分化条件づけを行うと，CS⁺への反応はしだいに増大するが，CS⁻への反応は一時的に増大した後，減少するというパターンを示すことが多い。訓練初期にみられる CS⁻への反応は CS⁺からの般化である。

　反応の分化とは，複数の CS が異なる反応を制御することである。また，被験体（者）の側からいえば，複数の刺激を弁別することである。したがって，分化条件づけは刺激弁別訓練の一種であり，この手法を用いて動物がどのような刺激をどこまで弁別できるのか調べることができる。つまり，分化条件づけは動物の感覚・知覚研究に応用できる。

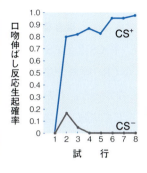

図 4-3　ミツバチの分化条件づけ
（ビターマンら，1983を改変）
2種類の匂い刺激のうち一方のみ砂糖水と対呈示。

Topic　実験神経症

　パヴロフたちは，スクリーンに照射された円をCS，餌をUSに用いて，イヌに唾液条件づけを行った。その後，円には餌が伴うが，楕円（縦横比が2対1）には餌が伴わないという分化条件づけを実施した。わずかな訓練でイヌはこの弁別を学習したので，CS⁻である楕円の縦横比を3対2にして，CS⁺である円とともに分化条件づけを続けた。この弁別学習が完成したら，楕円の比率を4対3にするというように徐々にCS⁻をCS⁺に近づけて，次々に弁別訓練を続けた。最後に円をCS⁺，9対8の楕円をCS⁻に用いたところ，イヌはこの2つの弁別を学習できなかった。

　パヴロフたちを驚かせたのは，9対8の楕円をCS⁻に用いた訓練を続けているときに生じたイヌの行動である。それまで静かだったイヌは実験中ほえて暴れまわるようになり，実験室に入ることすら拒否した。さらに，以前に弁別できていた円と2対1の楕円の弁別も崩壊し，新たに弁別させるには長い時間を要したのである。パヴロフはこのような異常行動は人間の神経症と類似した病的状態だと考え，これを**実験神経症**と命名した。

隠蔽　パヴロフの研究室で行われたある実験では，強い音と弱い光を同時に与えてから餌を呈示するという**複合条件づけ**の方法で空腹のイヌを訓練した。その後，音 CS と光 CS を別々にテストすると，音 CS に対しては大きな CR（唾液分泌）がみられたが，光 CS はほとんど CR を誘発しなかった。しかし，音 CS も光 CS も，それぞれ別個に餌と対呈示して訓練した場合には，大きな CR を引き起こすように条件づけることができた。そこでパヴロフは，強い CS は弱い CS を**隠蔽**し，弱い CS と US との連合形成を阻害すると考えた。

　パヴロフが発見したように，強い CS は弱い CS を一方的に隠蔽するが，強さが同程度の 2 つの CS で構成された複合刺激を用いて条件づけを行った場合には，2 つの CS が互いに相手を隠蔽するという相互隠蔽効果を示すことがある（**図 4-4**）。

阻止　ケイミン（1968）はラットを被験体として，音と光の複合刺激を電撃 US と対呈示した後，音 CS または光 CS への反応をテストしたところ，いずれの場合にも CR（恐怖反応）を確認した。しかし，このような複合条件づけに先だって，音と光のどちらか一方を電撃と対呈示しておくと，複合条件づけ後に行われたテストで，残る一方への CR はほとんどみられなかった。つまり，最初に条件づけられた CS が別の CS の条件づけを**阻止**したのである。

　隠蔽と阻止は，**表 4-1**に示したような実験計画で示すことができる。隠蔽や阻止といった現象は，CS と US を対呈示しても，必ずしも CS が CR を誘発するようにならないことを示している。つまり，その CS が US の到来をどれだけ確実に信号できるかによって条件づけの大きさが決定される。

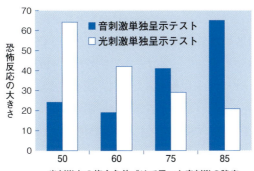

図 4-4 ラットの恐怖条件づけにおける隠蔽現象
(マッキントッシュ,1976 より作図)

まず,50～85 デシベルのうちいずれかの強度の音刺激と光刺激を複合し,電撃と対呈示して訓練した。その後に,その強度の音刺激または光刺激単独でテストした。音刺激の強度が強いほどその音刺激に条件づけられた恐怖反応は強く,逆にその音刺激とともに訓練されていた光刺激に条件づけられた恐怖反応は小さい。つまり,音刺激と光刺激は相互に隠蔽している。

表 4-1 隠蔽と阻止を検証する実験計画の例

群名	第1段階	第2段階	テスト
統制群		光 CS → US	光 CS → CR 大
隠蔽群		音 CS+光 CS → US	光 CS → CR 中
阻止群	音 CS → US	音 CS+光 CS → US	光 CS → CR 小

光 CS が引き起こす CR は,光 CS が単独で US と対呈示されていた場合に最も大きい。光 CS が他の刺激音 CS とともに US と対呈示されていた場合(複合条件づけ)には,光 CS が引き起こす CR はやや小さくなる(隠蔽)。複合条件づけ前に他の刺激音 CS が単独で US と対呈示されるという経験があると,光 CS が引き起こす CR はさらに小さくなる(阻止)。

古典的条件づけにおける刺激性制御

刺激の情報価とレスコーラ＝ワグナー・モデル

　隠蔽と阻止の現象は，CS が US の到来に関する情報をどの程度有しているかによって，条件づけの大きさが決まることを示している。US の到来に関する情報価をもたない CS には条件づけが生じないのである。レスコーラとワグナー（1972）は，隠蔽や阻止といった現象を説明するために，次のように考えた。US が条件づけを形成し，維持する効力は一定であり，この US の効力をめぐって複数の CS が競合する。この理論による隠蔽や阻止の説明を図 4-5 に示す。

　レスコーラとワグナーが提案した理論は，古典的条件づけのさまざまな現象を説明でき，またそれまで発見されていなかった現象の存在を指摘するなどの功績をあげたため，レスコーラ＝ワグナー・モデルとして広く知られるようになった。

　過剰予期効果　レスコーラ＝ワグナー・モデルの予測によって，新たに発見された現象の一つに過剰予期効果がある。たとえば，音 CS と光 CS をそれぞれ独立に US と対呈示する訓練を行う。それぞれの CS について学習が完了したら，この 2 つの CS を同時に US と対呈示する複合条件づけを行う。その後で 2 つの CS を別々にテストすると，各 CS が誘発する CR は，複合条件づけ前に比べて減少するのである（図 4-6）。

　問題点　レスコーラ＝ワグナー・モデルは，欠点のない理論ではない。たとえば，この理論では，CS を呈示したときに US が与えられないと条件づけが維持できないと考える。つまり，反応の消去は学習量がゼロに戻ることを意味するので，消去後の自発的回復（p.40 参照）が説明できない。こうした弱点を克服するため，研究者たちはより優れた理論を求めて模索している。

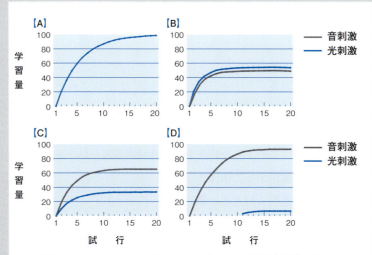

図 4-5　レスコーラ=ワグナー・モデルによる隠蔽と阻止の説明
US の効力を 100 と仮定する。光刺激を単独で US と対呈示して条件づけした場合，この光 CS の学習は最終的に 100 となる（A）。音と光からなる複合刺激が US と対呈示される場合には，各 CS の学習量の合計が 100 に近づいていく。音 CS と光 CS の強度が等しければ，最終的な学習量はそれぞれ 50 ずつになるが（B），音 CS の強度のほうが大きければ，音 CS の学習量が光 CS の学習量よりも多くなる（C）。いずれの場合でも，光 CS を単独で条件づけた場合の最終的な学習量（100）より小さくなる（隠蔽現象）。阻止現象の説明（D）では，まず音刺激と US の対呈示によって音 CS の学習量が増える。この後で音と光からなる複合刺激を US と対呈示しても，光 CS についての学習割り当てが残っておらず，条件づけはほとんど成立しない。

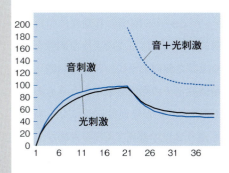

図 4-6　過剰予期効果の説明
音刺激と光刺激をそれぞれ独立に US と対呈示すると学習量はともに 100 に近づく。音刺激と光刺激を複合呈示すると，予期される US 量が過剰になるため，合計が 100 になるよう各刺激の値が低下していく。

形態的学習と階層的学習

　室内灯がついて部屋が明るいときにはベルの音が鳴ったら餌が呈示されるが，室内灯が消えて部屋が暗いときにはベルが鳴っても餌が呈示されないとする。このような状況にさらされた空腹なイヌは，部屋が明るいときにだけベルの音に対して唾液を流すようになるだろう。この場合，ベルの意味は部屋の明るさによって違うのである。このような状況を**条件性弁別**課題というが，この課題を動物が解決する方法は 2 つある。

　その一つは，明るいときに聞いたベルの音を CS⁺，暗いときに聞いたベルの音を CS⁻ とした分化条件づけである。この場合，動物は「部屋の明るさ」と「ベルの音」の組合せを CS としてとらえていることになる。このように，与えられた複数の刺激をまとめて 1 つの CS として知覚し，弁別課題を解決する方略を**形態的学習**という（図 4-7A）。

　一方，ベルの音（CS）が鳴れば餌（US）が呈示されるという関係を学んだうえで，この関係は部屋が明るいときにのみ成立し，部屋が暗ければ成り立たないと学習して課題を解決することもできる。つまり，CS—US 関係が有効である条件について学ぶ方略であり，これを**階層的学習**という（図 4-7B）。

　この場合，「部屋の明るさ」が CS—US 関係の有効性についての情報を提供している。階層的学習におけるこのような刺激を**場面設定子**とよぶ。ここで取り上げた例のように，特定の刺激（たとえば，室内灯の有無）が場面設定子の機能を果たすときもあるが，CS が呈示される場所（環境文脈）が場面設定子になる場合もある。たとえば，まったく違う 2 つの部屋で CS の意味が異なるような状況である（Topic）。

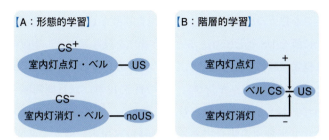

図 4-7　古典的条件づけにおける形態的学習と階層的学習

Topic　復元効果

　心理的な不適応症状を治療するための行動療法として，消去手続きを用いることがある。この際しばしば問題になるのが，治療した症状がその後に再発することである。病院や心理相談室で症状が完全に消失しても，自宅に戻ると症状がふたたび現れる。このように，一度消去した反応が，その後の環境変化によって復活することを**復元効果**という。

　バウトン（1988）によれば，CS と US の対呈示訓練後に別の環境で消去を行うと，「この環境では CS は US と対呈示されない」という階層的学習が生じる。消去期とは異なる環境で，ふたたび CR が現れるのは，CS―US 関係が有効でないと信号する場面設定子（消去文脈）が存在しないためである。

　復元効果は，条件づけ→消去→テストの文脈を，A→B→A と変化させたときだけでなく，A→B→C とか A→A→B のように変化させても生じることが報告されている。すなわち，テスト文脈が消去文脈と異なる場合にみられる現象である。

条件興奮と条件制止

　小さな窓ガラス（反応キー）に視覚刺激を CS として呈示した直後に餌を US として与えるという操作を繰り返すと，空腹のハトは視覚刺激に接近し，それをつつくようになる（自動反応形成またはサイントラッキング）。CS の長さ 12 秒，試行間間隔平均 48 秒で訓練を行った場合を考えてみよう。図 4-8A は 40％の部分強化で訓練する場合である。5 回の CS 呈示に対して 2 回 US が呈示されている。試行間間隔は CS よりも平均 4 倍長いので，CS 非呈示回数は 20 回だと想定する。CS 非呈示時には US が呈示されない。このように CS が US の到来を信号している場合，ハトは CS へ接近するようになる（図 4-9 の濃い青線）。

　では，CS が US の「非到来」を信号するような関係のとき，動物はどのように振る舞うだろうか？　図 4-8B はこのような訓練条件を示している。CS が呈示されないときは 40％の確率（20 回のうち 8 回）で US が呈示されるが，CS が呈示されるときはけっして US は呈示されない。この条件で訓練されたハトは，CS から遠ざかる反応を示す（図 4-9 の黒線）。

　一般に，「CS → US 到来」の関係にある場合，動物は条件興奮を獲得し，「CS → US 非到来」の関係にある場合，動物は条件制止を獲得する。上の実験では条件興奮は CS への接近反応として観察され，条件制止は CS からの退却反応として観察されている。古典的条件づけを説明するとき，「CS → US 到来」による条件興奮の獲得のみ扱われることが多いが，「古典的条件づけ」とは本来，条件興奮の獲得（興奮条件づけ）と条件制止の獲得（制止条件づけ）の 2 つを合わせた概念である。

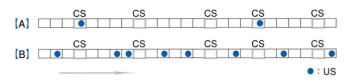

図 4-8 CS の長さ 12 秒，試行間間隔平均 48 秒での 2 つの実験条件
CS が US の到来を信号する場合 A と CS が US の非到来を信号する場合 B。

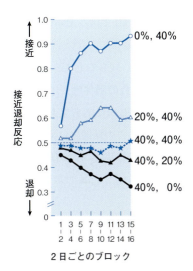

図 4-9 キー光を CS，餌を US としたハトの接近－退却反応の条件づけ（ハーストら，1980 を改変）
各群の数字は CS 非呈示時と呈示時の US 呈示確率を表す。

● 随伴性空間と真にランダムな統制手続き

CS と US の関係は，「CS 非呈示時の US 呈示確率（CS なし US 確率）」と「CS 呈示時の US 呈示確率（CS あり US 確率）」の 2 つの次元で表すことができる（図 4-10）。このような図を随伴性空間といい，CS と US の相関関係（随伴性）を示す。

図 4-10 の左上の領域は「CS なし US 確率」よりも「CS あり US 確率」が大きい場合（正の随伴性）で，このときは興奮条件づけが生じる。CS への接近反応を生んだ図 4-8A の条件は，図 4-10 では○で示され，この領域内にある。また，たとえば，「CS なし US 確率」が 20％，「CS あり US 確率」が 40％という条件（図 4-11A）は図 4-10 では△で示され，やはり CS への接近反応が獲得される。

図 4-10 の右下の領域は「CS なし US 確率」よりも「CS あり US 確率」が小さい場合（負の随伴性）で，このときは制止条件づけが生じる。CS からの退却反応を生んだ図 4-8B の条件は，図 4-10 では●で示され，この領域内にある。また，たとえば，「CS なし US 確率」が 40％，「CS あり US 確率」が 20％という条件（図 4-11B）は図 4-10 では▲で示され，やはり CS からの退却反応が獲得される。

図 4-10 の青色の斜め線は，「CS なし US 確率」と「CS あり US 確率」が等しい場合を示す。たとえば，図 4-11C の条件はいずれの確率も 40％で，この線上に★で示されている。このような条件では CS は US の到来や非到来に関する何の情報も与えず，条件興奮も条件制止も獲得されない。レスコーラ（1967）はこうした条件を真にランダムな統制手続きとよび，この条件との比較で条件づけの成立を検証すべきだと主張した。

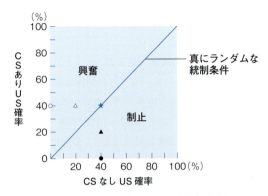

図 4-10 古典的条件づけの随伴性空間

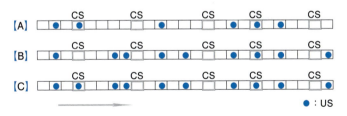

図 4-11 CS の長さ 12 秒，試行間間隔平均 48 秒での 3 つの実験条件
CS が US の到来をやや信号する場合 A と CS が US の非到来をやや信号する場合 B，CS が US の到来や非到来をまったく信号しない場合 C。

随伴性空間と真にランダムな統制手続き

●●●● 参考図書

今田 寛（監修）中島 定彦（編）(2003). 学習心理学における古典的条件づけの理論——パウロフから連合学習研究の最先端まで—— 培風館

　レスコーラ＝ワグナー・モデルをはじめとして，さまざまな古典的条件づけ理論を詳しく紹介している。

今田 寛 (1996). 学習の心理学　培風館

　条件づけ学習に関する入門書。随伴性の問題は第 7 章，レスコーラ＝ワグナー・モデルは第 8 章で取り上げられている。

メイザー, J. E.　磯 博行・坂上 貴之・川合 伸幸（訳）(2008). メイザーの学習と行動（日本語版第 3 版）　二瓶社

　第 5 章前半に連合の理論が解説されている。

ピアース, J. M.　石田 雅人他（訳）(1990). 動物の認知学習心理学　北大路書房

　動物認知に関する入門書。第 4 章でレスコーラ＝ワグナー・モデルに関する紹介がある。

古典的条件づけ 3
：学習の内容と発現システム

　古典的条件づけとは，2つの出来事の随伴関係によって生じる学習である。本章では，そのような学習の内容，つまり，古典的条件づけによっていったい何が学習されるのかについて考察する。次に，学習した内容がどのような形で行動に反映されるかを検討する。古典的条件づけは，他の学習と同様に，動物が環境へうまく適応するためのしくみであり，その動物個体の存続と種の保存に有益に作用する。したがって，古典的条件づけの適応的意味を考えることも重要になる。

古典的条件づけで何が学習されるか？

S—S連合対S—R連合　前章で述べたように，CSがUSの到来を信号する場合には条件興奮が生じ，CSがUSの非到来を信号する場合には条件制止が生じる。では，このような場面で動物はいったい何を学習しているのだろうか？　随伴性をそのまま内在化して「CSの後にUSが来る」とか「CSの後にはUSが来ない」ということを学習するのだろうか？　これは刺激と刺激の関係についての学習であり，S—S連合（刺激—刺激の連合）とよばれる。それとも，「CSに対して正の反応を行う」とか「CSに対して負の反応を行う」ということを学習するのだろうか？これは刺激に対してどのような反応をするかという学習であり，S—R連合（刺激—反応の連合）とよばれる。

　古典的条件づけで学習されるのがS—S連合なのかS—R連合なのかを調べる方法はいくつかある。前章で紹介した感性予備条件づけ（p.53 図4-2）もその一つである。感性予備条件づけではまず2つのCSが対呈示されるが，この時点ではいずれのCSもCRを引き起こさない。動物がS—R連合しか形成できないなら，CRが生じていないので，何も学習されないはずである。しかしその後，一方のCSをUSと対呈示してCRを形成し，残るCSへの反応をテストするとCRが観察される。USと直接対呈示していないCSがCRを誘発するためには，第1段階で何らかの学習が生じていなければならない。それはおそらく，2つのCS間の連合学習（S—S連合）であろう。

　古典的条件づけでS—S連合が形成されるのかS—R連合が形成されるのかは，さまざまな条件によって異なるが，通常の条件づけ事態ではS—S連合だとされている。

Topic　US 価値変化法

　古典的条件づけで学習されるのが S—S 連合か S—R 連合かを調べるより確実な方法は，条件づけを形成した後に US の価値を変化させる手続きである。条件づけが S—R 連合にもとづくものであれば（図 5-1 の青色実線），条件づけ形成後に US の価値を変化させても CR には影響がないはずである。しかし，S—S 連合が学習されていれば（図 5-1 の青色破線），CS →「US イメージ」→ CR という経路の中継点である US の価値変化によって CR の大きさが変わると予想される。

　ヒリアードとドムヤン（1995）の実験結果は，S—S 連合を支持している。まず，オスウズラに丸木（CS）を見せてからメスウズラ（US）と交尾させる。これを繰り返すと，丸木への接近反応（CR）が獲得された。次に，このオスウズラを別の 4 匹のメスと次々交尾させることで，US の魅力を弱めた（価値低減）。最後に，CS を呈示してテストすると，US の価値を低減しなかった場合よりも，CR が小さかったのである。

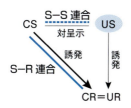

図 5-1　古典的条件づけにおける S—S 連合説（青色破線）と S—R 連合説（青色実線）

関係性と無関係性の学習　古典的条件づけで形成されるのがS－S連合であれ，S－R連合であれ，2つの出来事（刺激と刺激または刺激と反応）の関係を動物が学習する。それでは，動物は2つの出来事の間にまったく関係がないことを学習できるだろうか？　この問に対して肯定的な研究がいくつかある。たとえば，ベイカーとマッキントッシュ（1977）の研究をみてみよう。

のどが渇いたラットに，音CSと水USの対呈示訓練で条件づけを行った（図5-2の灰色破線）。この訓練を行う前に音CSだけを繰返し呈示しておくと，条件づけが遅れた（図5-2の青色破線）。これは，CS先行呈示効果とよばれる現象で，ラットが音CSに対して注意を払わなくなっていたために条件づけが遅くなったのである。一方，条件づけ訓練を行う前に，水USだけを繰返し呈示した場合には，条件づけの遅れはわずかであった（図5-2の青色実線）。しかし，あらかじめ音CSと水USを何度も無関係に呈示しておくと，その後の音CSと水USの条件づけが大きく遅れた（図5-2の灰色実線）。

この研究ではCSとUSを無関係に呈示した際，CS呈示時とCS非呈示時のUS呈示確率が等しいという真にランダムな統制手続き（前章参照）を用いている。そして，この手続きによる先行訓練を行っておくと，条件興奮の獲得が遅れるだけでなく，条件制止の獲得も遅れることが明らかにされている。

真にランダムな条件におかれた動物は何も学習しないわけではない。動物は「CSとUSが無関係である」という無関係性の学習をし，これが後の「CS→US到来」関係（条件興奮）または「CS→US非到来」関係（条件制止）のような「CSとUSの間に関係がある」という学習を阻害すると考えられる。

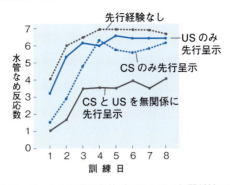

図 5-2 ラットの古典的条件づけにおける無関係性の学習
(ベイカーとマッキントッシュ，1977を改変)

Topic 「つばきとひきつり」から情報処理へ

　私たちは日常生活でさまざまな出来事の関係について判断を行っている。2つの出来事の随伴関係を考える場合も多い。たとえば，特定の週刊誌が信用できるかどうかは，記事の内容と真相という2つの出来事の間に正の相関があるかどうかで判断される。

　かつて，古典的条件づけの研究は「つばき（唾液反射）とひきつり（筋反射）の心理学」というありがたくない名前でよばれていた時代があった。それは，古典的条件づけのメカニズムが反射行動だけにあてはまるものだと蔑視されていたからである。しかし，近年の研究によって，古典的条件づけは「動物が周囲の環境から得た情報の価値をどう判断し行動するか」という情報処理のメカニズムの一つであることが明らかにされてきた。それに伴い，人間の推理判断のような複雑な認知プロセスの研究に古典的条件づけの理論や知見が生かされるようになってきた。パヴロフは条件反射を「中枢神経系のもっとも高次な活動」とよんだが，ようやくそれが認められる時代がきたといえる。

● 条件制止の検出

　4章で，ハトの接近—退却反応条件づけ事態での条件興奮と条件制止の獲得を紹介した（図4-9）。実は，この実験は条件制止の獲得を明白な形で直接的に示したきわめてまれな研究である。一般に，制止条件づけを観察することは容易でない。条件制止はマイナスの反応となり，ゼロ以下の反応は検出困難だからである。そこで，条件づけの研究者たちは条件制止を検出するために2種類のテストを考え出した（レスコーラ，1969）。

　ある CS が条件制止を引き起こしていると仮定する。このような CS を**条件制止子**という。この CS を US と対呈示することで条件興奮を獲得させてみよう。この場合，まったく新しい CS を用いる場合よりも，条件興奮の獲得が遅れると考えられる（図5-3上図）。このような方法で，ある CS が条件制止子かどうかを検討するのが**遅滞テスト**である。

　また，ある CS が条件制止子だとすれば，この CS と条件興奮を引き起こす CS（これを**条件興奮子**という）を同時に複合呈示すれば条件制止と条件興奮の加算が生じて，条件興奮子を単独で呈示したときよりも，観察される CR が少なくなると考えられる。さらに，この減少の程度は，条件興奮子と新奇刺激を複合呈示した場合（外制止が生じる可能性がある）よりも大きいであろう。このような方法を**加算テスト**という（図5-3下図）。

　条件制止は，随伴性空間における負の随伴性（p.64）操作以外でも生じる。たとえば，音 CS を単独呈示した場合には餌 US を与えるが，音 CS と光 CS の複合呈示では餌 US を与えないという訓練を繰り返すと，光 CS は餌 US の非到来を信号する条件制止子になり，この光 CS は遅滞テストや加算テストに合格する。

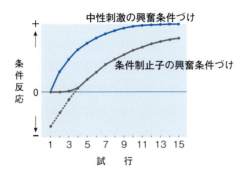

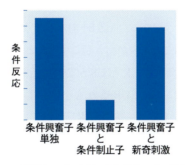

図 5-3　遅滞テスト（上）と加算テスト（下）の概念図
上図：条件制止子のもつマイナス反応の大きさは，プラス側へ反応を変化させたときの遅れから推測する。なお，灰色の破線で示されたマイナスの反応は観察できないので，灰色の実線のような値として記録されることになる。
下図：条件制止子のもつマイナス反応の大きさは，他の CS（条件興奮子）が引き出す条件反応を減少させる力として推測する。

反応の遂行

刺激置換理論　一般に，古典的条件づけでは，CR は UR と同じかきわめて似ている。たとえば，パヴロフの実験では，餌（US）に対してみられる唾液反応がメトロノームの音（CS）に対しても形成された。パヴロフは，条件づけによって CS が US の代理刺激になると考えた。これを**刺激置換理論**という。

　ジェンキンスとムーア（1973）の研究はこの理論の正しさを示している。ハトはのどが渇き，また空腹でもある状態で自動反応形成の実験に参加した。左側の反応キーが点灯したときには水が US として，右側の反応キーが点灯したときには穀物粒が US として与えられたハトは，くちばしをすぼめて液体をすするような形で弱く左キーをつつき，くちばしを開いてついばむような形で強く右キーをつつくようになった（図 5-4）。つまり，反応キー（CS）への CR は，対呈示した US が引き起こす UR とよく似ていた。

　しかし，CS が誘発する CR と US が誘発する UR はまったく同一ではない。一般に CR は UR よりも小さいし，CR は US が引き起こすさまざまな UR の一部を反映しているにすぎない。たとえば，餌に対しては唾液分泌以外に，口を開けるなどの UR が生じるが，餌を信号するメトロノームが鳴っても，イヌは唾液を分泌するだけで，こうした反応を示すことはまれである。

　CR の大きさや種類は，US の種類だけでなく，CS の種類によっても異なることが知られている。p.48 で紹介した連合選択性は，CR の大きさが CS の種類によって異なる例である。また，餌をUS に用いてラットを訓練する場合，視覚 CS のときには後肢で立ち上がる反応，聴覚 CS のときには頭を振る反応がみられる（ホランド，1977）。

図5-4 水と対呈示されたキーへのつつき反応（左）と穀物と対呈示されたキーへのつつき反応（右）（ジェンキンスとムーア，1973）

Topic　自動反応形成をめぐる論争

　p.62で紹介したように，自動反応形成とは，反応キーに視覚刺激を呈示した直後に餌を与えるという操作を繰り返すことにより，ハトが反応キーをつつくようになるという現象である。現代の学習心理学では，これは視覚刺激をCS，餌をUSとした古典的条件づけだとされている。しかし，かつてはこの現象をめぐって大きな論争があった。当時は，キーつつき反応のような随意運動は古典的条件づけによってではなく，6章以降で紹介するオペラント条件づけによってのみ獲得されると考えられていた。実際，ハトを被験体としたオペラント条件づけ研究では現在でもキーつつき反応を用いるのが標準的である。このため，自動反応形成もオペラント条件づけの一種だと主張する研究者もいたのである。しかし，自動反応形成では視覚刺激と餌の随伴呈示という古典的条件づけ操作が重要であることが明らかとなった。また，生み出される行動が随意運動であるかどうかは古典的条件づけとオペラント条件づけの区別には重要ではないとされるようになり，自動反応形成は古典的条件づけであるという今日の見解が確立したのである。

補償反応の条件づけ　CRとURとは量的・質的に違いがみられるだけでなく，まったく逆の反応型を示すことがある。たとえば，モルヒネを投与することによって生じる反応は，脈拍低下，体温上昇，活動性低下，痛みに対する感受性の低下であるが，モルヒネと対呈示された刺激に対する反応は，脈拍増加，体温低下，活動性増大，痛み感受性増大と，まったく逆である（シーゲル，1982）。このように，薬物をUSに用いた場合などでは，URとは逆方向への変化がCRとして形成されることがある。

　動物の身体には，身体内部の環境を常に一定に保とうとする**恒常性維持（ホメオスタシス）**機能が備わっている。このため，たとえば薬物によって脈拍が低下した場合，身体を平常時の状態に戻そうとして，逆の反応（脈拍増加）が引き起こされる。したがって，薬物によって直接引き起こされる反応ではなく，その**補償反応**をURだと考えれば（シュル，1979），CRとURは類似した反応だといえる。

隠れた連合の表出　感性予備条件づけの現象（p.53，図4-2）は，反応を引き起こさない刺激どうしの対呈示でも，刺激間に連合が生じることを示している。隠れた連合があるために，一方の刺激CS_1をUSと対呈示して価値を高めると，もう一方の刺激CS_2も反応を誘発するのである。こうした価値変化は，動機づけ状態を操作してCS_1をUSに転じる手続きでも達成できる。たとえば，苦い塩水（CS_2－CS_1の対呈示）を飲んだラットは，苦い味（CS_2）への好みは示さないが，体内の塩分を減らす薬を与えられると，急に苦い味（CS_2）を好むようになる。塩味（CS_1）への動機づけが高まったため，それと対呈示されていた苦い味（CS_2）も魅力的になったのである（ベリッジとシュルキン，1989）。

Topic　古典的条件づけとしての薬物耐性の形成

　薬物を繰返し服用していると効果が薄れてくることがあり，これを薬物耐性の形成というが，これには古典的条件づけが関与していることが指摘されている。薬物を服用する人はいつも同じ状況でそうする。同じ病院の同じ部屋で白衣の看護師から同じような注射器で注射されるとか，自宅の食卓で夕食後いつも同じガラスコップについだ水とともに粉薬を飲むなど。このような状況は薬物を信号する刺激となり，条件づけが生じることもある。もしも条件づけられるのが補償反応ならば，薬物が直接引き起こす効果と競合し，条件づけが進むにつれて薬効が弱まることが予想される。

　薬物耐性が形成されると，以前と同じ効果を得るためには多量の薬物を服用する必要が生じる。それによりふたたび補償反応が条件づけられ，薬効がまた減少する。その結果，さらに多くの量を服用するようになるといった悪循環をもたらす。

　このように条件づけられた薬物耐性は，時として悲劇を生む。薬物耐性ができて多量の薬を服用している人が，いつもとは違う環境で薬を服用したとしよう。この場合，条件づけによる補償反応を誘発していた状況が存在しないので，薬物の効果がそのまま働き，体の許容限界を超え，死を迎えることになる（シーゲルとエルズワース，1986）。

古典的条件づけの適応的意味

　古典的条件づけは，複雑な環境への適応方略として進化してきた機能である。生存のために重要な刺激は多種多様であり，それらの刺激すべてに対して生得的行動を誘発するメカニズムを遺伝情報に組み込むことは不可能である。また，生物にとって何が重要で何が重要でないかは時として変わる。したがって，刺激に対する反応を状況に応じて変化させるしくみである古典的条件づけの適応的意味は大きいといえる。

　餌を信号するベルの音を聞いて唾液を分泌したり，薬物が投与されそうなときに補償反応を生起させて身体の恒常性を維持することは，その動物が環境へ適応するために役立つことが多いであろう。

　3章で紹介した連合選択性も環境への適応という視点で考えることができる。たとえば，味覚嫌悪学習は容易に形成される。自然界において，気分不快が生じる原因の一つは不適切な食物（腐ったもの，毒のあるもの）の摂取である。したがって，気分不快をもたらした食物の味をその後に避けるようになるのは適応的意味がある。一方，外敵の襲撃で受けた傷によって引き起こされる痛みを，外敵の視聴覚的特徴と結びつけることができれば，次には外敵の姿を見たりその声を聞くだけで襲撃を避けることが可能になる。視聴覚刺激と電撃（によって引き起こされる痛み）の条件づけが容易であるという事実には，このような適応的背景がある。

　なお，古典的条件づけの適応的意味については，食物摂取や外敵回避といった個体の生存に直接関わる事柄だけでなく，子孫繁栄という立場からも研究が進められている。

Topic 古典的条件づけで子孫繁栄

ホリスら（1997）は，なわばりを持つ習性のあるグラミーという魚を用いて，古典的条件づけの適応的意味を検討している。7匹のオスは，1匹ずつ，電球（CS）が10秒間点灯した直後にメス（US）の姿を見るという対呈示訓練を受けた。別のオス7匹は電球とメスの非対呈示を経験した。その結果，対呈示群には条件づけが生じ，電球が点灯すると求愛行動を示すようになったが，非対呈示群には条件づけがみられなかった。

この条件づけの適応的な価値を具体的に検討するため，その後，すべてのオスは1匹ずつ，初めてメスと物理的に接触する機会を与えられた。電球の点灯直後にメスとの接触機会が与えられると，対呈示訓練を受けていたオスは，非対呈示訓練を受けていたオスに比べ，メスに対して不適切な行動（攻撃行動）を示すことが少なく，巣作りに一生懸命取り組んだ（図5-5左）。その結果，メスがただちに卵を産み，オスはたくさんの精液をかけることができた。6日後，孵化した稚魚の数を調べたところ，条件づけられていたオスの稚魚は条件づけられていなかったオスの稚魚よりも数百倍多かった（図5-5右）。

重要な出来事（US）の生起を早く確実に知ることは，その動物自身の環境への適応度を増大させるだけでなく，自分の子孫を残すことにも貢献するのである。

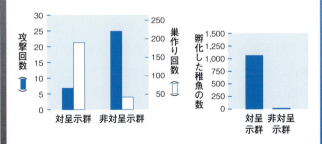

図5-5 グラミーの生殖におよぼす古典的条件づけの影響
（ホリスら，1997を改変）

行動システム的アプローチ　　CR の形が US だけでなく CS の種類によっても異なるという事実も，適応的見地から考えることができる。ティンバーレイクとグラント（1975）は，視覚 CS と餌 US の対呈示をラットに繰り返して行った。CS に木製のブロックを用いた場合，ブロックの方向に向く行動だけが形成されたが，縛った同種のラットを CS として呈示すると，縛ったラットに近づいてその匂いを嗅ぐという社会的行動が形成された（図5-6）。ラットは餌を集団で食べる習性があり，そのようなときにみられる行動と類似した行動がこの実験でみられたのである。条件づけによって形成されるのは，その動物が環境に適応するため生得的に有している種に特有な行動システムの一部であり，システムのどの部分が行動として現れるかは，CS の種類や CS—US 間隔，動機づけ状態などによって異なるとティンバーレイク（1994）は主張している。

適応性の限界　　古典的条件づけは変化し続ける複雑な環境に適応するための重要なメカニズムだと考えることができるが，この学習には欠点もある。一例として，ハーストとジェンキンス（1974）の研究をあげよう。反応キーが 2 つ取りつけられた装置（図5-7）でハトの分化条件づけが行われた。左のキーが 5 秒間緑色に点灯すると，直後に餌が 4 秒間呈示された。右のキーは 5 秒間赤色に点灯したが，餌は呈示されなかった。それぞれのキーは餌の出口から 91cm も離れていたので，キーをつついていると食べられる餌が少なくなる（図5-7）。このような状況でもっとも適応的な行動は，左のキーが緑に点灯したらただちに餌の出口に向かうことである。しかし，ハトは自動反応形成により左のキーをつつくという CR を獲得し，この行動をとり続けたのである。

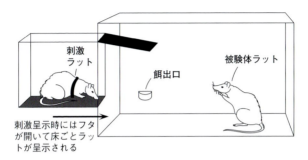

図 5-6　ティンバーレイクとグラント（1975）の実験装置
縛られたラットが CS, 餌が US である。

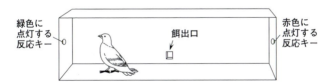

図 5-7　ハーストとジェンキンス（1974）の実験装置
CS が呈示される反応キーと US が呈示される餌出口の距離は 91cm 離れていた。

古典的条件づけの適応的意味　81

● ● ● 参考図書

メイザー, J. E. 磯 博行・坂上 貴之・川合 伸幸（訳）(2008). メイザーの学習と行動（日本語版第 3 版） 二瓶社

第 5 章で学習の内容と行動表出について解説されている。

今田 寛（監修）中島 定彦（編）(2003). 学習心理学における古典的条件づけの理論——パヴロフから連合学習研究の最先端まで—— 培風館

行動表出に関する理論や人間の判断推理の研究などについても言及されている。

磯 博行・杉岡 幸三（編）(1994). 情動・学習・脳 二瓶社

古典的条件づけの知見を人間の判断推理研究にどう適用するかが第 7 章に紹介されている。

オペラント条件づけ 1
:基礎

　古典的条件づけは，刺激と刺激がある一定の関係で呈示されることによる学習であった。しかし人間や動物の行動は，このような刺激—刺激関係で学習される行動のみではない。ある刺激に対してある反応を自発した結果，環境がどう変化したかによって人間も動物も適応的に行動することを学習する。こうした自発的な反応の学習は，オペラント条件づけとよばれる（道具的条件づけともいう）。

オペラント条件づけとは？

古典的条件づけでは，たとえばベル音と餌を繰返し対呈示すると，餌が誘発する唾液分泌をベル音も誘発するようになる。既存の反応（この場合は唾液分泌）を誘発する刺激の種類が増える過程だともいえる。一方自転車に乗る，レバーを押す，などの行動を無条件に引き起こす刺激は存在しない。しかし，人間や動物は経験を通して，新しい行動を獲得することができる。

箱の中に閉じ込められたネコが，たまたま紐を引いて外に出られたら，再び箱に入れられると紐を引くようになる。これは典型的な**オペラント条件づけ**である。**道具的条件づけ**ともいう。「道具的」とは，なんらかの結果を得るための手段，つまり道具としての反応の特徴を強調した用語である。紐を引く反応は，箱を開ける手段としての道具的性格をもつ。一方，「オペラント」は操作（operation）に由来する。紐を引くと外へ出られる状態になるから，ネコは紐を引いて自分の環境を操作したことになる。「オペラント」は，環境に対する操作的な機能を強調した用語である。

歴史的背景

オペラント条件づけの基礎は，主として動物を用いた実験室的研究によって築かれた。

ソーンダイクの研究　ソーンダイク（1874-1949）は動物の知能について調べるために**問題箱**（図6-1A）を用いた。問題箱にはさまざま仕掛けがあり，チェーンを引く，ペダルを踏む，留め金を外す，などの行動をすると外に出られた。ネコやイヌが問題箱から脱出するまでの時間は，試行を重ねるに従って次第に減少した（**試行錯誤学習**）（図6-1B）。これは動物の行動によって変容する過程を調べた初めての実験室的研究であった。

【A】

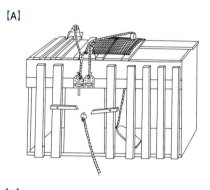

【B】

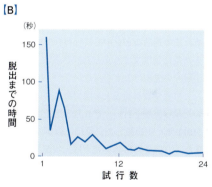

図6-1　A：ソーンダイクの問題箱の一例，
　　　　B：ネコが脱出するまでに要する時間（秒）の変化
（ソーンダイク，1898）

Topic　ソーンダイクの業績

　1874 年米国マサチューセッツ州に牧師の次男として生まれたソーンダイクはウエスレアン大学を卒業後，ハーバード大学大学院に進学し，心理学者ジェームズの弟子となった。表情に対する幼児の反応を研究したかったが，当時のハーバードではどのような実験であれ幼児を対象とするものはタブーであった。やむを得ず下宿でヒヨコを飼って実験を始めたところ，そこを追い出されてしまった。困ったソーンダイクにジェームズが自宅の地下室を提供してくれ，そのおかげで彼は実験を続けることができた。その後，奨学金をもらってコロンビア大学大学院に転学し，心理学研究室の屋根裏部屋でネコ，イヌ，ヒヨコを相手に問題箱の実験を開始した。これが博士論文となり，1898 年に「動物の知能――動物における連合過程の一実験」として発表される（図 6-2）。

　この論文は学習に関するもっとも重要な研究の一つであるだけでなく，それまで逸話などを中心に行われていた動物心理学を客観科学に変えた革命的論文でもあった。さらに，9 章で紹介するように，問題解決研究の先駆けともなった。

　コロンビア大学教員養成大学院で職についたソーンダイクは，サルを用いた学習実験を行い，それらと博士論文をまとめて『動物の知能』（1911 年）を出版した。彼はこの本の中で，快や不快が刺激‒反応連合（彼自身の用語を使えば，状況‒反応結合）に影響を及ぼすという効果の法則を提唱した（図 6-3）。

　ソーンダイクはその後，教育心理学や精神測定法の研究で大きな業績をあげた。双生児の知能の比較研究を行い，第 1 次世界大戦時には軍の新兵検査用の知能テストを作成した。また，大学入試用の高卒者の学業知能テストを開発し，大規模な職業進路調査を初めて行い，3 万語に及ぶ語彙使用頻度表を出版した。50 冊の著書と 400 篇を超える論文を残して，ソーンダイクは 1949 年に没した。

THE

Psychological Review

EDITED BY

J. McKEEN CATTELL, COLUMBIA UNIVERSITY AND J. MARK BALDWIN, PRINCETON UNIVERSITY

WITH THE CO-OPERATION OF

ALFRED BINET, ÉCOLE DES HAUTES-ÉTUDES, PARIS; JOHN DEWEY, UNIVERSITY OF CHICAGO; H. H. DONALDSON, UNIVERSITY OF CHICAGO; G. S. FULLERTON, UNIVERSITY OF PENNSYLVANIA; JOSEPH JASTROW, UNIVERSITY OF WISCONSIN; G. T. LADD, YALE UNIVERSITY; HUGO MÜNSTERBERG, HARVARD UNIVERSITY; M. ALLEN STARR, COLLEGE OF PHYSICIANS AND SURGEONS, NEW YORK; CARL STUMPF, UNIVERSITY, BERLIN; JAMES SULLY, UNIVERSITY COLLEGE, LONDON.

Series of Monograph Supplements,

Vol. II., No. 4 (Whole No. 8), June, 1898.

Animal Intelligence

An Experimental Study of the Associative Processes in Animals

BY

EDWARD L. THORNDIKE A.M.,

University Fellow in Psychology, Columbia University.

THE MACMILLAN COMPANY,

41 N. QUEEN ST., LANCASTER, PA.

66 FIFTH AVENUE, NEW YORK; AND LONDON.

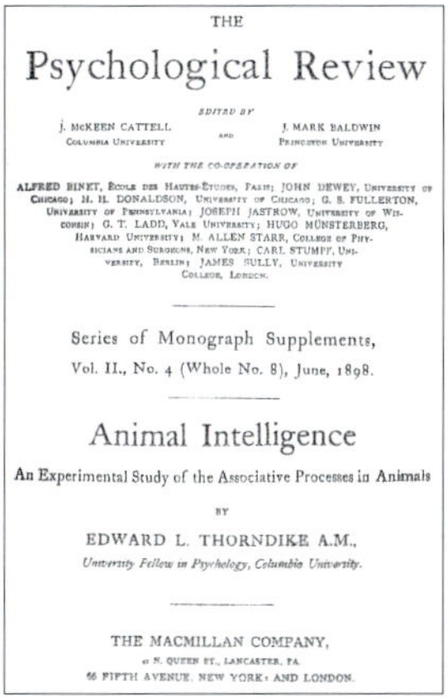

図 6-2　出版された博士論文の表紙

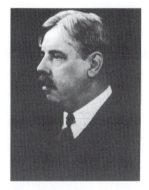

図 6-3　効果の法則を発表する少し前のソーンダイク
（ボークス，1984）

古典的条件づけでは，ベル音と餌が時間的に接近して起きることで2つの刺激の結びつきが強まり，餌が誘発する唾液分泌をベル音も誘発するようになると考えられた。問題箱の動物の行動は，こうした**刺激-刺激連合**では説明できない。ソーンダイクは箱内部の環境全般を刺激と考え，たまたまある反応をして脱出できると，問題箱という環境とその反応との**刺激-反応連合**が強まるとして，**「効果の法則」**を提唱した。満足がもたらされる反応は刺激と連合して生起しやすくなる。問題箱でネコがたまたま紐を引いて外に出られると，問題箱（刺激）と紐引き（反応）の連合が強まり，問題箱でネコが紐を引く反応が起きやすくなる。逆に，不快な結果をもたらす反応は刺激との連合が弱まり起きにくくなる。

　「満足」あるいは「不快」といった用語は今日では用いられなくなり，刺激-反応連合による学習であるとする考え方も一般的ではない（ネヴィン，1999）。しかし，「結果によって行動が変化する」という効果の法則の基本は，条件づけの原理として今日に受け継がれている。

トールマンの研究　トールマン（1886-1959）は，学習された行動はすべて目的的であり，環境に適応するための手段として全体的にとらえられるべきだと主張した。

　トールマンによれば，学習は個々の刺激と反応との連合ではなく，ある環境である目的を達成するためにはどのような手段をとるべきかについての**目的-手段関係**を知ること，すなわち環境についての認知の成立である（トールマン，1932）。たとえばラットの**迷路学習**（**図6-4**）で，ラットは迷路のどこに餌（目的）があり，それを得るにはどの道を行けばいいか（手段）という知識を学習すると考えたのである（右ページ Topic を参照）。

Topic 潜在学習

　私たちが知らない場所に行くとき、地図を利用して目的地に行くように、目的地への経路を知ることと、その経路を利用して目的地に行くこととは区別される。トールマンとホンジク（1930）は、以下の3条件でラットの迷路学習を比較した。「餌あり条件」では、迷路（図6-4A）の目標地点に餌が置かれた。「餌なし条件」では迷路の目標地点に到達しても餌はなかった。「11日目まで餌なし条件」では、最初の11日は「餌なし条件」と同じで、12日目から「餌あり条件」になった。袋小路に入った反応（誤反応）数が比較された（図6-4B）。「11日目まで餌なし条件」のラットの誤反応数は11日目までは「餌なし」条件のラットとほぼ等しかったが、餌が置かれるようになると急速に減少して、「餌あり条件」のラットに勝るとも劣らない好成績を示した。餌が目標地点にない11日間、ラットは迷路についての知識（**認知地図**）を学習し、餌が置かれるようになると、その知識を利用して目標地点まで走ったと考えられた。

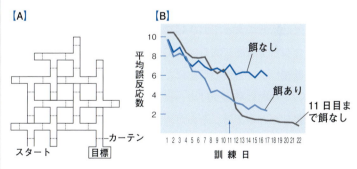

図6-4　A：トールマンとホンジク（1930）がラットに用いたのと同様の迷路，B：餌なし，餌あり，11日目まで餌なしの3条件における平均誤反応数の変化
（A：エリオット，1928を一部改変，B：トールマンとホンジク，1930）

トールマンは目標地点に餌がなくても，迷路を経験したラットは迷路についての知識を学習すると考え，これを認知地図とよんだ。目標地点に餌が置かれるようになると餌への期待が生じ，認知地図を利用して目標地点まで走行するようになる。すなわち，認知地図の学習に餌への期待は不要だが，地図を利用して行動を発現するには餌への期待を必要とする。このように，トールマンは知識の獲得としての学習とそれを実際に行動に利用して遂行することとを区別した。知識の獲得は，その知識を利用しなければ観察可能な行動として現れないので，潜在学習とよばれている。

ハルの研究　　ハル（1884-1952）は，古典的条件づけとオペラント条件づけを明白に区別しなかった。いずれの条件づけでも，学習されるのは「ある刺激のもとである反応をする傾向」，すなわち刺激-反応の連合であり，日常用語でいう習慣に該当する。習慣が形成される（つまり学習が生じる）には，刺激と反応の時間的接近だけでなく，動因も重要だとハルは考えた。動因とは，自分が生き，子孫を残すために必要な物（食物・水・空気・異性など）の欠乏状態によって引き起こされる緊張状態であり，食物欠乏の場合なら空腹感である。反応によって動因が小さくなること（動因低減）が，習慣の形成にとって不可欠だというのがハルの説である。動因は動機づけの一種なので，ハルは学習時の動機づけを重視したといえる。そのため，動機づけは学習時には不要だとしたトールマンとの論争がおきた。一方，動機づけは学習が行動として顕在化する際に重要だとの認識はトールマンと一致した。ハルによれば，習慣と現在の動因のどちらかがゼロなら行動は生じない。つまり，形成された習慣は現在の動因とかけ合わされて行動となるのである（図6-5）。

$$\underset{\text{ポテンシャル}}{\underset{\text{興奮}}{{}_sE_R}} = \underset{\text{習慣強度}}{{}_sH_R} \times \underset{\text{動因}}{D}$$

図 6-5 ハルの基礎理論

ある刺激（S）がある反応（R）を喚起する強度（興奮ポテンシャル，${}_sE_R$）は当該の刺激と反応の習慣強度（${}_sH_R$）と動因（D）の積として定義される。

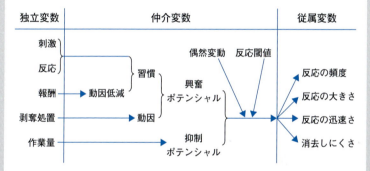

図 6-6 ハルの理論体系の概要

刺激と反応が時間的に接近して生じる際に、報酬などによって動因が低減されると「刺激-反応連合」は強化されて習慣となる。習慣が形成された状態（学習した状態）で、絶食などの剥奪処置があれば、動因が高まり反応が生じやすくなる（興奮ポテンシャルが高くなる）。ただし、作業量が多い（疲労しやすい）反応は抑制されやすく（抑制ポテンシャルが高い）、反応強度が低下する。反応強度は、さらに偶然変動の影響を受けて変化する。反応強度が最低限の値（反応閾値）を超えると、反応が喚起される。反応強度は、反応の頻度・大きさ・迅速さ・消去しにくさ（消去抵抗：p.130 参照）として測定できる。

習慣や動因は，独立変数と従属変数（p.4 参照）の間をつなぐ**仲介変数**である。ハルは，反応の抑制傾向，反応の偶然変動や閾値などの仲介変数も理論体系に組み込み（図6-6），それを数式で表現しようとした（ハル，1943）。ハルの理論は1960年代初期まで大きな影響力があったが，実験結果と整合しないことも多く，次第に支持を失った。

ハルは優秀な弟子を数多く育てたことでも知られる。代表的な弟子に，報酬の魅力も動機づけになるとして**誘因**概念を提唱したスペンスや，バイオフィードバック（p.95 参照）を研究したミラーがいる。

スキナーの研究　スキナー（1904-1990）は，「期待」や「連合」などの心理学的概念や観察できない心的活動によって行動を説明することは循環論であると考えた。たとえば，「A さんはすばらしい絵を描く。なぜなら絵の才能があるからだ」と「A さんは絵の才能がある。なぜならすばらしい絵を描くからだ」は，循環論の関係にある。「すばらしい絵を描く」と「絵の才能がある」は，原因にも結果にもなるからである。同様に，「連合」や「期待」などの心理学的概念で行動を説明することも，循環論であるとスキナーは主張し，行動を実証的に研究するための理論と方法を確立しようとした。

スキナーは古典的条件づけとオペラント条件づけを明確に区別した。オペラント行動の基礎研究をハトやラットで行うためにスキナーが考案した実験装置（図6-7）は，**スキナー箱**（または**オペラント箱**）とよばれている。厳密に統制された実験室の動物行動だけではなく，人間の日常行動や言語行動の分析も行われた。それらは**行動分析学**として今日に継承されている。

Topic スキナー箱

図6-7は，典型的なハト用スキナー箱とラット用スキナー箱である。ハト用スキナー箱では，壁面に設置された窓に光刺激が呈示され，これをハトがつつくと給餌器が作動して餌が呈示される。この窓をキーという（キーボードの"キー"と同じ）。ラットには，レバー押し反応が用いられることが多い。この例では，レバーを押すとチューブを通って餌のペレットが受け皿に落ちるようになっている。

問題箱や迷路実験では，非連続な試行からなる**離散試行法**がとられるのに対して，スキナー箱では反応を連続的に記録することができる。いつでも自由に反応できるので，**フリーオペラント法**という。反応に対して餌がどう呈示されるかの規則に従って，時間軸上の反応出現パターンがどう変化するかを見ることができる（強化スケジュールとして7章で取り上げる）。

【A】　　　　　【B】

 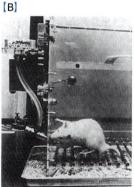

図6-7　A：スキナー箱でキーに反応しているハト，B：スキナー箱でレバーに反応しているラット
（シュワルツ，1984）
Aの給餌口はキーの下方に設置されている。

スキナーにとって，行動を研究して明らかに「理解する」ということは，「行動を内的な原因」によって説明するための理論をつくる」ことではなく，「実際に行動の予測と制御ができる」ということに他ならない。たとえば，ピタゴラスの定理を言えても，それを実際に使って個々の応用問題で方程式が解けないなら，ピタゴラスの定理を真に理解しているとはいえない。このとき，「ピタゴラスの定理を理解している（内的な原因），だから方程式が解ける（外的な結果）」という説明は循環論である。なぜなら，「ピタゴラスの定理を理解している」と「方程式が解ける」は，どちらが原因でも結果でもなく，両者は同義だからである。

　スキナーにとって「行動を理解すること」は「行動の予測と制御ができること」と同義であった。だから，「連合」とか「期待」などの心理学的概念や内定原因によって行動を説明してはならない，と考えたのである。ただし，スキナーは「連合」や「期待」などの内的事象の実在を否定したわけではない。それらはむしろ行動的に明らかにされなければならない重要な研究対象であると考えていた。

　スキナーは，行動の原因を観察可能な環境事象に求め，行動を実際に制御している環境事象を明らかにすることの重要性を主張した。行動の原因となっている環境事象がわかれば，どのような環境でどのような行動が起きるかを予測できる。また，環境を適切に設定することによって行動を制御できる。すなわち，行動の原因を環境に見出すことによって，行動の予測と制御が可能になる。環境事象を分析して行動を実際に制御している環境事象が明らかになったとき，その行動を理解したといえる。スキナーに始まる行動心理学が，行動分析学とよばれる所以である。

Topic　唾液分泌はオペラント条件づけできる

　オペラント条件づけのオペラント（operant）の用語は，スキナーによって初めて用いられた。自発的に反応することによって，環境を変化して操作するという機能的な意味が込められている。これに対応して，スキナーは古典的条件づけを，レスポンデント条件づけとよんだ。たとえば食物に対する反射的（respondent）な反応として誘発される唾液分泌が，ベル音に条件づけられるからである。この2種類の条件づけは，どのような反応が学習されるかの反応型ではなく，環境に対して反応が操作的か反射的かで区別される。

　ミラーとカーモナ（1967）は，のどが渇いたイヌがある一定量以上唾液を分泌したときだけ水を与えた。すると，イヌの唾液分泌量が増加した。食物のように唾液分泌を誘発する無条件刺激は，この実験場面には存在しなかった。したがって，唾液分泌の増加は古典的条件づけによるものではない。のどが渇いたイヌが定量以上の唾液分泌（反応）をすると水が飲める状態になる。すなわちイヌは唾液分泌によって環境を変化したので，唾液分泌の増加はオペラント条件づけによるものといえる。

　唾液分泌のような自律的な反応もオペラント条件づけができる。心拍や血圧や脳波のオペラント条件づけはバイオフィードバックとしてよく知られている。逆に，ハトのつつき反応は，随意的な骨格筋反応だが，古典的条件づけができる（p.62の自動反応形成）。このように，自律的な反応か随意的な反応かの反応型によって，古典的条件づけとオペラント条件づけの区別はできない。

Topic 学習理論の実践家スキナー

　スキナー箱を考案し，自発的反応の学習にオペラント条件づけという新たな枠組みを与えて古典的条件づけと区別した行動主義心理学者スキナーは，1904年米国ペンシルベニア州の小さな町で弁護士の長男として生まれた。大学卒業後，作家を志したが，人間の行動に興味を抱き，ハーバード大学大学院に進学。そこで，後にスキナー箱とよばれるようになる装置を開発し，反射概念の理論的研究ならびにラットの摂食行動の実験によって1931年に博士号を取得した。当時のスキナーは常に白衣のポケットにラットを入れ，折あれば実験をする学生だったという。その後ハーバード大学で研究を続け，古典的条件づけ（彼の用語では**レスポンデント条件づけ**）とオペラント条件づけの違いを明らかにした。

　1936年にミネソタ大学に職を得た後，それまでの研究成果を『有機体の行動』として出版（1938年）。第2次世界大戦中は，ハトに誘導爆弾を操縦させる計画に従事した（図6-8）。また，次女デボラの誕生を機に，赤ん坊に最適な環境が与えられるようなサークルベッドを考案した（図6-9）。インディアナ大学を経て，1948年にハーバード大学教授となり，行動分析学の人間社会への応用を示すユートピア小説『ウォールデン・ツー』を発表した。また，娘の算数の授業を参観したスキナーは，その教育法が非効率的で生徒一人一人の進度にあわないと考え，オペラント条件づけの理論にもとづくティーチングマシンを開発した。

　弟子の動物実験を指導しながら，彼自身は人間行動の分析に力を入れ，『科学と人間行動』『自由と尊厳を超えて』などを出版。『言語行動』では言語の行動分析に取り組んだ。危機的状況にある世界を救う方法として行動分析学の有効性を『行動主義と社会に関する省察』などで訴えたが，1990年，白血病で他界した。自宅地下の書斎（図6-10）には自らの執筆行動を記録する装置が備えつけられていたという。

図6-8　ハトが操縦する誘導爆弾の弾頭（スキナー，1960）
3羽のハトにより誘導爆弾の弾道が決定される。現在はワシントンDCの米国史博物館に所蔵されている。

図6-9　スキナーが考案した
　　　　サークルベッド
　　　　（スキナー，1945）
同様のものが約1,000台売れたという。

図6-10　スキナーの書斎（ビョーク，1993）
右側にあるのは日本製のカプセルホテル用ベッド。

歴史的背景　97

● オペラント条件づけの基礎

自発的反応 　生後約 8 週頃までの乳児は，腕を抱えて立たせてやると，左右の脚を交互に前後に出す。食物が引き起こす唾液分泌と同様の生得的な反応である。一方，食事をするために食堂に行けば，"食堂に行く"というオペラント反応を起こしたことになる。オペラント反応を無条件で引き起こす外部刺激がないので，自発された反応である。これに対して古典的条件づけの唾液分泌のように，刺激によって引き起こされる反応は誘発された反応である。

随 伴 性 　オペラント条件づけは，①ある反応が起きたときまたはその直前に環境にあった刺激（反応に先行する刺激），②反応，③反応の結果生じた環境変化（反応に後続する刺激）の 3 項からなる。3 項の関係を 3 項随伴性という。

　オペラント条件づけで学習された行動と古典的条件づけで学習された行動は，3 項随伴性によって区別される。古典的条件づけでは，反応に先行する刺激（無条件刺激）が食物であれば唾液分泌が条件づけられる。食物が誘発した唾液分泌をベル音も誘発するようになるので，「固定的」な反応を誘発する刺激の種類が増加するだけで，反応型に本質的な変化はない。一方，オペラント条件づけでは，一定の反応を誘発する先行刺激は存在しない。学習される反応の型やその頻度は後続刺激によって変化する。ラットがたまたまレバーを押すと後続刺激として餌が呈示されれば，レバー押し頻度が上昇する。たまたまペダルを踏むと餌が呈示されれば，ペダル踏み頻度が上昇する。このように，オペラント条件づけでは「任意的」にたまたま自発して強化された反応が条件づけられるのである。

Topic　**同じ反応型の違うオペラント**

　外から見てまったく同じオペラント行動でも，**3項随伴性**を分析すると，異なった行動であることが判明することがある。私たちの日常生活でも，他人の行動を誤解してしまうことは往々にしてある。外から見ただけでは，行動の真の原因はわからない。外見上は同じ反応が生じていても，まったく異なる3項随伴性が働いている場合がある。

　カタニア（1998）にある例を引用しよう。自傷行為を繰り返す3人の子どもがいた。彼らは治療施設に入っているのだが，頭を壁にうちつけたり自分自身を噛む行動が頻繁にみられた。反応型は3人とも同じなのだが，いつ自傷行為を頻繁に起こすかが異なっていた。

　Aは人が周りにいるにもかかわらず人々の注意が得られないときに頻繁に自傷行為をした。Bは，何かの課題（字を読んだり簡単な運動）を要求されたときに自傷行為を行った。ところが，Cの自傷行為は周囲の状況とはまったく関係なく生じた。

　Aの自傷行為は他者から注意を向けられることによって強化されているオペラント行動である。したがって，自分を傷つける以外の他の望ましい反応によって他者からの注意を得るための新しいオペラント学習が施された。Bの行動は課題からの逃避または回避である（p.121参照）。課題を易しくして，課題ができたらほめて強化する方法がとられた。Cの場合は，誤って学習されたオペラント行動というよりは何らかの器質的障害に原因がある。この場合，オペラント条件づけでの治療は難しい。

オペラント条件づけの基礎　99

オペラント条件づけにおける強化とは，反応の後続刺激として餌が与えられることで，餌を**強化子**という。どの反応が強化されどの反応が強化されないかで，条件づけられる反応が決まる。すなわち，オペラント条件づけでは，反応に後続する刺激（反応の結果）が以後の反応出現の主因になる。一方，古典的条件づけでは，唾液分泌すると口が潤うなどするかもしれないが，そうした後続刺激は反応出現に効力をもたない（表6-1）。

　オペラント条件づけでは，先行刺激と無関係に反応が自発されるわけではなく，反応の手がかりとなる刺激のもとで自発されるようになる。反応に先行するこのような刺激を**弁別刺激**という。明るい赤への反応を餌で強化し暗い青への反応は強化しない訓練の後，暗い赤で反応し明るい青で反応しなければ，その個体の弁別刺激は明るさではなく色である。明るい青に反応し暗い赤に反応しなければ，色ではなく明るさが弁別刺激になっている。環境刺激の何が弁別刺激になるかは，反応を分析してみてはじめてわかるのであって，事前に定義できない。これに対して古典的条件づけでは，ある一定の反応を誘発する先行刺激（誘発刺激）が事前に定義され，この刺激が反応出現の主因になる。

● オペラント行動の獲得

　人間や動物は新しい環境に適応するために新しい行動を学ぶ。そこで重要な役割を果たすのが，**反応変動性**である。初めて実験箱に入れられたラットは偶然レバーに触れることがある。それを餌で強化すると，レバーを噛むあるいはレバーを押すなどの反応も出てくる（反応変動性）。レバーを押す力は，あるときは強くあるときは弱いだろう。強いレバー押し反応だけを選んで餌で強化すれば，レバーを十分な強さで押すことを学習する。

Topic 古典的条件づけとオペラント条件づけの比較

表6-1は，古典的条件づけとオペラント条件づけの3項随伴性である。

表6-1 古典的条件づけとオペラント条件づけ

条件づけの タイプ	反応に先行する 刺激	反応型	反応に後続する 刺激
古典的条件づけ	誘発刺激 （反応出現の主因）	固定的	（効力なし）
オペラント条件 づけ	弁別刺激	任意的	強化子 （反応出現の主因）

　イヌの唾液分泌の古典的条件づけで唾液分泌を誘発する食物に先行してベル音が与えられると，ベル音が条件刺激になって唾液分泌を誘発するようになる。この反応は食物が誘発した唾液分泌なので，条件づけられる反応型は固定的である。唾液分泌に後続する刺激がもしあったとしても，条件づけに効力を持たない。

　のどが渇いたイヌがある音が聞こえたときに唾液分泌したら水を与えられたため，以後その音が出ると唾液分泌するようになれば，オペラント条件づけである。音は唾液分泌を自発するための手がかりになる**弁別刺激**である。音と唾液分泌は生得的に結びついていないので，条件づけられた唾液分泌は固定的なものではなく任意的である。唾液分泌が条件づけられたのは，たまたま唾液分泌が起きたときに，それに後続する刺激として水（強化子）が与えられたからである。オペラント条件づけでは，反応に後続する刺激が反応出現の主因である。

オペラント行動の獲得 101

反応形成　条件づけ前の反応の自発頻度を**オペラント水準**という。オペラント水準がゼロで反応が自発されなければ条件づけはできない。このときは，**反応形成**を行う。

　反応の変動性を利用して新しい反応を徐々に形成する方法は，**逐次的接近法（シェイピング）**とよばれる（右ページ Topic）。まず，条件づけの場面でどのような反応がどの程度の頻度で起きるか（オペラント水準）を観察する。目標とする反応に近い反応のうち，ある程度の頻度で出現し強化する機会が十分にある反応だけを選んで強化する（**分化強化**）。強化によってその反応とそれに類似した反応の自発頻度が高まる（反応型の収れん）。その反応の自発頻度が十分に高まったら，強化をいったん中止する（**消去**）。消去によってそれまで見られなかった新しい反応が自発されるようになる（反応型の拡散）。それらの反応のうち，目標とする反応にさらに近い反応を選んで分化強化する。このようにして分化強化と消去を繰り返すと，次第に目標とする反応に近づけていくことができる（**図6-11**）。

　シェイピングによって，それまで見られなかった反応（オペラント水準がゼロの反応）を形成できるように，オペラント条件づけは，すでにその個体がもっているさまざまな反応の自発頻度を変化する過程であるともいえる。いうまでもなく，その個体の**行動目録**にない行動（たとえば，ラットが空を飛ぶ行動）は自発されないので形成できない。

反応の機能的定義　オペラント条件づけで条件づけられる反応は，ある特定の姿勢や運動の型ではなく，同じ結果をもたらす反応の集まりとして機能的に定義される。そのような反応の集まりをスキナーは**オペラント**とよんだ。

Topic シェイピングの実際

　ハトのキーつつきを例に，シェイピングの実際を見ていこう。餌を強化子にする場合は，活動性と餌の強化力を高めるために，あらかじめ適度の給餌制限（体重統制）をすることが多い。ハトを実験箱に入れ給餌器（マガジンという）を作動すると，最初は凍結反応を示すかもしれないが，やがては実験箱に馴化し，給餌器の作動音がすると給餌口に駆け寄って餌を食べるようになる（マガジン訓練）。そこで強化をいったん中止すると，ハトは給餌口がある壁面の近傍で動き回るようになる。通常，キーは給餌口の上方に設置されているので（p.93, 図6-7A），キーに顔が近づくことが度々ある。見落とさず3～4回強化すれば，キーの前でしきりに頭を上下左右に動かすようになる。強化を中止すると時々キーを見る反応が出てくるので，キーを見たときにだけ強化する（分化強化）。このようにして，「キーを見る」→「キーにくちばしを近づける」→「キーにくちばしを触れる」→「キーをつつく」のように，次第に目標反応に近づけていく。

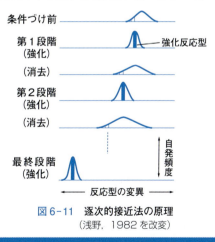

図6-11　逐次的接近法の原理
（浅野，1982を改変）

ラットが前脚でレバーを押しても鼻で押しても，噛みついて押しても，それによって餌が呈示されるなら，それらは同じ機能をもつ一つのオペラントである。逆に，反応型が同じでも，それらが異なる先行刺激や後続刺激と随伴していれば，異なるオペラントである。レバーを押すと餌が出ることを学習したラットとレバーを押すと電撃が止まることを学習したラットのレバー押しは，同じレバー押し反応だが異なるオペラントである。

　オペラント条件づけの3項（刺激–反応–強化子）随伴性の反応の項は，こうしたオペラントとして機能的に定義される。ある刺激を手がかりにしてどう反応すれば何がおきるかの随伴性が1単位の行動として学習されるのである。このように，行動はその外観ではなく随伴性によって定義される。人間や動物の日常行動は，いくつもの随伴性が複雑に連結している場合が多い。3項随伴性は，オペラント行動の最小の記述単位である。

迷信行動　試験の前に手を洗ったら試験がよくできたので，以後は試験の前に必ず手を洗うようになったとしたら，その行動は偶然強化を受けて学習された行動である。「手を洗う」と「試験がよくできる」との間には原因–結果の因果関係はない。たまたま両者が時間的に接近したにすぎない。スキナー（1948）は，このような行動を**迷信行動**とよんだ。運動選手が試合前夜にカツ丼を食べるなどの行動も，迷信行動である。こうした行動は動物でも見られ，迷信行動についての実験室的研究が行われた。

　動物の迷信行動の実験では，一定の時間間隔で餌を繰返し呈示する方法がとられる。餌が呈示される直前に起きた反応は偶然強化されるので，自発頻度が高まる。そのため，次の強化ではさらに偶然強化されやすくなる。

Topic　オペラント条件づけの実践的応用

　オペラント条件づけによる行動変容技法は，学校教育やスポーツ，心理臨床など多様な場面で用いられている。特に，知的障害児の特別支援教育や個別療育での成果は大きい。

　動物園や水族館でのショーをする動物もオペラント条件づけで訓練されている。正しい行動をすればクリッカー（金属板器具）を「カチッ」と鳴らして餌を与えるクリッカートレーニングは，イヌのしつけの標準技法だが，これはクリッカーを条件性強化子（p.122 参照）としたオペラント条件づけである。アフリカや東南アジアでは，この方法で訓練したネズミが，地雷探知を行っている（ポーリングら，2010）。

図 6-12　嗅覚で地雷を探すサバンナアフリカオニネズミ
　（© From one to another　クリエイティブ・コモンズ・ライセンス（CC BY-SA 3.0）のもとに掲載）

火薬のにおい（弁別刺激）がするときに，掘るしぐさをすると，ハンドラーがクリッカーを鳴らし，餌を与える。こうした訓練を多くのネズミに施した結果，無数の地雷や不発弾の探知に成功した。見つけた地雷は爆発物処理班が遠隔爆破する。これによって 2018 年度末までに，約 2,400 ヘクタールの土地が農地利用できるようになったという（APPOPO, 2019）。

偶然強化された反応の自発頻度は次第に高くなり，動物は一定の反応を繰り返すようになる。たとえば，あるハトは実験箱の天井の隅に向かって繰返し首を伸ばし，またあるハトは実験箱の中をぐるぐる動きまわり，他のハトは床をつつき続けるようになる。どの反応が偶然強化されるかはハトによって異なるので，迷信行動には個体差があると考えられた（スキナー，1948）。

　ところがスタッドンとジンメルハグ（1971）は，空腹なハトに12秒ごとに餌を呈示すると，どのハトも同じように一定の反応を一定の順序で繰り返すことを見出した（図 6-13）。餌が与えられた直後はぐるぐる歩き回る。その後は給餌口に頭を入れる頻度と床をつつく頻度が一時的に増加する。次の餌がさらに近づくと給餌口がある壁をつつく反応が急速に増加する。こうした定型的な反応をどのハトも同じようにするので，スキナーがいう偶発的強化によって獲得された迷信行動ではなく，周期的な餌呈示によって誘発されるハトの生得的な反応だと考えられた。

　では，スキナーが観察したハトの迷信行動は何だったのだろう。餌が呈示されると活動水準が上がり，ハトは図 6-13 の餌に誘発される反応やそれ以外のさまざまな反応をする。スキナーのハトの迷信行動は，偶発的な強化を繰返し受けた結果，最後まで残ったオペラント反応だと考えられた。

　空腹なハトに実験箱で餌を呈示すると，餌をつつく反応と同様のつつき反応が床や壁に多発するので（図 6-13），キーをつつく反応はきわめて容易に形成できる。一方，ペダルを踏む反応は，つつき反応より形成が難しい。何が学習されやすく何が学習されにくいかは，学習場面におけるその動物種に固有な行動目録に多分に依存している。

Topic ヒトの迷信行動

人の場合は，社会的文化的要素が強い迷信行動が多い。雨乞いの行事や各種の因習は，最初は迷信行動的に形成されたものが社会的に定着した例である。スポーツ選手が試合前夜にカツ丼を食べるのはカツを「勝つ」になぞらえただけで，食べれば必ず勝てるというものではない。しかし食べた翌日たまたま勝つという経験を何度かすると，この迷信行動が頻繁に繰り返されるようになる。その結果，「食べなくても勝つ」という経験が剥奪されるため，カツ丼を食べて試合に負け続けても，こうした迷信行動はなかなか消去されない。

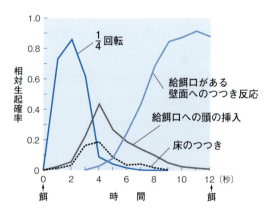

図6-13 12秒ごとに餌を呈示したとき，餌−餌間で生じるハトの種々の反応の生起確率
（スタッドンとジンメルハグ，1971）

連鎖化　オペラント条件づけは，すでに学習した複数の行動を結びつけて新しい行動を獲得する過程でもある。スプーンでスープを飲む行動は，まずテーブルにあるスプーンまで手を伸ばし，それをつかみ上げ，皿まで運び，スープをすくい，口まで運び，スープだけを飲むという小さな反応の連鎖からなっている。このように複数の反応を順序良く結びつけることを連鎖化という。

レイノルズ（1978）がハトに訓練した連鎖化では，まずキーに青色を呈示し，ハトがキーをつつくとキーの色が赤に変わる。そこでペダルを踏むと，キーの色が黄になり，レバーを押すとキーが緑になる。それをつつくと給餌器が作動して餌箱に光が点灯する。光が点灯すると餌箱に接近し餌を食べる。この行動は，「青→キーつつき→赤」―「赤→ペダル踏み→黄」―「黄→レバー押し→緑」―「緑→キーつつき→餌箱照明」―「餌箱照明→餌箱への接近→食物摂取」の5つの環（リンク）の連鎖からなっている。

最初の環で青いキーをつつかなければ，ハトはそれより先の環に進めない。青いキーをついてキーが赤に変われば餌に一歩近づく。このとき赤色キーは条件性強化子（p.122参照）としての機能をもつが，次の反応（ペダル踏み）を自発する機会を与える刺激（弁別刺激）としても機能する。こうして隣り合った環が次々と連なり，最終環の反応でハトは餌で直接強化される。

連鎖化には2つの方法がある。順向連鎖化では，最初の環だけでまず訓練する。強化子には最終環の強化子（たとえば餌）を用いる。それが学習できたら，最初の環の反応で次の環を開始する。2番目の環で正しく反応できれば同様に強化する。こうして最初から順番に反応の連鎖を徐々に作り，最終環で直接的に強化する。

Topic　連鎖化の人間行動への応用

　左ページの例のように，スプーンを使ってスープを飲む行動はいくつもの反応連鎖からなっている。スプーンを使ってスープが飲めない人には，まず介助者が個々の反応を手伝いながら反応を連鎖化する。この場合は，逆向連鎖化が適切である。まず介助者が手伝ってスープの入ったスプーンを口元まで運び，スープを飲む訓練をする。このとき，スープが強化子になる。介助者は介助する力を次第に弱めていき，介助なしにこれができるようにする。次に，スープの入ったスプーンを皿から口元まで運びスープを飲む訓練を同様に行う。こうして連鎖化を後ろから前へ順次進めていくと，最終段階では介助なしにスプーンを取ってスープを飲む行動を形成できる。

　人の日常行動の多くは，いくつもの連鎖化された反応からなる。ある行動をやめたければ，連鎖をどこかで断ち切ればよい。最初のほうの反応は直接的な強化から離れているため，強化効力が弱く比較的容易にやめられる。たとえば，ダイエットするならケーキを食べる反応や冷蔵庫からケーキを取り出す反応ではなく，ケーキを買う反応をやめて連鎖を断ち切るとよい。さらに，買い物に行く前に必ず買い物リストを作り，そこに決してケーキを入れない。ただし，毎日体重を測って体重が減ったことを確認するなどして（強化），連鎖を断ち切る行動を維持することが重要である。

オペラント行動の獲得　109

逆向連鎖化では，最終環から訓練を始める。最終環の学習が完成したら，次の段階では最後から2番目の環の刺激を呈示し，この新しい刺激に所定の反応が起きたら最終環の刺激を呈示して最終環に入る。ここでは，すでに学習ずみの最終環の反応をすると強化される。こうして逆方向に反応を後から前へ1つずつ増やしていく。動物では一般に順向連鎖化より逆向連鎖化が有効だが，人では一概にどちらが有効かはいえない。

　正しい順序で自発された一連の反応が最終的に直接強化を受けるので，連鎖が途中で切れるとその後の反応ができなくなる。また，最終環の強化が中止されると，連鎖化が壊れる。このように，連鎖化したいくつもの反応はまとまった1単位の反応として最終的な強化を受ける。ラットのレバー押しやハトのキーつつき反応も，微細ないくつもの反応の連鎖からなっている。それらの微細な反応の連鎖はまとまりのある1単位のレバー押しやキーつつき反応として3項随伴性に組み込まれる。

　系列学習　反応連鎖では，ある特定の反応をすると外的な変化が起きる。たとえばテーブルのスプーンを取り上げると，スプーンは自分の手の中にあるから（外的変化），次はこのスプーンを皿まで運べばよい。しかし反応しても外的な変化が起きない場合は，外的手がかりなしに順序よく反応しなければならない。

　ラットは直線走路の目標箱に置かれた餌の量が多いと速く走ることが知られている。固形飼料の数を0，3，5，7，0，3，5，7と規則的に変化すると，餌の数に応じた速度で直線走路を走るようになる。いくつ餌があるかを知らせる外的刺激がないから，ラットはペレットの数（または量）の系列を学習したと考えられた。これは系列学習とよばれている。

Topic　ハトとサルの系列学習

　系列学習では，たとえば同時に呈示される視覚刺激（A，B，C，D，E）にA→B→C→D→Eの順に反応すると餌で強化するが，A→B→DやA→B→Eなどと順番を誤るとその時点で試行を終了する。刺激の呈示位置は試行ごとに無作為に変化し，正しい順序で最後の刺激に反応するまですべての刺激が呈示されたままなので，次にどの刺激に反応するかの外部手がかりが一切与えられない。

　ハトやサルは，こうした課題を学習できる。訓練の後，2刺激だけを呈示してテストすると，サルはすべての刺激ペアに正しい順序で反応できる（ダマトとコロンボ，1988）。最初の反応の反応時間は，その刺激が系列の前のほうにあるほど早く，2番目の反応の反応時間は，最初の刺激から系列上で離れているほど遅い。この結果からサルは刺激系列A→B→C→D→Eの線形表象を形成し，それに従って反応したと考えられた。ハトは，BとC，BとD，CとDの組合せに正しく反応できず，系列の先頭（A）か末尾（E）の刺激を含む場合（たとえばAとB，CとE，AとEなど）だけ，正しい順序で反応した。また，反応時間に系列位置による差が見られなかった（テラス，1987）。「最初はA」→「Aの次はB」→「Bの次はC」→「Cの次はD」→「最後はE」という連鎖化を学習したと考えられた。たとえばBとDが呈示されると，Aがないので最初にBを選べず，B→Dと反応する正答率はチャンスレベル近くまで落ちる。

　近年になってスカーフとコロンボ（2010）は，ハトは2刺激でテストされるという急な状況変化に対処できなかっただけで，テスト方法によってはハトも刺激系列の表象を形成できるという可能性を指摘している。

系列学習のメカニズムは，主としてラットの走路実験に基づいて議論されてきた。記憶弁別理論では，餌の量の記憶が次の試行の餌の量を予告すると仮定し，試行間の餌の量（項目）の項目間連合によって系列学習を説明する。たとえば，ショ糖液（S），ペレット（P），報酬なし（N）の3条件で，SN系列とPSN系列とPPSN系列の3つの系列を毎日ランダムな順序で実施する。Nの位置は系列によって異なるが，常にSの次に来る。どの系列でもラットのN試行の走行が遅くなるので，SとNの項目間連合によって，SがNを予告するようになったと考えられた。

　系列位置学習説では，各項目の系列内位置が学習される。PSN系列，SSN系列，PPN系列，SPN系列で，Nは常に系列の3番目で，Nの前はSであったりPであったりする。ラットは餌がない第3試行で最もゆっくり走る。またNNN（消去）に移行しても反応パターンは変わらず，第3試行で最もゆっくり走る。

　系列符号化理論は，ひとまとまりとしての系列の構造が学習されるとする説である。たとえば，ペレットの数が0, 3, 5, 7に変化する場合は，ペレットが次第に増える上昇系列が学習され走行速度が次第に速くなる。7, 5, 3, 0に変化する場合は下降系列が学習され走行速度が次第に遅くなる。黒色の走路で0, 3, 5, 7系列，白色の走路で7, 5, 3, 0系列を訓練した後に新しい灰色の走路でテストすると，走行速度は最初の試行が0なら上昇系列で次第に速くなり，最初の試行が7なら下降系列で次第に遅くなる。

　これらの方略は相互に対立するものではなく，課題によってラットは系列学習の方略を柔軟に変化して環境に適応していると考えられる。また，ラットは複数の方略を併用して複雑な系列に対処できることも知られている。

Topic チャンクの学習

　複数の刺激あるいはその一部を知覚する際の「1単位の情報のまとまり」を**チャンク**という。チャンクの数が大きいほど情報の保持は困難だが，複数の小さなチャンクを1つのチャンクにまとめることで，保持できる情報量を増やすことができる。これを**チャンキング**という。

　ファウンテンとローワン（1995）は，8角形のラット用実験箱の各壁面（1から8）に出し入れ可能なレバーを設置した。1群のラットには時計回りに 123 234 345 456 567 678 781 812 の24試行（3試行×8チャンク）からなるサイクルでレバー押しを訓練した。各試行ではその直前の試行で強化された位置を挟んで2つのレバーが挿入され，選択が求められた。たとえば第2チャンク（2，3，4）の第2試行では，直前の試行で強化された2を挟む1と3のレバーが挿入され，3への反応が強化された。チャンク間間隔は3秒，チャンク内試行間間隔は1秒だった。こうしたサイクルが1日に20回（24試行×20），7日間続けられた（実験目的上，チャンク内間隔とチャンク間間隔が短い試行を多数回実施する必要があったため，強化は脳内快楽中枢への電気刺激が用いられた）。もう1群のラットでは，最後のチャンクが規則外れの 818 にされた。他に 121 232 343 454 565 676 787 818 の系列を学習する群と，この系列の最後のチャンクが規則外れの 812 の群も加え，合計4群のラットを用いた。

　いずれの系列でも学習が進んだが，最終チャンクが規則外れの試行では誤反応が多発し，誤反応はそれより前のチャンクの規則に一致する形で生じた。ラットはチャンクの規則性をまず学習し，その後に特異なチャンクを個別的に学習すると考えられた。

● 観察による行動の獲得

　人間や動物は自分が実際に随伴性にさらされなくても，他個体の行動を観察することによって新しい行動を獲得することができる。これを観察学習といい，9章で詳しくふれる。

● ルール志向行動

　「学食のカレーはおいしい」と聞いて学食のカレーを食べに行ったら，それはルール志向行動である（ルール支配行動ともいう）。ルールとは強化随伴性についての言語記述である。この例では「学食でカレーを食べるという反応を自発すれば強化される」という他者が経験した随伴性である。このように，自分で随伴性を経験しなくても，他者から与えられたルールを手がかりにして反応を自発することができる。このときルールは，反応を自発する手がかりになる弁別刺激である。ルールに従うか否かは，ルールに従ってどのような結果になったかの選択を受ける。この点は一般のオペラント条件づけによる随伴性形成行動と同じなので，ルール支配行動よりルール志向行動とよぶほうが適切である。

　人間は自分が経験した随伴性を言語化し，そのルールに従って反応することもできる。だが自分で発見したルールに従って反応しだすと，反応が固定化し変動性を失ってしまうことがある。たとえそのルールが最適でなくても，ルールに従っているとある程度は強化を受けられるので，より適したルールに変えようとしない。また，環境が変化して随伴性が変わり，古いルールに従っていると強化が激減する場合でも，環境変化に気づかず執拗に古いルールに従って反応し続けることがある。ヒト特有のこうした現象はスケジュール感受性とよばれ，強化スケジュール（7章参照）を用いて多くの研究がされた。

114　6章　オペラント条件づけ 1

Topic　環境問題とルール志向行動

　私たちは法律や規則などの社会的ルールや習慣などに従って行動している。それらルール志向行動は環境変化に対する感受性を弱め，行動を固定化することが知られている。誤ったルールや新しい社会状況ではすでに不適当になってしまった習慣に従って行動したために，もし環境汚染が進んでも，私たちはこのまま環境を汚し続けるのだろうか？

　学習心理学からは次のことが提案できる。まず，子どものころから消費行動やゴミ処理などについての環境問題の教育（つまり，適切なルールの獲得）がされなければならない。家庭での教育は親がすでに誤った消費行動やゴミ捨て行動を学習している場合には多くを期待できないから，専門家による授業として環境問題を小学校から組み込む必要がある。また，今どれだけ環境破壊が進んでいるかの情報公開が必要である。その情報はそれぞれの居住地域に直結した形で，しかも具体的な数値や身近な被害で示すほうがより効果的である。

　しかし，ルールを知識として得ても，そのルールに従った行動を強化しなければ行動を維持するのは困難である。オペラント条件づけの原理からみると，キャンペーンや数値の情報だけでは永続的な効果は得られない。電気を節約するために消費電力量を金額に換算して表示する機械があるが，実際に強化が伴わなければ人はやがてその数値を見なくなる。また，環境問題は全体責任として理解されやすいので，キャンペーンや情報公開だけでは個人の行動を制御しにくい。個々人のゴミを増やさない行動やゴミを適切に処理する行動を直に強化するような社会的な支援システムが必要である。

● オペラント条件づけの普遍性

　馴化や古典的条件づけがそうであったように，オペラント条件づけもさまざまな動物に共通する学習のしくみである。実験で最もよく用いられるのはラットやハトであるが，その他にもサル，イヌ，ウシ，ウマ，ブタ，ウサギ，マウスなどの哺乳類，カラス，ウズラ，インコなどの鳥類を用いることも少なくない。爬虫類や両生類，魚類を被験体にした研究もある。

　オペラント条件づけは無脊椎動物でも生じる。1章で紹介したアリの迷路学習はその一例である。ミツバチやゴキブリ，タコ，カニも用いられている。図6-14はカタツムリ（リンゴマイマイ）を用いた実験である。カタツムリが棒の先を動かすと，脳の一部が微弱な電流で刺激される。まず20分間，脳内刺激を与えずに放置した後，棒を動かすたびに0.4秒間脳内刺激を与える訓練を20分行った。刺激前にくらべて，中脳葉（快中枢）を刺激された7匹は反応が増大し，壁神経節（不快中枢）を刺激された3匹は逆に反応が減少している。

　オペラント条件づけは，神経細胞レベルでも生じることがある。スタインら（1994）はラットの脳の海馬から神経細胞を1つ取り出し，この神経が3回以上続けてスパイク発火するたびにドーパミンという神経伝達物質を投与したところ，発火頻度が増大した（図6-15の随伴呈示）。ドーパミン投与を中止すると発火頻度は減少した（図6-15の無強化）。また，発火とは無関係にドーパミンを投与した場合には発火頻度はほとんど増えなかった（図6-15の非随伴呈示）。この実験は，ドーパミン強化子によって発火反応のオペラント条件づけが可能であることを示している。

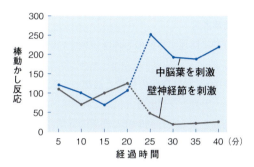

図 6-14 カタツムリのオペラント条件づけ
（バラバンとチェイス，1989）

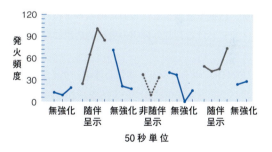

図 6-15 ラットの海馬神経細胞のオペラント条件づけ
（スタインら，1994 を改変）

オペラント条件づけの普遍性

●●●● 参考図書

小川 隆（監修）（1989）．行動心理ハンドブック　培風館
　オペラント行動全般について詳しく解説されている。

岩本 隆茂・和田 博美（編）（2006）．行動心理学——社会貢献への
　　　道——　勁草書房
　オペラント行動に関連する他の心理学領域での応用と発展について
解説されている。

小牧 純爾（2012）．学習理論の生成と展開——動機づけと認知行動
　　　の基礎——　ナカニシヤ出版
　学習理論の発展を支えた行動研究と理論的背景に関する専門的解説
書。ハルの学習理論などが詳しく紹介されている。

パピーニ，M. R.　石田 雅人・川合 伸幸・児玉 典子・山下 博志
　　　（訳）（2005）．パピーニの比較心理学——行動の進化と発達——
　　　北大路書房
　進化の視点から行動について論じた比較心理学の大著である。

島宗 理（2019）．応用行動分析学——ヒューマンサービスを改善す
　　　る行動科学——　新曜社
　教育や福祉，医療や看護など「人の行動変容を担う援助職（ヒュー
マンサービス）における行動分析学の実践的応用について詳しく解説
されている。

眞邊 一近（2019）．ポテンシャル学習心理学　サイエンス社
　第4章でオペラント条件づけについて解説されている。

オペラント条件づけ2
:強化・消去と罰・強化スケジュール

　オペラント反応は，反応した結果にもとづいて学習される反応である。反応の自発頻度を高める強化について多くの研究がなされている。一方，人間や動物は反応することを学習するだけではなく，反応しないことも学習しなければならない。反応する学習と同様に，反応しない学習（消去と罰）は，人間や動物が環境に適応するために重要である。また，強化がどのように反応に対して与えられるかの規則を強化スケジュールという。強化スケジュールは，実験室の動物の行動のみならず私たち人間の日常行動の出現の仕方も制御している。

強化　　　消去　　　罰

強　　化

正の強化と負の強化　6章でみたように，オペラント条件づけは先行刺激─反応─後続刺激からなる。反応に後続した結果，実際にその反応の出現頻度を変化した刺激を強化子という（6章, p.100）。強化子には，正の強化子と負の強化子がある。正の強化子とは，それが出現することで反応の出現頻度を上げる刺激である。空腹な動物にとっての典型的な正の強化子は食物である。タブー語を言う子どもを母親が叱ってますますタブー語の頻度が増加してしまったなら，叱ったことは正の強化子になっていたことになる（タブー語を言って親の関心を得る）。反応に正の強化子を随伴させる操作を正の強化という。

　負の強化子とは，それが消失するかまたはその出現が延期されたために，反応の出現頻度を上げる刺激である。不快な事態から逃げる（逃避）あるいはそれを予測して未然に防ぐ（回避）反応は，私たちの日常生活で多く見られる。風邪をひかないようにコートを着る，転ばないように階段の手すりにつかまる，事故に遭わないように左右を確認してから横断歩道を渡るなどである。実験室での典型的な負の強化子としては電撃が用いられる。電撃のように，負の強化子は嫌悪的な性質をもつので嫌悪刺激とよばれることがある。

　正と負の強化のいずれの場合も結果として反応頻度が上昇する。どちらでも使える場合は，正の強化を用いるのが好ましい。

無条件性強化・条件性強化・般性強化　生得的に正や負の強化子の機能をもつ刺激を無条件性強化子または1次性強化子という。空腹な動物にとって食物は典型的な正の無条件性強化子である。電撃は十分に強ければ負の無条件性強化子である。

Topic 逃避・回避学習

　逃避学習では，反応すると電撃などの嫌悪刺激が消失する。回避学習では，まず音や光などの外部刺激が呈示された後にやや遅れて嫌悪刺激が呈示される。外部刺激が呈示されてから嫌悪刺激が呈示されるまでに所定の反応をすると，ただちに外部刺激が消えて嫌悪刺激は呈示されない。たとえばブザーが鳴った後に電撃が与えられる事態で，ブザーが鳴っている間にラットがレバーを押すと，ブザーが消えて電撃も来ない（回避）。もしブザーに反応しなかったために電撃が来てしまったときは，レバーを押すとブザーも電撃も停止する（逃避）。

　逃避学習も回避学習も負の強化（p.133 表7-1参照）によって反応が増加する手続きだが，逃避はすでに呈示されている電撃などの嫌悪刺激が反応によって消失する場合である。回避は，まずブザーが鳴ってから電撃が呈示されるように，古典的条件づけの手続きが含まれている。ブザーは電撃と対呈示された結果，条件性嫌悪刺激としての機能をもつようになる。所定の反応をすると，条件性嫌悪刺激のブザーが消失すると同時に，無条件性嫌悪刺激の電撃の呈示を延期できるので，オペラント条件づけによって反応が増加する。この場合のブザーは，条件性嫌悪刺激であると同時に，回避反応を自発する手がかりになる弁別刺激としても機能すると考えられている。こうした外部刺激がある場合を，弁別回避条件づけという（後述するシドマン型回避スケジュールは，外部刺激がない非弁別回避条件づけの例である）。

　逃避・回避学習に関してさまざまな学習理論が提唱されている。それらについては章末の参考図書を参照してほしい。

強　化　121

個体の経験を通して強化力をもつようになった刺激を**条件性強化子**または**2次性強化子**という。ラットに音刺激と食物を繰返し対呈示すると（古典的条件づけ），音は正の条件性強化子になる。レバー押しにこの音を随伴させると（オペラント条件づけ），音はレバー押しを強化できる。一方，音が電撃と対呈示されていたのであれば，音は負の条件性強化子になりレバー押しを抑制するようになる。いずれの場合も，音は餌または電撃と対呈示されなくなれば，やがては強化子としての機能を失う（古典的条件づけの消去）。

　条件性強化子の中でも，さまざまな無条件性強化子と結びついているものは**般性強化子**とよばれる。食事，品物，娯楽などさまざまな無条件強化子と交換可能なお金は，典型的な般性強化子である。ほめ言葉やうなずきも般性強化子である。

　お金のように，貯めておいて後で1次性の強化子と交換できる条件性強化子を特に**トークン強化子**という。チンパンジーが自動販売機を操作してポーカーチップを受け取り，後でブドウと交換する実験はよく知られている。ポーカーチップはブドウと交換可能なので条件性強化子としての機能を獲得し，自動販売機を操作する反応を強化できる。

感性強化　閉ざされた箱にサルを入れ，チェーンを引くと窓が開いて外を見られるようにすると，サルはチェーンを引くことを学習する。常に照明のついた部屋にいるラットはレバーを押して暗くすることを学習し，常に暗い部屋にいるラットはレバーを押して明るくすることを学習する。これらは，**感性強化**とよばれている。音楽や絵画などは，それを鑑賞する人にとっての感性強化子である。

Topic 好リスクと兼リスク

　頻繁に少量の強化子を得られる場合と，大量の強化子をたまにしか得られない場合があったら，どちらを選ぶだろうか。後者は１回ごとの強化は大きいが，時によっては強化されないというリスクが伴うので，後者を選ぶことを**好リスク**とよぶ。リスクを避けて前者を選ぶことを**兼リスク**という。

　鳥が２つの餌場の一方に行くと毎回１粒の餌を得られるとしよう。もう一方の餌場では50％のチャンスで２粒の餌を得られるが，残りの50％では餌を得られない。何回かの選択を平均すれば，どちらに行っても同じ量の餌を得ることになる。

　鳥が餌場に頻繁に行ける条件と頻繁に行けない条件で，どちらの餌場を選択するかが比較された。頻繁に餌場に行ける条件で鳥は兼リスクを示し，毎回確実に１粒の餌が得られるほうを選んだ。一方，頻繁に餌場に行けない条件では好リスクを示し，リスクはあっても１度に多くの餌が得られるほうを選んだ。餌場になかなか行かれず餌にありつけない状況では，一攫千金をねらう好リスクのほうが適応的だと考えられる。

　山に餌が乏しい季節になると，熊や猪は大きなリスクを冒してでも人里に降りてくるのは当然の成り行きである。同様のことは，ヒトの日常生活にも見られる。リスク選択や次に述べる即時強化と遅延強化の選択は，ヒトの行動とも関係づけられ，**行動経済学**の分野と密接な関係をもちながら研究されている。

即時強化と遅延強化　　強化子は反応の直後に呈示されると最も効果的である。これを即時強化という。強化子が反応に遅れて呈示される遅延強化では，強化効果が得られにくい。また，遅延中に生じた他の反応を誤って強化してしまう危険性がある。なんらかの理由で即時強化できない場合は，反応したら音や光などの刺激を呈示し，その後に強化する。この刺激が条件性強化子になって即時強化してくれる。

衝動性と自己制御　　反応した直後に小さな強化が得られる場合を「直後の小強化」，反応してもすぐには強化されないが後で大きな強化が得られる場合を「遅延後の大強化」という。前者を選ぶ反応を衝動性，後者を選ぶ反応を自己制御（セルフコントロール）という。選択を実際に求められるまでにまだ時間があると「遅延後の大強化」，すぐにでも選択しなければならないと「直後の小強化」が選ばれやすい。たとえば，明朝は早く起きて1時限目の講義に出ようと思い目覚まし時計をセットして寝る（自己制御）。翌朝になると時計のベルを止めて眠ってしまう（衝動性）。起きるまでに時間がある前夜は，講義に出席して単位を取る大強化を求めて早く起きることを選ぶ。いよいよ起きなければならない翌朝は小強化を求めて眠ってしまう。

　直後強化は強力なので，人も動物も衝動性に走りやすい。そうならないように，大音量の目覚まし時計を手の届かない場所に置いて寝る。新車を買うために，毎月の給料から少額ずつ天引きして貯金する。これらは選択の余地を後に残さないように，自己制御にあらかじめ拘束力をもたせる操作で，先行拘束という。手の届かない所で目覚まし時計が大音量で鳴れば，眠ってはいられず止めに起きる。毎月天引きされるお金は，すぐには使えない。

Topic　行動マネージメント

　ケーキを 1 個食べただけでは，目にみえて太って致命的な病気になるわけではない。少しは後悔しても，1 日くらいケーキを食べてもどうということはないと考える。しかしケーキの 1 次性強化力には勝てず，同じことを繰り返す。ケーキを食べても致命的な結果がすぐには現れず，食べた直後の嫌悪性がケーキのおいしさに比べて小さいので自己制御が困難である。

　こうした場合，ケーキを食べたらその直後に強力な嫌悪刺激が与えられる随伴性を付加する。ケーキを食べなければほめられる随伴性も付加するとさらに効果的である。自分で随伴性を付加するのが難しければ，家族などに介入してもらう。まず，ケーキを食べる場所を家に限定して外では食べない。これができたら，周囲の人々に「ケーキを食べない」と宣言し，介入者に 1 カ月分のバイト代を預ける。ケーキを食べるごとに，自分にとって十分に打撃となる金額を差し引いてもらう。残金があれば 1 カ月後に戻ってくるが，マイナスになると翌月に繰り越される。外で隠れて食べてしまうことがあるかもしれない。しかし，隠れてまでケーキを食べた自分の不甲斐なさと介入者を裏切った自己嫌悪に罰せられるので，その頻度は抑えられるだろう。外出の際ケーキ屋さんの前を歩かないように先行拘束するとともに，このままケーキを食べ続けて太りすぎるとどんな致命的な病気になるか具体的な詳しい情報を得ることも必要である。

　同様の事例は私たちの日常生活にはたくさんある。禁煙したいのにできない人を「意志が弱い」と叱るのは的はずれである。禁煙するための強化随伴性が上手く設定されていないだけなので，適切な行動マネージメントが求められる。

強　化　125

ハトのような動物は強い衝動性を示す。しかし先行拘束するかしないかをあらかじめ選択できる実験場面をうまく設定してやると，「遅延後の大強化」の強化価値が「直後の小強化」より相対的に大きくなるほど，ハトは先行拘束して自己制御するようになる（遅延時間は強化価値を下げ，餌の量は強化価値を上げる）。逆に「遅延後の大強化」の強化価値が「直後の小強化」より相対的に小さいと，ハトは先行拘束しないで必ず「直後の小強化」を選ぶ（ラックリンとグリーン，1972）。

　強化の制約　　動物が天敵などに示す恐怖反応をボウルズ（1970）は**種特異的防衛反応**とよんだ。ラットが恐怖場面で見せる凍結，逃走，攻撃などは生得的な恐怖反応である。逃避・回避学習は逃走反応を用いると容易だが，レバー押しでは難しい。同様に，ハトの攻撃反応の一種の強い羽ばたきは電撃からの回避で条件づけられるが，餌を強化子にすると条件づけが困難である。

　ラットのレバー押しやハトのキーつつきは餌を強化子にして容易に条件づけられるが，餌がどのような反応にも有効なわけではない。図7-1のハムスターの床掘り，立ち上がり，壁ひっかき反応は餌で強化できるが，洗顔，臭いつけ，グルーミング，後ろ脚でかく反応は餌で強化するのが困難である（シェトルワース，1975）。餌が有効な反応は，自然場面で空腹のハムスターが見せる食物探索行動に類似しているが，他の反応は拮抗する。同様に，ズアオドリが止まり木に乗り移る反応は同種他個体のさえずりで強化できるが，餌では強化できない（ハインド，1973）。雌への求愛の機会が与えられることでイトヨの雄の輪くぐり反応は強化されるが，求愛反応と拮抗する棒噛み反応は強化されない。このように，反応と強化子の結びつきには**生物学的制約**がある。

壁ひっかき反応　　立ち上がり　　グルーミング　　後ろ脚でかく反応

臭いつけ　　　床掘り　　　　洗顔

図7-1　ハムスターの餌で強化できる反応とできない反応
（シェトルワース，1975）

Topic 本能的逸脱

　オペラント条件づけの技法を用いて動物に芸を仕込んでいたブレランド夫妻は，時々奇妙な事例に遭遇した。たとえば，アライグマにコインをつまみ上げさせるのは簡単だが，それを容器に入れさせるのは難しかった。アライグマは，コインを容器の内側にこすりつけたり，しっかり握って手放そうとしなかった。それでもなんとか容器に入れるように訓練できたが，次に2枚のコインを次々に容器に入れさせようとしたところ，2枚を同時に手にして互いにこすり合わせる行動を繰り返し，コインを容器に放り込もうとしなかった。ブレランド夫妻は，これはオペラント行動と本能的行動が競合したためであると考えた。

　餌を強化子にしてアライグマを訓練する場合，本能的な餌摂取行動（ザリガニを両手でこすり合わせて殻を外す）がコインに対して生じ，オペラント行動（コインを容器に入れる）を訓練してもしだいに本能的行動の方向に逸脱していくと考えられている（ブレランドとブレランド，1961）。

弁別刺激と強化子の結びつきやすさにも制約がある。餌が強化子の場合，ラットやハトは音より光を手がかりにしやすい。逆に電撃からの逃避・回避は光より音を手がかりにしやすい（フォリーとロロルド，1972；シンドラーとワイス，1982）。強化の生物学的制約は，学習の**準備性**（3章 p.48 参照）を反映している。

プレマックの原理　オペラント条件づけでは，たとえばレバーを押すと餌が呈示されるように，反応の強化子は餌という"刺激"であると常識的に考えられていた。これに異論を唱えたのはプレマック（1965）であった。

　摂水制限されているラットが回転籠で走行すると水が飲めれば，走行が増加する。逆に，走行制限されているラットが水を飲むと回転籠のブレーキが外れて走行できれば，水飲み反応が増加する。プレマックは，ある反応を強化するのは，その反応より出現確率が高い反応だと考えた。走行制限を受けたラットは走行の出現確率が高まっているので，走行の機会を得るために水を飲む。すなわち，反応を強化するのは強化子という刺激ではなく，「出現確率の高い反応が出現確率の低い反応を強化する」。条件づけられる反応を**手段反応**，それを強化する反応を**随伴反応**とよぶ。この**プリマックの原理**によれば，反応の自発頻度を測れば，どの反応がどの反応を強化できるかを事前に知ることができる。2つの反応の出現確率に差があり，手段反応より随伴反応の出現確率が高まっていれば条件づけができる。そのため，食物など馴化しやすい強化子を用いる必要がない。教室で何分か静かに座っていたら何分か走り回って遊べる，何分か運動したら何分か好きな雑誌を読めるといった具合に，人の行動療法にも利用されている。プレマックの原理は，現在では**反応確率差分説**とよばれている。

Topic 反応遮断化説

　人や動物がさまざまな反応に自由に費やす時間配分を**至高点（ブリスポイント）**という。走行すると摂水できる条件づけ場面では，摂水が制限される。時間配分を至高点に近づけるには，普段以上に走行しなければならない。逆に，摂水すると走行できる場面では，普段以上に摂水しなければならない。ティンバーレイクとアリソン（1974）は，条件づけ操作をしない**ベースライン**期をはさんで，ラットにこの2つの条件づけを行った。プレマックの説では，どちらか1つだけの条件で学習ができるはずである。しかし図7-2のように，走行制限条件では摂水に費やす時間が増加し，摂水制限条件では走行に費やす時間が増加した。彼らはプレマックの原理を改訂し，「より制限された反応はより制限されない反応を強化する」とした。この**反応遮断化説**では，自発頻度の低い反応で自発頻度の高い反応を強化することができる。たとえば20分あたりの反応Aと反応Bの至高点が12分と7分（その他の反応が1分）のとき，自発頻度が高い反応Aを5分したら自発頻度が低い反応Bを2分できるように制限すれば，自発頻度が高い反応Aに従事する時間がさらに増加する。現在では，プレマックの説よりこちらの説が支持されている。

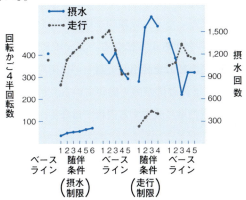

図7-2　反応制限による強化（ティンバーレイクとアリソン，1974）
ベースラインは何も制限しない条件，最初の随伴条件では摂水を制限（走行すると摂水できる），次の随伴条件では走行を制限（摂水すると走行できる）。

強化

● 消　去

　それまで強化されていた反応に対して強化子の呈示を中止すると、その反応は次第に減少しついには条件づけ前の水準（**オペラント水準**）に戻る。これを**消去**という。オペラント反応の消去にも、古典的条件づけと同様に**自発的回復**や**復元効果**が生じる。消去には、以下の2要因が含まれる。

1. それまで呈示されていた強化子が呈示されない。

2. 前強化されていた反応はもはや無効である。

　消去場面で反応が減少しても、他の場面でその反応が増加してしまうことがある。たとえば、家の中で誤って正の強化をしていた子どものいたずらを消去した結果、外でのいたずらが増える場合は1の要因による。これを**行動対比**（8章参照）という。キーつつきを条件づけられたハトは、消去初期にキーへ強いつつきを連発する（**群発反応**）、グウグウ鳴きながら実験箱の中をぐるぐる回って強く羽ばたくなど、攻撃的な反応やそれまでみせなかったさまざまな反応をするようになる。シェイピング（p.103）は消去による反応型の拡散を利用して新しい反応を形成する方法である。これには、2の要因が強く働いている。消去は強化されて増加した反応がただ単に減少する過程ではなく、新しい学習場面である。

消去抵抗　消去によって、反応が条件づけ前のレベルまで比較的早く減少する場合は**消去抵抗**が低いという。なかなか減少しない場合は消去抵抗が高いという。消去抵抗は①消去前にその反応が強化されていた**強化スケジュール**（本章 p.141）、②消去前に受けた強化子の量や強化回数、③その個体のそれまでの消去経験、④消去時の動機づけの強さ、などの影響を受ける。

Topic 消去における部分強化効果

　古典的条件づけの消去でみられる部分強化効果は，オペラント反応の消去でもみられる。連続強化されていた反応は早く消去する（消去抵抗が低い）が，ギャンブルのように部分強化されていた反応の消去は遅い（消去抵抗が高い）。たとえば平均して30回に1回だけ反応が強化される部分強化では，30回中29回の反応は強化されないので，反応と強化との連合が弱く，連続強化より早く消去すると考えるかもしれないが，結果は逆である。部分強化効果がなぜ起きるのかについては，p.150の「部分強化スケジュール後の消去」で取り上げる。

　気がすすまない勧誘を毎回断れず，時々受け入れて部分強化していると，いざ消去しても相手はいつまでも勧誘にくる。相手が執拗な性格なのではなく，部分強化してしまったからである。逆に，強化できない状況になっても維持しておきたい反応は，部分強化しておけば消去になってもしばらくは維持できる。

Topic 回避反応の消去

　電撃などを用いた嫌悪刺激の回避訓練後の消去手続きでは，反応してもしなくても嫌悪刺激が与えられる。この場合，回避反応は急速に減少する。回避反応とは無関係に嫌悪刺激が与えられるという状況変化が，急速な回避反応の消去を促進すると考えられる。逆に，反応してもしなくても嫌悪刺激が与えられない場合は，反応している限り嫌悪刺激が来なくなったという状況変化を経験できないので，嫌悪刺激を予告する条件刺激の効力がなくなるまで（古典的条件づけの消去）回避反応はなくならない。

● 罰

　ストーブに触れて火傷をした子どもは，二度とストーブを触ろうとはしない。駐車違反をすると罰金をとられ，飲酒運転をすると免許停止になる。これらは罰による反応の抑制である。消去でも罰でも反応が減少するが，消去が反応に随伴していた強化の中止であるのに対して，罰では反応に随伴する環境変化（嫌悪刺激の呈示）によって反応が減少する。

　正の罰と負の罰　　強化に正の強化と負の強化があるように，罰にも正の罰と負の罰がある（**表7-1**）。正の罰は，嫌悪的な刺激の呈示による反応の減少である。先生に質問したら「そんなことも分からないのか」と言われたので，それ以後は質問しなくなれば正の罰である。ラットのレバー押し反応に電撃が随伴するようになると，レバー押しが急速に抑制されるのも正の罰である。正の強化は強化子の呈示によって反応が増加するのに対して，正の罰は嫌悪刺激の呈示によって反応が減少する。

　反応すると正の強化子が遅延または消失した結果，反応が減少する場合は負の罰という。負の強化が嫌悪的な刺激の消失または遅延によって反応が増加するのに対して，負の罰では反応が減少する。ハトなどの動物が誤反応をすると数秒間反応する機会を剥奪する方法は，実験室でよく使われる負の罰で特に**タイムアウト**という（実験箱を数秒間暗黒にして嫌悪性を強調する方法は**ブラックアウト**という）。嫌悪的な刺激によらないで反応を減少できるので，子どもの悪戯や暴力をやめさせるなどの行動修正にも用いられることがある。ただし，強化子を得る機会を剥奪する方法（小部屋に閉じ込めるなど）がその子どもにとって嫌悪的な場合は正の罰と同じになってしまうので十分な注意が必要である。

表7-1　4種類の行動随伴性

反応に後続する刺激変化	反応の増加（強化）	反応の減少（罰）
出現	正の強化 （好ましい刺激の出現によって反応が増加）	正の罰 （嫌悪的な刺激の出現によって反応が減少）
消失または遅延	負の強化 （嫌悪的な刺激の消失または遅延によって反応が増加）	負の罰 （好ましい刺激の消失または遅延によって反応が減少）

Topic　条件性抑制

　あらかじめラットが安定した頻度でレバーを押すように訓練する（p.144 の変間隔スケジュールを用いる）。その後，光刺激を一定時間呈示した後に電撃をかけて古典的条件づけを行う。はじめは電撃によってすべての反応が抑制されるかもしれない（生得的な凍結反応）。しかし，光刺激と電撃との対呈示が何度も繰り返されると，ラットは光がないときには安定した頻度でレバーを押して餌を食べるが，光が呈示されるとレバー押しが抑制される。光呈示中の反応の抑制は，電撃が近づくにつれてしだいに強くなり，電撃直前にはほとんどレバーを押さない。しかし電撃が行き過ぎてしまうと，損失を取り戻すかのように一時的に高率でレバーを押す。電撃の呈示はレバー押し反応と無関係なので，罰による反応抑制ではなく，光が電撃を予告する条件性嫌悪刺激になったからである。ラットは「光がなければ安全」ということを学習したともいえる（安全信号の学習）。

　このように，古典的条件づけによって条件性嫌悪刺激になった刺激が，正の強化によって維持されているオペラント反応を抑制する現象を条件性抑制という。条件性嫌悪刺激になってしまった恐い上司の声が聞こえると仕事が手につかなくなるのは，日常生活における条件性抑制の例である。

罰の副作用

　強い嫌悪刺激による罰は即効性があり，直ちに反応が抑制される。罰を与える人にとって，相手の好ましくない反応が即座になくなることは正の強化になるので，罰を多用しがちになる。しかし罰には以下のような副作用があるので，どうしても必要な場合を除いては用いるべきではない。

1.　罰として用いる嫌悪刺激は，罰を受けた特定の反応だけでなく，他の多くの反応も抑制してしまうことがある。

2.　罰によって反応が抑制されても，罰が来ない状況になればその反応は回復し，一時的に顕著な反応増加を起こす。これを罰の対比効果という。反応抑制効果は罰が継続して与えられている間だけなので，問題行動の根本的な解決にはならない。

3.　ある場面で罰によって反応が抑制されても，他の場面でもその反応が抑制されるとは限らない。罰を受けない場面では，かえってその反応が増加することがある。

4.　罰のつもりで用いた嫌悪刺激が，実際は正の強化子になって誤って反応を強化してしまうことがある。また，抑制したい反応を誘発してしまうこともある（泣く子を叱っても，泣き止むどころかさらに激しく泣くだろう）。

5.　強い嫌悪刺激は恐怖反応を誘発し，攻撃反応や場面逃避的な不適応行動を起こすこともある。

6.　好ましくない逃避・回避反応を罰で抑制しようとすると，反応が減少するどころか逆に増加することがある。嫌悪刺激から逃避・回避するために起こした反応がさらに嫌悪刺激による罰を受けるので，嫌悪刺激が嫌悪刺激を生む悪循環に陥り問題行動が発生しやすい。不登校の子どもを親が厳しく叱るのはこの例である。

Topic 賢いラット

　空腹なラットがレバーを押すと，餌と一緒に時々床の金属格子から足に電撃が与えられた（アズリンとホルツ，1966）。「餌を得るためにレバーを押したいが電撃が来るかもしれないので押せない」という葛藤状態である。あたかも餌と電撃の綱引きのように，ラットはレバーに接近するがそれ以上はレバーに近づけず動けなくなる。正の強化子と同時に嫌悪刺激が呈示されると，こうした不適応行動を引き起こすことがある。

　しかしあるラットは，なんと寝転んでレバーを押すようになった（図7-3）。背中の毛が電気を絶縁して，電撃を受けずに餌を食べることを学習したのである。喝采！

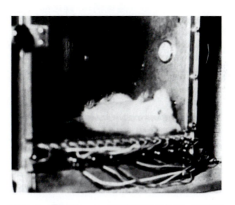

図7-3　賢いラット（アズリンとホルツ，1966）

罰の与え方　罰には上記のように副作用があるので，慎重に用いなければならない。しかし「何をしてはならないか」の学習は人間や動物が環境に適応するために重要である。また，自閉症児が自分自身を傷つける行為など，即座に抑制しなければならない場合もある。交通違反に対する罰金など，社会的な制裁としても罰は多用されている。効果的な罰の使用法は，アズリンやチャーチ（アズリンとホルツ，1966；チャーチ，1963）などによって明らかにされた。

1.　罰を与えると決めたら可能なかぎり強い罰を最初から与える。弱い罰は一時的に反応を抑制しても，繰返し与えれば効果が失われる。弱い罰から始めて罰の強度を上げていくと，強い罰でも反応を抑制できなくなる（2章の馴化を参照）。逆に，最初に強力な罰を用いれば，後で罰の強度を下げても反応を抑制できる。

2.　罰は反応の直後に与える（直後罰）。遅延罰は効果的ではない。子どもが悪戯をしたときなぜ悪いのかをていねいに説き，それでも謝らないときに叱るのは遅延罰である。謝らないことの罰にはなっても，悪戯には抑制効果を期待できない。謝りさえすれば嫌悪刺激から逃避できるという学習をしてしまう危険もある。

3.　ひとたび罰を与え始めたら，その反応が生じるたびに一貫して与える。与えたり与えなかったりする部分罰は，罰の比率が小さいほど抑制効果が低減する。

4.　罰が来るか来ないかを知らせる信号または弁別刺激を与えてはならない。罰が来るとわかっている場面では，反応が減少しても，罰が来ない場面では以前にも増してその反応が増加する。叱る親の前で子どもの悪戯は減っても，甘いおばあちゃんの前では悪戯がひどくなる。

Topic 遅延罰を用いてはならない

　家の中で子犬が粗相したのを後になって見つけて，その場所に連れて行って叱っても効果はない。ゴミをこのまま増やせば環境汚染という**遅延罰**をやがては受けることは誰でも予測できる。プラスチック汚染は，すでに海洋生物に大きな被害をもたらしている。だが，海は汚れ続けている。人がゴミを生産する行為（消費行動など）は，正の**即時強化**を受けていることが多いので，人はゴミを生産し続ける。また，ゴミをポイ捨てすれば不快な物を自分の傍から即座に除去できるので（負の即時強化），ゴミのポイ捨てはなくならない。スーパーでプラスチック袋に課金し（正の罰），買い物袋を持参するとポイント（条件性強化子）が貯まるシステムは，こうしたゴミ問題への行動的な取組みの一つである。

Topic 嫌悪刺激の予測と制御

　罰訓練は，嫌悪刺激の到来を予測し制御できるように設定する必要がある（ある反応をすると嫌悪刺激が来ると予測でき，その反応をしないと嫌悪刺激の到来を止められる）。予測も制御もできない事態で嫌悪刺激が与え続けられると，人間も動物も**慢性的恐怖**に陥る。予告なしに弱い電撃が与えられる場合と予告後に強い電撃が与えられる場合を選択できるようにすると，ラットは後者を選ぶ。また**学習性絶望**では，逃避不能な嫌悪刺激を繰返し与え続けられると，その後の逃避・回避学習の獲得が阻害される。突然の地震や飛行機事故は予測することも制御することもできないから恐ろしい。逆に大雨などによる自然災害は，自分である程度は予測し避難することができるので過信しがちになり，判断を誤ると思わぬ被害につながる。

罰の副作用　137

5. 罰として与えたはずの嫌悪刺激が，正の強化子を予告する**弁別刺激**になって反応を増加してしまうことがある。たとえば，反応しなくても餌が時々出る場面と，キーに反応したときにだけ餌が出るがその度に弱い電撃も受ける場面を，繰返しハトに経験させる。何回か反応しても電撃を受けなければハトはそれ以上に反応しないが，電撃を受けるとたちまち反応が増加する。電撃が弁別刺激になって，反応すれば餌を得られる（反応しなければ餌を得られない）ことを予測するからである。同様に，子どもを叱った後に飴などを与えてはいけない。叱られれば飴をもらえるので，叱られる反応が強化される。

6. 罰すると決めた反応が正の強化子で維持されていることがある。その場合はその反応とは違う好ましい反応で同じように正の強化子を得られるようにした上で罰訓練を行う。罰訓練中に正の強化をそれまでと同様に得られるので，罰の副作用を低減することができる。

7. 罰の効果が失われたとき，さらに強い罰を与えてはならない。より強い罰によって再び反応が抑制されると，罰を与える人は正の強化を受けるので，さらに強い罰を与える悪循環に陥りやすい。何がその反応を誤って強化しているのかを見つけ出し強化を中止（消去）し，その反応をしなければ正の強化が得られるようにする。これは**省略訓練**（p.146 参照）とよばれる。

8. 罰した反応が減少してきたら，その反応とは両立しない好ましい反応を正の強化子で形成し，最終的には罰による訓練を中止して正の強化だけにする。罰によって反応を永続的に抑えるのはそもそも困難である。また，罰を受ける側と罰を与える側の双方に罰訓練は嫌悪的に働くので，継続的な罰訓練は好ましくない。

Topic　飼い犬の行動療法

　庭の片隅に繋いでいる犬の無駄吠えを止めさせたいなら，吠えている犬に家の中から「ウルサイ！」などと怒鳴ってはいけない。犬にとっては飼い主も一緒になって吠えてくれている状態となんら変わらないので，正の強化を受けてますます吠える。

　犬が吠えている対象を見つけ出し可能ならそれを除去する。または，犬が吠える前から傍にいて，その対象が出現しても無視して犬に優しく話しかけてやる。それでも吠えたら，静かにその場を立ち去る。そして，犬を庭先に繋いだままにしない。犬にとっての群れである家族がいる家の中で一緒に生活することが望ましい。日常生活ではあなたが犬のシモベになってはいけない。犬に合わせるのではなく，犬があなたに合わせるように躾ける。廊下に寝ころんだ犬が邪魔なら，「どいて」と言ってどかそう。あなたの邪魔になることを察して犬は言われなくてもすぐに道をあけるようになる。あなたのために何かをする喜びを与えてあげよう。良いことをしたら，たくさんほめてあげよう。定刻になると騒ぎだす犬に催促されて散歩に行くのではなく，都合のよいときに犬を散歩に連れ出そう。散歩で犬に引きずられてはいけない。犬が行きたい道ではなく，あなたが行きたい道を歩こう。そしてあなたと一緒ならどこに行っても安全で楽しいことを教えてやろう。そうなれば，散歩中に他の犬が吠えかかってきても，それを無視してあなたに従って歩くようになる。リードはあなたと犬を結びつける大切な絆だが，たとえリードがなくても犬は片時もあなたへの注意を怠らず，あなたから一定距離以上は決して離れない。

　攻撃的な行動や無駄吠えをやめさせる躾を直接しなくても，家庭犬の問題行動は改善される。あなたは犬のボスでもシモベでもなく，犬とあなたはかけがえのない家族になれる。

罰の副作用　139

強化スケジュール

電話が話し中だと，少し待ってからまたかける。しかし，何度かけたからといって必ずしも相手が出るわけではない。相手が話し終わらなければ何度かけてもつながらないので，ある程度時間が経過しないと電話をかける反応は強化されない（強化子は相手が電話に出ること）。どのくらい待って電話をかければ強化されるかは毎回異なるが，長く待ってからかけたほうがつながりやすい。宝くじの場合は，買わない間は当たりの確率がゼロになるだけで，長く休めば次に当たる確率が増えるわけではない。何回も買えば，いつかは当たるかもしれない。

このような，反応がどう強化されるかの規則を**強化スケジュール**という。消去も強化スケジュールの一種である。話し中の電話や宝くじのように，反応が毎回強化されない場合を**部分強化スケジュール**，毎回強化される場合を**連続強化スケジュール**という。部分強化スケジュールでは，強化と消去が混在している。そのため，連続強化スケジュールより**消去抵抗**が高く，消去がゆっくり起きる（**部分強化効果**）。

消去がどのように混在するかによってさまざまな強化スケジュールがあり，それぞれに特徴的な反応の現れ方（反応パターン）がある。以下では基本的な**単一強化スケジュール**を解説する（他のスケジュールについては章末の参考図書を参照のこと）。

強化スケジュールは，通常，**フリーオペラント**とよばれる**自由反応場面**で用いられる。実験者が挿入する試行間間隔によって反応可能な試行が区切られる**離散試行**とは異なり，いつでも反応可能な連続場面になっている。フリーオペラント場面は実験者の介入が入らない日常場面に類似している。

Topic 強化スケジュールのいろいろ

　本章では，以下のような**単一強化スケジュール**のうち，4つの基本的な部分強化スケジュール（定比率スケジュール，変比率スケジュール，定間隔スケジュール，変間隔スケジュール）を中心に解説する。単一強化スケジュールを結合した**連鎖スケジュール，多元スケジュール，並立スケジュール**は，8章で取り上げる。

【単一強化スケジュール一覧】
連続強化スケジュール
部分強化スケジュール
　定比率スケジュール
　変比率スケジュール
　定間隔スケジュール
　変間隔スケジュール
分化強化スケジュール
　低反応率分化強化スケジュール
　高反応率分化強化スケジュール
　反応持続時間分化強化スケジュール
　他行動分化強化スケジュール
反応非依存スケジュール
　定時間スケジュール*
　変時間スケジュール**
シドマン型回避スケジュール
消去

*反応にかかわりなく一定の時間間隔で強化子を呈示。本書では，迷信行動（p.104）でふれた。
**反応にかかわりなく呈示される強化の間隔が変動。

強化スケジュール　141

定率スケジュールと変率スケジュール　定率スケジュール（fixed ratio, FR）では，一定の反応数ごとに強化される。たとえば FR 10 では，10 回目の反応ごとに強化される。**変率スケジュール**（variable ratio, VR）では，要求される反応数が変化する。たとえば VR 10 では，前の強化後 1 回目の反応，あるいは 6 回目，14 回目，19 回目の反応が強化されるかもしれないが，平均して 10 回目の反応で強化される。VR スケジュールは何回目の反応が強化されるかを予測できない点で FR スケジュールと異なるが，どちらも反応すればするほど多くの強化を得られる。

　それぞれのスケジュールで安定して反応が出てくるようになると，人間を含む多くの動物は典型的な反応パターンを示す（図 7-4A）。反応パターンは累積反応記録（右ページ Topic）で表示される。FR で定常状態に達した累積反応記録は階段状で，強化直後の長い**反応休止**（ブレイク）の後に一定高率で反応が出現（ラン）するので，**ブレイク・アンド・ラン**とよばれる。ブレイクは，強化に要求される反応数（FR 値）が大きいほど長い。ブレイク後の一定高率の反応を**比率ラン**といい，ランの傾き（反応率）は FR 値が大きいほど低くなる。たとえば，FR 10 と FR 30 では，FR 30 のほうがブレイクが長く，ブレイク後のランの傾斜が緩やかになる。

　VR の強化後反応休止はきわめて短く，ブレイクは起きない。強化された直後に 1 回あるいは数回反応しただけで強化されることがあるからである。反応すればするほど強化されるのでほとんど休むことなく高率で反応する。反応パターンは急峻な直線になる。出来高払いの仕事は FR，懸賞マニアが出す応募ハガキやギャンブルは VR で強化されている。ギャンブラーの高率で執拗な反応は VR で維持されている典型的な反応パターンである。

Topic 累積反応記録

　累積反応記録の横軸は時間，縦軸はその時点まで起きた反応数（累積反応数）である。**図7-4A**は4つの基本強化スケジュール（FR，VR，FI，VI）の典型的な反応パターンである。スラッシュは，そこで反応が強化されたことを表す。水平な線は，その間に反応がなかったことを示し，直線的な勾配は一定の率で規則的に反応が起きたことを示す。直線の勾配が急なほど，反応率（時間あたりの反応数）が高い。消去すると，以前強化されていたスケジュールに特異的なパターンを描きながら反応が減少する（**図7-4B**）。

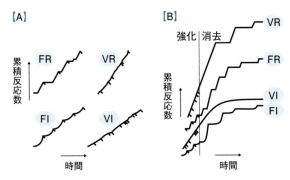

図7-4　A：基本スケジュールにおける典型的な累積反応記録，
　　　　B：消去における累積反応記録
（A：メイザー，1998，B：レイノルズ，1975）

強化スケジュール

定間隔スケジュールと変間隔スケジュール

定間隔スケジュール（fixed interval, FI）では，前の強化から一定時間経過後の最初の反応が強化される。たとえば FI 20 秒では，前の強化から 20 秒間は反応が強化されず，20 秒経過後の最初の反応が強化される。反応が定常状態になると，強化後反応休止の後，加速度的に反応が増える特徴的なパターンを示す。最初はゆっくり，そして次第に反応率が高くなり，次の強化の直前で反応率は最高になる。累積反応記録はホタテ貝の縁どりに似ているので，スキャラップとよばれる。ただし，長期間訓練を続けると，FI に特徴的な反応率の加速度的増加が消失し，FR 類似のブレイク・アンド・ランに変化する。

変間隔スケジュール（variable interval, VI）では，次の強化が可能になる時間が変化する。たとえば VI 20 秒では，5 秒，10 秒，20 秒，30 秒，35 秒などと変化するが，平均して前の強化から 20 秒後の最初の反応が強化される。いつ反応が強化されるかを予想できないが，だからといってむやみに高率で反応しても強化は増えないので，反応率は VR ほど高くならない。FI のような強化後反応休止はみられず，ゆっくり規則的に反応するので反応パターンは緩やかな直線になる。

強化可能時間になって反応がない場合，反応を待って強化することが多いが，たとえば制限時間 3 秒つきの FI や VI では，強化可能時間から 3 秒以内に反応しないと強化を受けられない。

一定時間ごとに休憩できる退屈な作業中，休憩時間が近づくにつれて何度も時計を見るのは FI で強化されている（強化は時計の針が休憩時間をさすこと）。話し中が多い多忙な人への電話は VI で強化されている（強化は電話がつながること）。

Topic 連動箱実験
——VRスケジュールとVIスケジュールの比較

ハトAのキーつつき反応をVRスケジュールで強化する。2つの実験箱の給餌装置は電気的に連動していて、ハトAがVRスケジュールで要求される反応数を満たして強化されると、ハトBの給餌装置の電気回路が準備状態になり、反応すればただちにハトBも強化される（図7-5）。こうして2羽のハトはほとんど同時に同じ回数だけ強化を受けるが、ハトBの反応はVIスケジュールによって強化されることになる。安定状態に達すると、2羽のハトはほぼ一定した反応率を示すが、ハトAはハトBよりはるかに高率で反応する。

ハトAの実験箱で進行しているVRスケジュールでは、短い間隔で反応を連発しているときに強化を受ける確率が高い。こうして高率で反応しだすと、早い反応を連発するほど時間あたりの強化数も増加するので、きわめて高率で反応が安定する。ハトBの実験箱で進行しているVIスケジュールでは、前の反応から時間が経過するほど強化が準備される確率が高くなるので、ゆっくり反応するようになる。しかし、あまりゆっくり反応しすぎると時間あたりの強化数が下がってしまうので、緩やかな反応率が維持される（カタニアら、1977）。

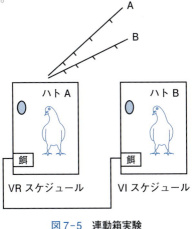

図7-5　連動箱実験

他行動分化強化スケジュール　FI, VI, FR, VR スケジュール
とは逆に，正の強化によって反応を減少させるスケジュールに，
他行動分化強化スケジュールがある（differential reinforcement
of other behavior, DRO）。DRO では，特定の反応が一定時間生じ
ないことを強化する。その反応以外の反応を強化することになる
ので，他行動分化強化スケジュールという。たとえば DRO 10 秒
では，反応が生じない限り 10 秒ごとに正の強化子が呈示される。
反応すると，その時点から強化子呈示が 10 秒延長される。10 秒
以内で反応していると，強化子を得られないので，反応率を低く
維持できる。

　DRO は誤った正の強化を受けて自発頻度が高まっている反応
を，消去や正の罰を用いずに減少したいときに有効である。消去
のように正の強化子の中止による副作用や正の罰で用いる嫌悪刺
激によるさまざまな弊害がない。DRO スケジュールを用いて反
応を減少させることを**省略訓練**という。他の反応を強化し，その
反応が増加した結果として当該反応が省略（抑制ではない）され
るからである。**負の罰**の場合は，正の強化子の消失または遅延に
よって反応が減少する。負の罰と DRO の大きな違いは，DRO
では省略訓練を導入する以前と同様に正の強化子を得られる点に
ある。正の強化子の消失や遅延による副作用がないので，ヒトの
行動修正にも用いられる。

シドマン型回避スケジュール　**フリーオペラント**場面の回避ス
ケジュールである。一定間隔（S-S 間隔）で短い電撃を与え，
S-S 間隔中に反応すると反応から一定間隔（R-S 間隔）だけ電
撃が延期されるスケジュールで，開発者シドマン（1953）にちな
む名称である。

Topic スケジュール行動の巨視的要因と微視的要因

　脊椎動物の多くは VI と VR でそれぞれ一定の速度で反応するので，累積反応記録はいずれも直線的になる。しかし連動箱実験でみたように，同じときに同じだけ反応が強化されても，累積反応曲線の傾きは VI より VR ではるかに急になる。これは以下の2つの要因による。

　VI は時間が関与しているので，いくら高率で反応してもより多くの強化を得られるわけではない。VR は反応回数が関与しているので，高率で反応すればするほど得られる強化が多くなる。その結果，VI より VR で高率に反応するようになる。これは反応率と強化率の関係に関わる巨視的要因である。

　VI スケジュールでは，連続する反応と反応の間の時間（反応間間隔）が短いと，強化が用意される確率が当然ながら低くなる。反応間間隔が長いほど，次の強化が用意される確率が高くなる。そのため，比較的長い反応間間隔の反応が強化されやすいので反応率が低くなり，緩やかな傾斜の累積反応パターンになる。VR スケジュールでは，何回か反応したときに最後の反応が強化されるので，頻繁に高率で反応しているときのほうがゆっくり反応しているときより強化を受けやすい。すなわち短い反応間間隔の反応が強化されやすいので反応率が高くなり，急激な傾斜の累積反応パターンになる。これは1つの反応と次の反応の間の時間に関わる微視的要因である。スケジュール行動には，巨視的要因と微視的要因の両方が関与していると考えられている。連動箱実験の2羽のハトは同じときに同じだけ強化されたにもかかわらず，顕著に異なる反応パターンを示した。この事実は，単に反応と強化の連合が学習されるのではなく，反応が強化とどう関係しているかの機能的関係，つまり随伴性が学習されることを示唆する。

シドマン型回避スケジュールでは，反応しなければ S‐S 間隔で電撃が来るが，反応すれば R‐S 間隔だけ電撃を回避できる。R‐S 間隔が S‐S 間隔より長いと，反応してから次の S が来るまでに反応すればすべての電撃を回避できるので，反応頻度はそれほど高くならない。R‐S 時間が S‐S 時間より短いと，R‐S 時間が短いほど頻繁に反応しなければすべての電撃を回避できない。全く反応しなければ電撃は S‐S 間隔で来るが，反応するならかなり高率で反応しなければむしろ電撃を多く受けることになる。シドマン（1953）によれば，ラットの最大の反応率は S‐S 間隔と R‐S 間隔がほぼ等しいときに出現し，R‐S 間隔が S‐S 間隔より短いと反応率が低下した。たとえば，S‐S 間隔が 10 秒で R‐S 間隔が 5 秒のとき，まったく反応しなければ電撃は 10 秒ごとに呈示されるだけだが，反応してしまうと 5 秒後に呈示される。回避反応するとむしろ嫌悪刺激を受ける（罰）ことになるので，回避反応が抑制されるわけである。嫌悪刺激を最小限に留め，それ以上は回避するのを諦めてほどほどのところで折り合いをつけてしまう状況は私たちの日常生活にもある。

　反応パターンの種間比較　ヒト成人のボタン押しやレバー押し反応を，FI で表示画面の得点が上がることで強化すると，次の強化が近づいたころ数回反応して強化を受ける低反応率者と，ひたすら反応する高反応率者に分かれ，スキャラップを示さない。ハトの連動箱実験の累積反応記録の傾きは VI より VR で急峻だったが，こうした違いは一般にヒトではみられない。また，VIから VR へスケジュールが変化しても，反応パターンが柔軟に変化しない（**スケジュール感受性**が低い）。FR ではブレイク・アンド・ランを示さず，高率で反応し続けるヒトもいる。

Topic ヒト乳児における FI スキャラップ

　言語発達が未熟な乳児では，スキャラップが観察される（図7-6AとB）。5歳以上では，低反応率者（EとG）と高反応率者（F）に分かれる。言語が不安定な2歳半から4歳は反応パターンも安定しない（CとD）。ヒト成人でも，日常なにげなく行動している場合（言語化されたルールを使わない場合）は，スキャラップがみられる。新幹線でもっぱら新聞を読んでいる人が，目的地に近づくほど頻繁に時計を見るのは典型的なスキャラップである。

　実験室のヒト成人のように，低率で反応すると計時の負荷がかかる上，計時しそこなうと強化を逃す場合がある。一方，高率で反応すると無駄な反応に労力を費やす上，他の行動ができない。自然場面において，スキャラップはそれらの欠点を補い効率的かつ確実に強化を得る最も適応的な反応の仕方である。

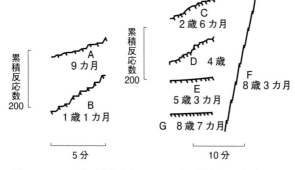

図7-6　FI 40秒で強化されている7名の乳児の反応パターン（ベンタルら，1985）

● 部分強化スケジュール後の消去

　どの部分強化スケジュールを経験したかによって，消去で反応が減少する様子が異なる（p.143 図 7-4B 参照）。たとえば VI 後はなだらかに反応が減少する。VR 後は反応期と休止期が交替で出現し，しだいに休止期が長くなる。

　部分強化後は消去抵抗が高いという部分強化効果の説明の一つは弁別説である。強化と消去からなる部分強化は，消去場面と類似している（弁別しにくい）ので，スケジュール変化によって反応遂行に変化が生じにくい。それで消去抵抗が高いとする説である。この説は，以下のような 2 群を用いてラットやハトでテストされた（テイオス，1962 など）。第 1 段階で連続強化群と部分強化群に分けて訓練する。第 2 段階では両群を等しく連続強化で訓練する。その後，両群は無強化による消去テストを受ける。弁別説に従えば，第 2 段階の連続強化場面とその直後の消去テスト場面の類似性は両群で等しいので，部分強化効果は見られないと予測されたが，第 1 段階で部分強化を受けた群の消去抵抗のほうが高かった。しかし，第 1 段階の部分強化の効果が第 2 段階の連続強化によってキャンセルされないと考えれば，この結果は弁別説を否定するものではない。ドムヤン（1996）は，部分強化されて賭け続けるギャンブラーが，運よく連続強化された後，急に当たらなくなっても（消去），先に受けた部分強化の効果で執拗に賭け続ける例をあげている。

　部分強化中に何が学習され部分強化効果が生じるかについて，学習理論の観点から多くの研究が行われた。右ページ Topic のように，主としてラットの目標箱への走行速度を指標として，部分強化効果について論じられている。

Topic 部分強化中に何が学習されて 部分強化効果が生じるのか？

　キャパルデイ（1971）は，直線走路でラットは出発箱に入れられると前の試行で目標箱に餌があったかなかったかを思い出すと考えた。連続強化では，餌への期待は目標箱で必ず強化される。部分強化では，その期待が裏切られることがある。裏切られた次の試行で出発箱に入れられると，前試行での餌の不在を思い出し，目標箱への走行速度が低下する。しかし，たまたまその試行で餌があると，期待しないときにも餌があることを学習する。そのため，部分強化では消去抵抗が高くなる。試行の系列順序が重要なので，**系列説**とよばれている。

　アムゼル（1992）は，**フラストレーション説**を提唱した。餌を期待して目標箱に走ったラットは，餌がないと生得的な情動反応としてフラストレーションを誘発し，目標箱と不快な情動反応とが連合し，目標箱への接近・走行傾向より後退傾向が強くなる。そのため，連続強化の後，期待した餌の不在を何度か消去テストで経験すると急速に走行が消去する。一方，部分強化では，目標箱に餌がある試行もない試行もあるので，餌の不在によるフラストレーションを予見しつつ目標箱まで走ると，そこには期待しなかった餌があることを経験する。走行しなければ決して餌は得られないので，こうした2種類の試行を何度か経験すると，餌の不在によるフラストレーションを予見しつつも，餌を期待して走行するようになる。そのため，消去抵抗が高くなる。

　系列説では記憶を，フラストレーション説では情動反応を仲介概念として用いているが，いずれの説も部分強化における消去試行が消去への耐性を高めることで部分強化効果を説明している。

部分強化スケジュール後の消去　151

参考図書

伊藤 正人（2005）．行動と学習の心理──日常生活を理解する──
　　昭和堂

　学習心理学の視点から，日常生活における強化について解説されている。

岩本 隆茂・高橋 雅治（1988）．オペラント心理学──その基礎と応
　　用──　勁草書房

　第2〜3章で強化スケジュールと選択行動，第5章で嫌悪性制御について解説されている。

メイザー，J. E.　磯 博行・坂上 貴之・川合 伸幸（訳）（2008）．メ
　　イザーの学習と行動（日本語版第3版）　二瓶社

　第7〜9章で強化スケジュール，回避と罰，強化理論について解説されている。

メドニック，S. A.・ヒギンズ，J.・キルシェンバウム，J.　外林 大
　　作・島津 一夫（訳）（1979）．心理学概論──行動と経験の探究
　　──　誠信書房

　第6章で罰の与え方について解説されている。また，行動療法の事例が詳細に解説されている。

小川 隆（監修）（1989）．行動心理ハンドブック　培風館

　第3章で種々の強化スケジュールについて詳細に解説されている。

小野 浩一（2005）．行動の基礎──豊かな人間理解のために──
　　培風館

　第11〜14章で強化スケジュールと嫌悪性制御，第17章で選択行動について解説されている。

プライア，K.　河嶋 孝・杉山 尚子（訳）（1998）．うまくやるため
　　の強化の原理──飼いネコから配偶者まで──　二瓶社

　日常生活での強化の原理について解説されている。

佐々木 正伸（編）（1982）．現代基礎心理学5　学習Ⅰ　基礎過程　東
　　京大学出版会

　第4〜7章で強化スケジュール，行動の除去と省略訓練，嫌悪性行動制御，条件性強化に関する研究について詳しく紹介されている。

オペラント条件づけ 3
: 刺激性制御——弁別と般化

　前章の強化スケジュールでは，どのように強化が与えられるとどのように反応が出現するかの「反応と強化の間の関係」が扱われた。一方，刺激の有無や変化によって反応が変化することを，刺激性制御とよぶ。刺激性制御は，「刺激と反応との間の関係」であり，弁別と般化の２つの側面がある。

● 弁　別

　学習された多くの反応は，ある特定の環境事象や刺激のもとで自発される。居間でくつろいでいるとき，玄関のチャイムが鳴れば玄関に出ていき，携帯の着信音が鳴れば携帯を取り出すだろう。チャイムと着信音に異なる反応（**分化的反応**）をするので，2つの音を"**弁別**"しているという。信号機の赤ランプは左側に，青ランプは右側に点灯するとしよう。正しく歩道を渡るか渡らないかの反応は点灯しているランプの色または位置あるいはその両方を手がかりにしている可能性がある。位置を変化しても，位置にかかわらず一貫して青では渡り赤では渡らないなら，ランプの位置ではなく色が反応を制御している。このように，ある特定のオペラント反応を自発する手がかりになる刺激を**弁別刺激**という。この場合は，青色（または赤色でないこと）が弁別刺激になって渡る反応を起こしたことになる。色によって反応が制御されているので，色が**刺激性制御**をもつという。この例ではランプの位置は刺激性制御をもたない。

　反応が出現する場面にはさまざまな刺激が存在するので，何が弁別刺激になって反応を制御しているかは，刺激をさまざまに変化して反応を観察してみないとわからない。

弁別の形成　　弁別反応を形成する代表的な手続きには，**継時弁別訓練**と**同時弁別訓練**がある。一般に，継時弁別訓練には多元スケジュール，同時弁別訓練には並立スケジュールが用いられる。

継時弁別訓練　　複数の強化スケジュールが，それぞれに対応する弁別刺激とともに時間的に交替するスケジュールを**多元スケジュール**という。それぞれの刺激を手がかりにして，特異的な反応パターンが形成される。

Topic 弁別刺激裁判

　コレンとウォーカー（1997）は，飼い主の病気の発作を予知して知らせる介助犬についてふれている。人間には感じることができない人体の変化や微妙な行動の変化を，犬が弁別刺激として利用できるのは明らかなようだ。しかし次のようなエピソードも紹介されている（木村訳，1998 を一部改変）。

　1984 年に飲酒運転である男が逮捕された。男はわずかにものの輪郭が見える程度の視力で，酔っぱらったこの日も盲導犬のバドと一緒だった。判事の前で，男は自分は助手席にいただけで，運転していたのは犬のバドだと言った。「目撃者は車が赤信号で止まり，青信号に変わるとまた走り出したと言っている。犬は色がわからない。そのバドにそんなことができるわけがない」と詰問する判事に男は答えた。「バドは信号の位置を覚えたのです。一番上の信号が明るくなったら『止まれ』で，一番下の信号が明るくなったら『行け』だとわかっているのです」。第二審で，男は運転していたのは自分だとついに白状した。「それにしても，なぜ信号が読み取れたのだ？」判事の問に男は答えた。「バドのおかげです。彼は助手席にいて，『行け』のときは 1 回，『止まれ』のときは 2 回吠えて教えてくれたのです」。

　この供述もまた怪しいが，男は次のように言っているのである。「バドは信号の位置を弁別刺激にして吠え，男はバドが吠える回数を弁別刺激にして運転した」。この二者間の刺激－反応連鎖において，バドが 1 回吠える反応は車が行くことで強化され，2 回吠える反応は車が止まることで強化されている必要がある。特別な訓練を受けていたなら別だが，バドにそうした強化随伴性が働いていた可能性はほとんど考えられない。

たとえば，ある刺激の呈示中は FI スケジュール，他の刺激の呈示中は FR スケジュールで反応を強化する。それぞれの刺激のもとでの反応はそれに対応したスケジュールの反応パターン（7章参照）を示す。ただし，図 8-1 のように FI の反応休止期に FR 特有の高率反応が出現することがある。これは後述する行動対比に見られるスケジュール間の相互作用の一種である（レイノルズ，1978）。一方，それぞれのスケジュールに対応する外部刺激がない場合は，混合スケジュールという。どう反応したら強化を受けたかが弁別刺激になる（「やってみなければわからない」という状況は私たちの日常生活にはよくあることである）。

　弁別訓練で最も一般的に用いられるのは VI と消去からなる多元スケジュールである。ある刺激の呈示中の反応は VI で強化する。他の刺激の呈示中の反応は強化しない（消去）。前者を正刺激（S⁺），後者を負刺激（S⁻）とよぶ。S⁺ に VI を用いるのは，弁別訓練の後で新しい刺激を呈示して消去場面でテストするとき（弁別後般化テスト），反応がゆっくりなだらかに減少するからである。7章でみた FI や FR や VR 後の消去では反応率が高いときや低いときがあるので，テスト刺激を呈示するタイミングによってテスト刺激への反応率に偏りが出てしまう。

行 動 対 比　　継時弁別訓練では，S⁻ への反応が減少し，それと対比的に S⁺ への反応が増加して弁別が完成する。図 8-2 では，まず赤でも緑でも VI 3 分で強化し，ほとんど等しい反応率が出ることを確認した後（図中の A），緑のスケジュールだけ消去に変化して継時弁別訓練を行う。赤への反応はこれまで通り VI 3 分で強化されているにもかかわらず，緑への反応が減少するとともに赤への反応が対比的に増加して弁別が完成する（図中の B）。

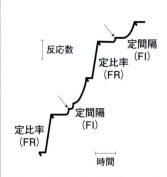

図8-1 FRとFIスケジュールを要素とする多元スケジュールでの反応遂行 (レイノルズ, 1965)
矢印は, FIの強化後反応休止中に及ぼすFRの効果を示している。

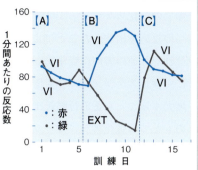

図8-2 行動対比 (レイノルズ, 1961aを改変)
まず赤でも緑でもVI 3分で強化し (A), 6日目からは赤への反応はそのままVI 3分で強化し続けるが, 緑への反応は消去 (EXT) すると行動対比が生じる (B)。最後の5日間でふたたびどちらの反応もVI 3分で強化すると, 緑への反応は急速に回復する (C)。

Topic なぜ行動対比が起きるのか？

ウィリアムス (1983) は厳密に統制された実験室の動物にみられる行動対比を調べて, 対比には複数の原因があるとした。p.158の学校と家での悪戯を例にあげるなら, 以下のような原因が考えられる。①家では悪戯が強化されないので, 悪戯の代わりに他の遊びをする。学校ではそれらの遊びをしなくなるので, 悪戯が増える, ②強化を学校だけに特定したので, 悪戯に関して学校という場面が強調される, ③学校で悪戯をしたときの周囲の反応が以前にもまして強化力をもつようになる, ④家では強化されないことを予測して, 家に帰る前に学校でたくさん悪戯をしておく, ⑤家での悪戯に対する抑制が学校で解除されて, 反動的に学校での悪戯が増加する。

弁 別

赤での強化スケジュールは変化しなかったので，反応の増加は緑への反応を消去したことによる。2つの刺激のもとでの反応率がそれぞれ逆の方向に変化するので**行動対比**とよばれる。このように，強化スケジュールを変化しなかった不変成分での反応傾向が増大することを**正の行動対比**という。これに対して，一方の刺激のもとでの強化スケジュールが変化して反応が増加したとき（たとえば VI 3 分から VI 1 分に変化），不変成分での反応数が減少することを**負の行動対比**という。

行動対比は，異なる場面間のスケジュールの相互作用である。家と学校で誤って強化された子どもの悪戯を家で無視して消去すると，学校での悪戯が逆に増えてしまうのは行動対比である。

誤反応なしに完成する弁別学習（無誤弁別学習）　**継時弁別**では，S⁻への誤反応が減少し S⁺への反応が増加して弁別が完成する。テラス（1963）はハトの継時弁別訓練で，まず S⁺だけキー上に呈示し，VI で安定した反応を形成した後に S⁻を導入した。S⁻の明るさと呈示時間は，はじめは反応が生じないほど暗く短くし，数段階のステップを重ねてしだいに明るく長くした。最後のステップでは S⁻は S⁺と同じ明るさで同じ時間呈示された。この間，ハトはほとんど S⁻へ誤反応をしないで，弁別が完成した（**図8-3** の初期-逐次群）。これを**無誤弁別学習**という。

一般の継時弁別訓練では，S⁻呈示中に攻撃的な情動反応が頻繁に観察される。無誤弁別学習ではそれがみられないことから，S⁻に反応を抑制するのではなく，つつき反応以外の反応（羽づくろいなど）を学習したのだと考えられた。無反応（反応をしないこと）には，その反応を積極的に抑制する場合と，それ以外の反応をする場合の 2 通りがある。

Topic テラス（1963）の無誤弁別学習実験

テラス（1963）では次の4群がもうけられていた。

初期-逐次群：最初の3日間で，S⁺への反応を形成してVIスケジュールで強化しながら，S⁻の呈示時間と強度を徐々にS⁺と等しくした。その後，最終段階と同じ訓練（最初からS⁺とS⁻の呈示時間と強度が同じ）を合計28日間行った。

初期-急激群：S⁻の呈示時間と強度を，最初からS⁺と等しくした以外は初期-逐次群と同じ。

後期-逐次群：S⁺だけを呈示し，反応を強化しながら21日間訓練を行った。その後，S⁻を逐次導入して最終段階と同じ訓練を28日間行った。

後期-急激群：S⁺だけの21日間の訓練後に導入されたS⁻の呈示時間と強度が，最初からS⁺と等しい以外は，後期-逐次群と同じ。

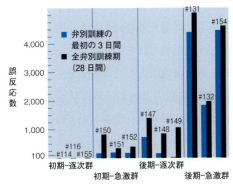

図 8-3　無誤弁別訓練中の誤反応数
（テラス，1963）

#はハトの個体番号。各群で3羽のハトが用いられた。ハトは，暗いキーにはほとんど反応しない。逐次群ではS⁻が強度ゼロから徐々に強くされた。テラスは，強度ゼロの暗いキーへの無反応が，逐次導入されたS⁻に徐々に転移し，通常の継時弁別にみられるS⁻への反応抑制が関与しないまま弁別が完成したと考えた。

弁　別　159

テラスの方法は溶化（フェイディング）とよばれる。この例ではS⁻をしだいに導入したのでフェイド・インという。しだいに刺激を除去する方法はフェイド・アウトという。たとえば，ハトにとって色の弁別は容易だが垂直線と水平線の弁別は比較的難しいので，まず赤背景上の垂直線と緑背景上の水平線の弁別訓練をする。色を弁別刺激にして，ハトは容易に学習する。その後，しだいに色を薄くしていき，最後には色を完全に除去して線だけにする。フェイド・アウトによってハトはほとんど誤反応なしに垂直線と水平線を弁別できるようになる。易しい課題で学習したS⁻への無反応が，より難しい課題のS⁻に転移すると考えられた。

　テラスが開発した方法は，楕円と円の弁別やbとdの弁別などを知的障害者に訓練する際などにも用いられる。この方法の最も大きな利点は，誤反応がほとんどないまま弁別が完成することである。誤反応をして強化を受けられないことは少なからず嫌悪的なので，学習への動機づけを失わせることがある。溶化法を用いれば嫌悪的経験をすることなく学習させることができる。

同時弁別訓練　複数の刺激が同時に呈示され，それぞれの刺激のもとでの反応が，同時進行するスケジュールで強化される場合を並立スケジュールという。たとえばハトが左側のキーに反応するとVI 3分，右側のキーに反応するとVI 1分で強化する。ハトはどちらのキーをつついてもよいので，並立スケジュールは選択場面を構成している。

対応法則　VI 3分とVI 1分の並立スケジュールでは，強化率が高いVI 1分のキーだけに反応すると，3分間に平均3回強化される。VI 3分だけに反応すると，平均1回である。だが両方のキーにうまく反応を配分すると，3分間に平均4回強化される。

Topic　知的障害児の楕円と円の無誤弁別訓練

　シドマンとストダート（1966）は，円と楕円を弁別する能力がないとみなされていた言語障害をもつ重度の知的障害児に**無誤弁別学習**の手法を用い，円と楕円の弁別訓練に成功した。

　まず，縦3個×横3個のマトリックス状の9個のキーのうち，中央のキー以外のいずれか1つのキーに黄光を呈示して，それを押す訓練を行った（中央のキーへは選好が生じやすいので，全訓練過程を通して中央キーは用いられなかった）。最初は手をとって押させてチャイムとキャンディで強化し，最終的には黄に点灯しているキーを介助なしに押せるように訓練した。

　次の段階では，黄が点灯しているキーに〇や□や×などのマークを重ねて呈示してもそのキーを押すことを確認した後，他のすべてのキーに黄光をフェイド・インした。最終的にはすべてのキーが同じ明るさの黄光で照明されたが，図形が呈示されているキーだけに反応するように訓練した。

　さらに次の段階では，黄で照明されたキー上に円（〇）を呈示して，それを押すことを確認した後，ふたたび他のキーに黄をフェイド・インし，黄で等しく照明されているキーから〇が重ねて呈示されているキーだけを選んで押す訓練を行った。その後，8つのキーのうち〇が呈示されていない7つのキーに楕円をフェイド・インした。楕円は，初めは薄く，そしてしだいに〇と同じ鮮明度にされた。

　最終的には，7つのキーに楕円，他1つには〇が呈示され，〇が呈示されているキーを選ぶことができるようになった。この間，ほとんど誤反応なしに〇と楕円の弁別が完成した。

ハーンスティン（1961）は，一方のキーへの相対反応率（そのキーへの反応数を総反応で除した値）は，そのキーの相対強化率（そのキーでの強化数を総強化数で除した値）に一致することを見出した。すなわち，ハトは VI 3 分と VI 1 分のキーにほぼ 1：3 の割合で反応を配分し，最も効率的に強化を得た（3 分あたり平均して 4 回）。こうした規則性は，どのような組合せの VI スケジュールを用いても得られ，対応法則とよばれた。対応法則はヒト，サル，ラット，ハムスター，ウシ，ウマなどでも見出されている。なお，FI と VR の場合は，FI の強化後反応休止期に VR キーに移り，FI の次の強化時間が近くなると FI キーに戻るなど，組み合わされるスケジュールによって反応の仕方が変化する。

　対応法則は，人のさまざまな日常行動にも当てはまることが知られている。コンガーとキリーン（1974）は，小集団の討論場面で，ある人が誰に向かって自分の意見を言うか，その頻度を調べた。実験参加者以外はサクラで，それぞれ異なった頻度で参加者に賛同もしくは反対した。多くの場合，話し手が誰に向かって話すかの選択の頻度は，聞き手が賛同する頻度に対応した。

　人間や動物の行動はなんらかの選択の結果である。したがって，対応法則は行動一般に通じる法則である。すなわち，ある反応の自発頻度はその反応の強化頻度だけでは決まらない。その場面で同時に起こり得る他のさまざまな反応の強化頻度との相対的な関係によって決まる。読書や髭そりなどを強化してそれらの自発頻度を高めると，知的障害者の暴力が減少することが報告されている（マクドウエル，1981）。逆に，ある反応を増加したければ，その場面で頻繁に起きている他の反応への強化を減少または中止すればよい。

Topic　一般化された対応法則

相対反応率と相対強化率が完全に対応する場合を**完全対応**という（図8-4の破線）。しかし，完全対応からの逸脱がみられる場合がある。相対強化率の増加に対して相対反応率の増加分が小さい場合を**過小対応**，大きい場合を**過大対応**という。過小対応では選択の均一化が生じ，過大対応では選択の極端化が生じる。また，一方の選択肢に強い**選好**を示すことがある。それらも含めて記述したのが，(1) 式の一般化された対応法則である。a＝1なら完全対応，a＜1なら過小対応，a＞1なら過大対応である。2つの選択肢間に位置などの選好がなければk＝1である。

$$\frac{R_1}{R_2} = k\left(\frac{r_1}{r_2}\right)^a \qquad (1)$$

両対数軸上では，傾きを a，切片を log k とする (2) 式の直線になる。

$$\log \frac{R_1}{R_2} = a \log \frac{r_1}{r_2} + \log k \qquad (2)$$

ただし $\frac{R_1}{R_2}$ は反応頻度の比，$\frac{r_1}{r_2}$ は強化頻度の比。

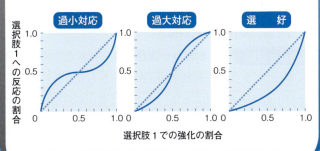

図8-4　**対応法則からの逸脱**（メイザー，2008を改変）

強制選択法　2つまたはそれ以上の刺激を同時に呈示して，どれか1つを選ばせる。S^+への反応は強化し，S^-への反応は強化しない。反応と同時に試行は終了し，試行間間隔の後に次の試行が始まる（**離散試行**）。ラッシュレイがラットに使った有名な跳躍台は同時弁別訓練のための実験装置である（**図8-5**）。

条件性弁別訓練　たとえば中央キーに赤または緑を呈示して，ハトがそれをつついたら比較刺激として左右キーに○と△が呈示される。赤なら○に，緑なら△に反応すると強化される。逆に反応すると誤りで強化されない。罰として実験箱の照明が数秒間消灯（**ブラックアウト**）することもある。赤または緑という条件のもとで，形への異なった反応が要求されるので，このような手続きを**条件性弁別**という。同時弁別と異なる点は，どの比較刺激もそれぞれの試行の条件（この例では，赤か緑か）によって正刺激にも負刺激にもなることである。

　赤なら反応を強化し緑なら消去する**継時弁別訓練**も，赤または緑という条件のもとで反応するかしないかの選択がおきているといえる。その意味では，ほとんどの弁別訓練は条件性弁別だが，赤なら○で緑なら△のように，異なる刺激と刺激の間の新しい関係の学習を特に**条件性弁別訓練**という。

見本合わせ課題　**見本合わせ課題**では，見本としてある刺激が呈示されて，2つかそれ以上の比較刺激から見本と一致するものを選択することが求められる。たとえば見本刺激が緑なら，赤と緑から緑を選択し，赤なら赤を選択すると正反応で強化される（**図8-6**）。この課題のバリエーションとして，見本刺激とは違う比較刺激の選択が求められる**非見本合わせ課題**がある。たとえば見本が赤なら赤と緑から緑，緑なら赤を選択する課題である。

図 8-5 ラッシュレイ (1938) と同様の跳躍台（シュワルツ，1984 より）
これは典型的な 2 選択肢の同時弁別課題ではなく，孤立項選択課題の様子である。この実験では，3 つの刺激のうち，1 つだけ違う刺激に跳びつくと裏側の台にある餌を食べられる。誤った刺激に跳びつくと下に落ちてしまう。

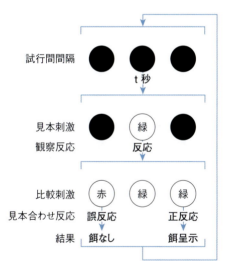

図 8-6 見本合わせ課題の一例
見本刺激が緑の試行では赤と緑の比較刺激から緑，赤の試行では赤に反応すると正反応で強化される。比較刺激の呈示位置が手がかりにならないように，比較刺激の左右呈示位置を試行ごとに無作為に変化する（ただし，位置学習を避けるために，同一位置がたとえば 4 試行以上は続かないようにする）。

いずれも条件性弁別（たとえば赤なら赤，赤なら緑）には違いないが，この課題が用いられる背景には，異同判断の形成（たとえば見本刺激の赤は比較刺激の赤と"同じ"）というねらいがあった。赤と緑の見本合わせ課題と○と△の見本合わせ課題を並行して訓練した後，たとえば赤と緑だけで非見本合わせ課題を訓練すると，○と△でも非見本合わせが成立するならば（異同弁別の転移），条件性弁別ではなく異同弁別が獲得されていたと考えられる。

孤立項選択課題　　3つかそれ以上の刺激を同時に呈示して，1つだけ違う刺激（孤立項）を選ばせる。どの刺激も他から孤立しているか否かで，正刺激にも負刺激にもなる。だが，たとえば「垂直・垂直・水平」のときは水平，「垂直・水平・水平」のときは垂直のように，個々の配列（事例）ごとに学習する場合は，条件性弁別である。その場合は，一部の配列で訓練した後，新奇な配列への転移が起きない。また，「○・○・△」など，新しい刺激への転移も起きない。孤立項選択課題は動物の感覚・知覚研究に便利である。たとえば色光は色相，明度，飽和度の3次元で変化するが，1つの次元で孤立項選択が獲得されれば多くの再訓練を必要としないで他の次元についても弁別閾や刺激閾などの各種テストを節約的に行うことができる。

● 刺激般化

　ある刺激への反応を強化すると，その刺激と同じ次元の他の刺激やその刺激と同じ要素をもつ刺激のもとでもその反応が増大することを刺激般化という。刺激般化は生体が環境に適応する上で重要である。ある刺激に適応的に反応することを学習すれば，それと類似した新しい刺激にも適応的に反応できるからである。

Topic 動物心理物理学

　刺激を感じることができる最小の強度を**刺激閾**といい，弁別が可能な最小の刺激差を**弁別閾**という。刺激閾や弁別閾を測定すれば，その刺激次元の感覚特性を明らかにできる。こうした**心理物理学**を最初に動物に適用したのはブラウ（1957）であった。図8-7の実験装置で，シャッターが下りて色光が呈示されていなければハトはキーBに反応すると強化された。十分な明るさで色光が呈示されていればキーAに反応すると色光が消え，さらにBに反応すると強化された。ハトに見える最小の刺激強度は事前に予想できないが，見えない刺激はシャッターを下げることによって定義できる。そのため，キーAとBへの反応は**非対称性強化**になっている。

　部分強化スケジュールで十分訓練した後，Aに反応するとくさび形フィルターを1ステップ下げて刺激を暗くした。Bに反応すると1ステップ明るくした。ハトの反応で刺激光の明るさが連続的に変化するので，**トラッキング法**という。連続して反応していれば，刺激強度は光覚閾のあたりを上下する（**暗順応曲線**）。図8-8では暗順応曲線が重ならないようにずらして表示されている。最も長い波長を除いて，ヒトに見られるような屈曲点があり，ハトの網膜も光感受性が低く明所ではたらく錐体細胞と光感受性が高く暗所ではたらく桿体細胞からなっていることが示された。ただし，錐体細胞の感受性のスペクトル特性はヒトとは大きく異なった。ハトは4色型かそれ以上の色覚をもち紫外線も感知できることが，その後の研究で明らかにされた。

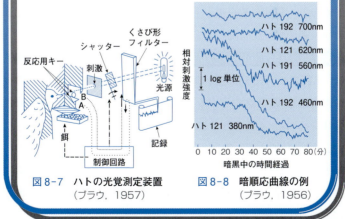

図8-7　ハトの光覚測定装置
（ブラウ，1957）

図8-8　暗順応曲線の例
（ブラウ，1956）

般化勾配　特定の刺激に安定して反応が生じるようになった後，ある次元で刺激を変化させて反応数を測定する。横軸に刺激次元，縦軸に反応数をとると，**般化勾配**が得られる。測定次元に**刺激性制御**があれば，訓練刺激を頂点とし両側に反応が減少する勾配が得られる。刺激性制御がなければ，勾配は平坦になる。

単一刺激条件づけ後般化勾配　ガットマンとカリシュ（1956）は，530，550，580，600nm の色光のそれぞれを S^+ とする 4 群のハトのキーつき反応を VI 1 分で強化した。安定した反応率が得られた後，訓練刺激を含むさまざまな色光を繰返し呈示して般化テストを行った。このテスト中，どの刺激に対する反応も強化されなかった（消去法）。呈示順序は，消去効果を刺激間で均等になるように計画された。図 8-9 のように，勾配の頂点は S^+ にあり，S^+ から離れるほど反応数が減少した。

　般化テスト中に S^+ への反応を強化しそれ以外の刺激への反応は強化しない方法を**維持性般化法**という。訓練刺激とそれに近い刺激に反応が集中し，訓練刺激から離れるほど反応が急速に減少するので，訓練刺激を頂点とする急峻な勾配になる。刺激次元上の狭い範囲の般化勾配の測定に適している。

次元間継時弁別後の般化勾配　ジェンキンスとハリソン（1960）は，1 群のハトに 1,000Hz の純音を呈示しそのときのキーへのつつき反応を VI スケジュールで強化した（弁別を求めない**非分化強化**群）。もう 1 群のハトにはこの S^+ 試行の他に，音を呈示しない S^- 試行を加えた。S^- 試行ではキーへの反応を消去し，音の有無の弁別を訓練した（**分化強化**群）。その後，周波数次元で消去法による般化テストを行った。図 8-10 は，それぞれの群の個体ごとの般化勾配である。

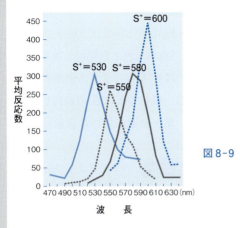

図 8-9 異なる波長の単色光（S^+）で訓練された4群のハトの単一刺激訓練後の般化勾配（ガットマンとカリシュ，1956）

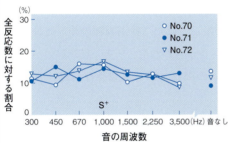

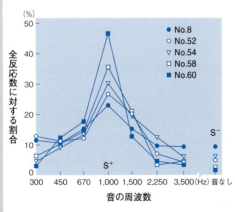

図 8-10 非分化強化群（上）と分化強化群（下）の般化勾配（ジェンキンスとハリソン，1960）
No は被験体番号。

刺激般化 169

非分化強化群では周波数次元の般化勾配はフラットで，音は刺激性制御を獲得していなかった。分化強化群では，S^+を頂点とする般化勾配が得られ，音刺激の周波数が刺激性制御を獲得した。この群のS^-（強度ゼロの音刺激）はS^+を含むテスト刺激の周波数次元上にないので（**次元間弁別**），般化勾配はS^-の抑制効果を受けない。そのため般化勾配は，**単一刺激条件づけ後般化勾配**（**図8-9**）と同様にS^+に頂点がある。

次元内継時弁別後の般化勾配と頂点移動　　ハンソン（1959）では，550nmの色光をS^+，555，560，570，590nmの色光をそれぞれS^-とする4つの実験群が設けられた。S^+とS^-は同一次元上にあるので，**次元内弁別**である。暗間隔を挟んで，S^+とS^-が60秒ずつランダムな順で呈示された。弁別訓練の後，波長次元上で消去法による般化テストが行われた。一方，統制群のハトは，般化テストの前にS^+だけの訓練（単一刺激条件づけ）を受けた。

　図8-11のように，実験群の般化勾配の頂点はS^+からS^-とは逆方向に移動し，この移動はS^+とS^-の差が小さく弁別が困難なほど大きい。これを**正の頂点移動**とよぶ。また，頂点の反応数は統制群に比べて増大し，勾配も急峻になった。なお，S^+が赤光でS^-が垂直線のような次元間弁別訓練後に頂点移動は生じない。

　図8-11では明らかではないが，S^-からS^+とは逆方向にずれた位置で反応数が最も低い。これを**負の頂点移動**とよぶ。ガットマン（1965）は，般化テストで用いるS^+とS^-を含むすべての色光への反応をVIスケジュールで均等に強化し反応率を高く維持した後に消去法による般化テストを行った。その結果，明らかな負の頂点移動を得た（詳細は右ページ Topic）。

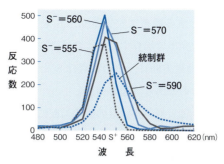

図 8-11 弁別後般化勾配における頂点移動（ハンソン，1959）
550nm の色光による単一刺激条件づけを受けた統制群のハトの般化勾配の頂点は 550nm にある。統制群と同じ 550nm を S$^+$，555，560，570，590nm のいずれかを S$^-$ とする弁別訓練を受けた実験群のハトの般化勾配には頂点移動がみられる。

Topic　負の頂点移動

　ガットマン（1965）は，消去テスト前に S$^+$ と S$^-$ を含むすべての刺激を等しく強化して一様に反応傾向を上げた後に，S$^+$ と S$^-$ の継時弁別訓練を行った。この前処置は，弁別訓練後の消去法によるテストにおいて，ある程度高い反応率を維持しながら S$^-$ による抑制効果を見るためのものであった。般化勾配は，S$^-$ から遠くなるほど抑制傾向が減少し反応数が増大する凹型になった。この凹型の般化勾配では，S$^-$ から S$^+$ とは逆方向にずれたところで反応が顕著に少なく，**負の頂点移動**が明らかに示された。

　ガットマン（1965）が得た凹型の般化勾配を**抑制性般化勾配**という。これに対してガットマンとカリシュ（1956）が単一刺激条件づけ後に得た凸型の般化勾配を**興奮性般化勾配**という。

頂点移動を説明するいくつかの理論が提唱されている。その一つは，S^+を頂点とする興奮性般化勾配とS^-を頂点とする抑制性般化勾配を刺激次元上で加算すると，合成された勾配の正の頂点は必然的にS^-とは逆方向に，負の頂点はS^+とは逆方向にそれぞれずれるというものである（図 8-12）。

　テラス（1964）は，無誤弁別後の般化勾配に頂点移動が生じないことを見出した。S^-への反応がほとんど生じないまま継時弁別が完成するので，S^-への反応を抑制する過程が介在しないからである。一方，S^+とS^-による制御を区別するために，色をS^+とし線分の傾きをS^-とする次元間の継時弁別を行うと，線の傾き次元の勾配（抑制性般化勾配）はS^-を負の頂点とする凹型の勾配になる。しかし無誤弁別の手続きで弁別訓練した後の傾き次元の抑制性般化勾配はフラットで，反応抑制の刺激性制御がみられない。このことは，頂点移動はS^-に対する反応抑制に起因することを示している。

　正刺激と負刺激の相対的な関係が学習されることによって，頂点移動が生じるとする説もある。たとえば，やや緑がかった黄をS^+，やや赤味がかった黄をS^-とする弁別の後は，緑から赤までのさまざまな色が呈示されるテスト場面で，緑味がより強い黄により多く反応し，赤味がより強い黄により反応を抑制するだろう。

　移　　調　　頂点移動に類似した現象に移調がある。ただし，頂点移動のように継時弁別課題ではなく同時弁別課題でみられる。明るい刺激をS^+，それよりやや暗い刺激をS^-として左右位置は無作為に同時呈示して弁別訓練する。その後，S^+とそれよりやや明るい新しい刺激を同時呈示してテストする。S^+ではなく新しい刺激が選ばれれば，移調が起きたという。

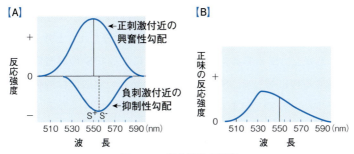

図 8-12　頂点移動の説明

A：S⁺の 550nm を頂点とする興奮性勾配と S⁻の 555nm を頂点とする抑制性勾配。
B：それぞれの刺激への反応強度は興奮性勾配と抑制性勾配の差に等しい。

Topic　興奮性般化勾配と抑制性般化勾配

ホーニックら（1963）は，興奮性般化勾配と抑制性般化勾配を同時に得た。第1群のハトでは，白色背景上の黒い垂直線が S⁺，白色背景のみが S⁻で，第2群では S⁺と S⁻が逆にされた。従って，第1群は垂直線を手がかりにして反応し，第2群は垂直線を手がかりにして反応を抑制することになる。弁別完成後，消去法による般化テストを線分の傾き次元で行った。白色背景だけの訓練刺激は，線分の傾き次元上の般化勾配に影響しないので（次元間弁別），般化勾配に興奮性と抑制性の効果が混在しない。図 8-13 のように，第1群では S⁺を頂点とする凸型の般化勾配，第2群では S⁻を負の頂点とする凹型の勾配が得られた。

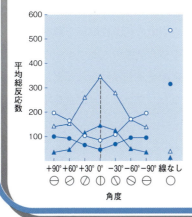

図 8-13　興奮性般化勾配と抑制性般化勾配（ホーニックら，1963）

△と○は実験歴がある第1群と第2群の結果，▲と●は実験歴がないハトの同様の結果。

S⁺を選択しS⁻を選択しないという弁別ではなく，より明るい色を選択するという刺激間の相対的関係が学習されたと考えられる。しかし，S⁻からの抑制傾向の般化によってS⁺の興奮傾向が減少するのに対して，S⁻からより遠い新しい刺激には抑制の般化が少ないので，S⁺より興奮傾向が必然的に大きくなる可能性を否定できない。これを避けるために用いる方法の一つに，**中間課題**がある（図 8-14）。中間課題を用いて，幼児やチンパンジー，ラット，ニワトリなどで移調が確認されている。

● 複合刺激の弁別と注意

　たとえば赤い三角形と緑の四角形のように，複数の刺激次元（この場合は色と形）のどちらを手がかりにしても弁別できる刺激を**複合刺激**という。

阻止と隠蔽　古典的条件づけでみられた隠蔽と阻止（4章参照）もオペラント条件づけでみられる。古典的条件づけでは，強いCSと弱いCSの**複合刺激**では，強いCSが弱いCSを隠蔽し，弱いCSとUSとの連合強度を阻害すると考えられた。オペラント条件づけでは，その生体にとってより弁別刺激になりやすい刺激がより弁別刺激になりにくい刺激の刺激性制御を隠蔽する。たとえば，音とフラッシュ光との複合刺激のもとでキーつつきを訓練されたハトが，それぞれの刺激を単独呈示したとき，フラッシュで反応し音では反応しないなら，フラッシュが音を隠蔽したという。

　ある刺激が反応を制御するようにあらかじめ訓練してから，別の刺激と複合して訓練を続けると，後から付加された刺激の刺激性制御の獲得が阻止される。右ページの Topic は阻止効果の例である。

174　**8章　オペラント条件づけ3**

【訓練】

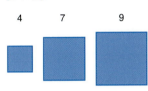

| 1 | 5 | 9 |

大きさが 1, 5, 9 の3つの四角形のうち，中間の大きさの 5 を S^+ とする。S^+ は S^- の1と9の両方から抑制を受けるので，5が獲得した興奮傾向の頂点は移動しない。

【テスト】

| 4 | 7 | 9 |

相対的な関係に基づいて移調が生じるなら中間の大きさの 7 を選択。S^+ の興奮傾向の頂点にあたる5からの般化であれば，5に最も近い4を選択。

図8-14　中間課題

Topic　阻止効果の例

　ジョンソン（1970）は，実験群のハトにはまず暗背景上の白い垂直線と水平線の角度弁別を訓練した。その後，501nm の背景色上の白い垂直線と 551nm の背景色上の白い水平線を用いて，色と角度からなる複合刺激の継時弁別訓練をした。あらかじめ角度弁別を受けない統制群は，複合刺激の弁別のみが訓練された。その後，両群は色光次元上で般化テストを受けた。角度弁別を受けなかった統制群にくらべて，実験群のハトの色光次元上の般化勾配は傾斜がきわめて緩やかで，先行して行われた角度弁別が後続する複合刺激弁別で色を手がかりとする学習を阻止したことが示された。

選択的注意　赤背景に白い△（△R）と緑背景に白い○（○G）弁別は，色次元と形次元からなる複合刺激の弁別である。レイノルズ（1961b）は，S⁺を△R，S⁻を○Gとする継時弁別をハトに訓練した。弁別訓練完成の後，消去法で△，R，○，Gの4種の刺激を呈示してテストした。あるハトは△に，他のハトはRに高い反応率を示した（図8-15）。前者のハトは形次元，後者のハトは色次元にそれぞれ選択的注意を向けたと解釈された。これは動物の行動に"注意"という用語を用いた最初の研究であった。

　レイノルズの結果は，複数の要素からなる刺激が反応を制御しているときでも，必ずしもすべての要素が刺激性制御を獲得するとは限らないことを示している。どの要素が弁別刺激になって反応を制御しているかは，テストしてみて初めてわかるのであり，事前に形式的に定義することはできない。

注意配分　複雑な環境のもとでは，複数の刺激次元や刺激要素を手がかりにする弁別が求められることがある。そうした場合は，注意配分を必要とする。マキとリース（1973）は，見本合わせ課題でハトの注意配分について検討した。注意配分を必要とする試行の見本刺激は，赤背景上の白の縦柄（R縦），赤背景上の白の横柄（R横），青背景上の白の縦柄（B縦），青背景上の白の横柄（B横）の4種であった。全試行の半数は色合わせ試行で，赤背景のみ（R）と青背景のみ（B）が比較刺激として呈示され色マッチングが求められた。残り半数の角度合わせ試行では，暗背景上に白の縦柄（縦）と横柄（横）が呈示され角度マッチングが求められた。見本刺激への反応で見本刺激が消えてから比較刺激が呈示されたので，見本刺激呈示中に色と傾きの両方に注意配分しなければならない。

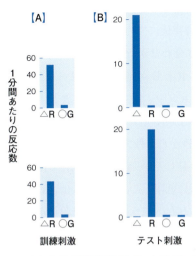

図 8-15 ハトにおける選択的注意（レイノルズ，1961b）
A：訓練期の複合刺激の弁別。
B：弁別訓練後に消去法でテストした要素刺激への般化。

Topic 特色価効果

　刺激間に相違があるとき，それが正刺激を特徴づける場合と負刺激を特徴づける場合とでは，その効果に違いがある。たとえば赤光が呈示されているキーの隅に小さな白点を付加したものを正刺激，赤光だけで白点のないものを負刺激とする。この場合は小さな白点は正刺激を特徴づけるので，弁別が容易に学習される。刺激の正負を逆にすると，小さな白点は負刺激を特徴づけることになる。この場合は，ハトのような動物にとって弁別が困難になる。すなわち，小さな違いが正刺激を特徴づけているときには，刺激性制御を獲得しやすいが，負刺激を特徴づけているときは刺激性制御を獲得しにくい。一つの原因として，正刺激への反応に対する強化が，正刺激を特徴づけている負刺激との相違に注意を向けさせることが考えられる。これを**特色価効果**という。

注意配分を必要としない試行では，見本刺激を赤背景（R），青背景（B），暗背景に白の横柄（横），暗背景に白の縦柄（縦）とする同一見本合わせが行われた。たとえば見本がRのときは，比較刺激としてRとBが呈示され，Rに反応すると強化された。

　1日のセッション中，注意配分を必要とする試行と必要としない試行を無作為な順序で混ぜて訓練した。訓練の後，見本刺激の呈示時間（0.4秒から5秒までの9段階）を変化させると，長いほど正答率は上昇したが，注意配分試行では同一見本合わせ試行より成績が一様に低下した。この結果は注意の限界容量を反映していると考えられた（注意の容量には限界があり，同時に注意する刺激要素が多いほど，各要素の情報処理が低下する）。

　しかし，注意配分試行（表8-1）では見本刺激と正しい比較刺激が同一ではなかったため，成績が低下した可能性があった（般化減衰説）。そこで次の実験では表8-2Aの注意配分課題を用いた。たとえば，見本刺激がR横の場合，色マッチング試行の比較刺激はR横とB横（角度が手がかりにならない）で，見本刺激と正しい比較刺激は同一である。一方，注意配分を必要としない試行では，表8-2Bのように，見本刺激と正しい比較刺激が異なる。たとえば，見本刺激がRの場合，比較刺激はR横とB横，またはR縦とB縦であった。見本刺激と正しい比較刺激が同じか異なるかが先の実験とは逆になったが，依然として注意配分試行で成績が低下し，注意配分説が支持された。

　注意の階層性　　複合刺激が部分と全体からなるときには，注意の階層性が見られる。ヒトは全体のほうが優位なことをネイボン（1977）が見出して以来，さまざまな方法を用いて確かめられ，現在ではネイボン効果（樹を見ずして森を見る）とよばれている。

表 8-1　マキとリース（1973）が最初の実験で用いた注意配分課題

見本刺激	比較刺激	
	色の見本合わせ	角度の見本合わせ
R横	R　B	横　　縦
R縦	R　B	縦　　横
B横	B　R	横　　縦
B縦	B　R	縦　　横

比較刺激の左右位置は毎試行無作為。この例では，左側の比較刺激を選べば正答。

表 8-2A　限界容量説を検証するために用いた注意配分課題

見本刺激	比較刺激	
	色の見本合わせ	角度の見本合わせ
R横	R横　B横	R横　R縦
R縦	R縦　B縦	R縦　R横
B横	B横　R横	B横　B縦
B縦	B縦　R縦	B縦　B横

比較刺激の左右位置は毎試行無作為。この例では，左側の比較刺激を選べば正答。

表 8-2B　限界容量説を検証するために用いた注意配分を必要としない課題

見本刺激	比較刺激	
	色の見本合わせ	角度の見本合わせ
R	R横　B横	
R	R縦　B縦	
B	B横　R横	
B	B縦　R横	
横		R横　R縦
横		B横　B縦
縦		R縦　R横
縦		B縦　B横

比較刺激の左右位置は毎試行無作為。この例では，左側の比較刺激を選べば正答。

図8-16は，ネイボン効果を見るためにカボットとクック（2001）がハトに用いた**階層的刺激**である。上段の4つの刺激は，部分が同じだが全体が異なる。下段の4つの刺激は全体が同じだが部分が異なる。これらの階層的刺激に加えて，複合刺激の全体または部分と同じ大きさの大小の非複合刺激（T, H, N, X）が用いられた。実験は刺激呈示用スクリーンの4隅に反応キーがある4選択肢の**強制選択**場面で行われ，それぞれのキーに各アルファベットが割り振られた。学習過程での正答率は，一貫して"複合刺激の部分＞大きい非複合刺激＞小さい非複合刺激＞複合刺激の全体"の関係を保ちながら増加した。ハトでは全体より部分が優位で，これは刺激の大小によるものではなく，階層構造に由来することが示された。この方法とは異なる方法をヒトと動物に用いた比較研究でも，チンパンジーやヒヒはハトと同様に**部分優位性**（森を見ずして樹を見る）を示すことが明らかにされている。**全体優位性**はヒトという種に特殊な視覚特性なのかもしれない。

　視覚探索　ヒトを含む多くの動物は，さまざま事物からなる複雑な環境の中から天敵や食物や同種の仲間を素早く見つけだして適応的に反応しなければならない。**視覚探索**（たとえば**図8-17**）はヒトの認知研究の代表的なテーマの一つである。動物用の視覚探索課題を初めて開発したのはブラウ夫妻であった（D. ブラウ，1979：P. ブラウ，1984など）。

　ハト用の典型的な課題では，試行開始とともに凝視点に相当する小さな形が呈示され，それをつつくと探索画面が現れる。探索画面は1つの目標項目といくつかの妨害項目からなる。目標項目を見つけてそれをつつくと正答で強化される。妨害項目をつつくと誤答で強化されない。正答率と正反応時間が測定される。

```
□□□□□      □□        □          □      □
    □    □□□□□       □□        □ □    □
    □    □   □       □ □       □  □    □
    □    □   □       □  □      □   □  □
    □    □□□□□       □   □     □    □□
    □    □   □       □   □     □    □ □
    □    □   □       □    □    □   □  □
    □    □   □       □     □   □  □    □

TTTTT      HHHHH       NNNNN       XXXXX
  T        H   H       N N N        X X
  T        HHHHH       N  NN         X
  T        H   H       N   N        X X
TTTTT      HHHHH       NNNNN       XXXXX
```

図 8-16　部分と全体からなる階層的刺激（カボットとクック，2001）
上段4つの刺激では刺激全体を手がかりとし，下段4つの刺激では刺激を構成する要素を手がかりにする弁別が求められる。ハトでは下段の刺激を弁別する反応時間のほうが速く，全体よりも要素が優位である。

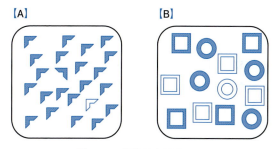

図 8-17　視覚探索課題の例
A：色で定義される目標項目は，方向で定義される目標項目より顕著性が高く探索が容易（特徴探索）。
B：形と色の2次元で定義される目標項目は，顕著性が低く探索が難しい（結合探索）。

複合刺激の弁別と注意

訓練が完成した後に，探索画面上の項目数を変化させてテストする。目標項目に反応した正反応時間を項目数に対してプロットすると，一般に右上がりの直線の**探索関数**が得られる。探索関数の勾配は刺激項目を1つずつ**逐次探索**するときの項目1つ当たりにかかる探索時間である。勾配が小さいほど**探索効率**がよく探索が容易である。複数の同じ妨害項目の中に，妨害項目との類似性が低く顕著性が高い目標項目が1つあると，ヒトには目標項目が画面から浮き上がっているように見えることがある（ポップ・アウト）。この場合，勾配はゼロ近くになり刺激項目の増加にかかわらずきわめて短い反応時間で探索がおきる。目標項目と妨害項目の特徴や類似性によって探索効率がどう変化するかを見ることによって，**注意**が探索過程をどのように制御しているかが多くのヒトの認知研究によって検討された。

　ハトでも多くの場合ヒトと類似の結果が得られている。たとえば，**図8-17B**のような**結合探索**はヒトと同様にハトにも難しい。**特徴探索**では，目標項目と妨害項目の弁別性が高いほど，探索効率が良い。また，すべての試行で特定の1つの刺激が目標項目になる場合は探索効率が高いが，数種類あるうちのどれか1つの刺激が各試行の目標項目になると探索効率は悪くなる。しかし，どの刺激が当該試行の目標項目かを予告する手がかりを与えると探索効率が高くなる（**トップダウン効果**）。複数の刺激を目標項目にする場合でも，同じ目標項目を数試行連続して呈示すると，探索効率が高くなる（**ボトムアップ効果**）。類似の現象は**プライミング**としてヒトでよく知られている。現在は，ハトの他にチンパンジー，サル，ミツバチなど視覚系が発達している動物で多数の研究が行われている。

Topic ミツバチにみられるスピードと精度のトレード・オフ

　視覚探索課題では，一般に正答率が高いと探索時間は短い。しかし，探索が困難な場合は正答率を維持するために探索時間が長くなることがある。逆に，探索時間が短くなり，正答率が激減することもある。誤反応のペナルティが小さい場合は，困難な判断をするために長い時間を費やすことは適応的ではない。探索課題におけるスピードと精度には**トレード・オフ**の関係がある。探索スピードが速くなれば精度は落ちる。時間をかけて探索すれば精度は上がる。

　スコルプスキーら（2006）は2つの疑似花（蜜があるS^+と水があるS^-）の同時弁別課題を用いてスピードと精度のトレード・オフを見た。ミツバチにとって類似性が高い色の疑似花が用いられたので，弁別が困難な課題であった。

　図8-18の■はミツバチ10個体の正答率（縦軸）とその反応時間（横軸）の個体別データである。反応が速いハチは正答率が低く，反応が遅いハチは正答率が高い（個体間トレード・オフ）。ところが，S^-の水をキニーネ溶液に替えると，→●で示すようにすべてのハチの正答率が上がり10個体中9個体で反応時間が長くなった（個体内トレード・オフ）。誤反応のペナルティが大きくなると，それに応じてミツバチは柔軟に探索方略を変えることが示された。

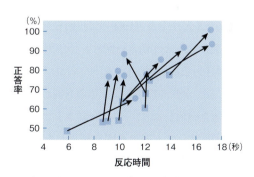

図8-18　ミツバチにおけるスピードと精度のトレード・オフとペナルティ効果（スコルプスキーら，2006）

複合刺激の弁別と注意

弁別学習の次元内・次元間シフト　多くの情報から何を選別して学習するかは，その個体が生得的にもっている種としての生物学的特性だけでなく，過去経験の影響も受ける。

　たとえば，直線の色が赤（R）か黄（Y），傾きが垂直（V）か水平（H）の2次元からなる「RVとYV」「RVとYH」「RHとYV」「RHとYH」の複合刺激対を用いて，色を関連次元とする同時弁別訓練を行う。他の群には，「RVとRH」「RVとYH」「YVとYH」「YVとRH」を用いて，傾きを関連次元とする訓練を行う。直線の傾きにかかわらず，R（またはY）を含む複合刺激がS⁺の場合は色が関連次元である。色にかかわらず，V（またはH）を含む複合刺激がS⁺の場合は，傾きが関連次元である。

　それぞれの弁別訓練が完成した後，右または左45度の青または緑の斜線を用いて，色と傾きの2次元からなる複合刺激への転移を見る。先の訓練と同じ刺激次元が関連次元になる場合（色→色，傾き→傾き）を**次元内シフト**，異なる次元が関連次元になる場合（色→傾き，傾き→色）を**次元外シフト**という。

　マッキントッシュとリトル（1969）は，同様の手続きを用いて，4群のハトで「色→色」と「傾き→傾き」（次元内シフト）と「色→傾き」と「傾き→色」（次元外シフト）のシフト後の課題の学習成績を比較した。全般的に傾きより色の弁別が容易であったが，「色→色」は「傾き→色」より，「傾き→傾き」は「色→傾き」より，少ない誤反応でシフト後の弁別を獲得した（図8-19）。この結果は，赤または黄といった刺激の絶対的な特性に加えて，手がかりとなる刺激次元も学習されたことを示す。ヒトやラットでも，一般に次元内シフトのほうが次元外シフトより新しい学習が容易である。

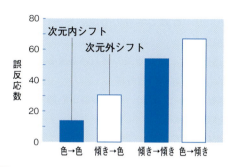

図 8-19　シフト後に学習が成立するまでの誤反応数
（マッキントッシュとリトル，1969）

Topic　学習セット

　動物がただ単に正刺激と負刺激を学習するのではないということは，古くから<u>学習セット</u>として知られている。多数のS^+とS^-の刺激対を用意し，それぞれの刺激対の同時弁別を連続する数試行で行い，新しい刺激対を逐次導入する（各刺激対で長期間訓練してしまうと，特定のS^+とS^-を学習する傾向が強くなり，学習セットが形成できない可能性があるため，各刺激対はあらかじめ定めた数試行だけにする）。こうしてさまざまな刺激対を次々と導入していくと，ついにはたった1試行だけで新しい刺激対の弁別を獲得できるようになる。最初の試行でどちらか一方に反応して強化されれば，それはS^+である。強化されなければ，それはS^-である。ハーロウ（1949）は，サルを用いてこうした課題間の転移を見出し，「学習セット」あるいは「学習の学習」とよんだ。動物種に適した刺激を用いると，ラットなどでも早い段階である程度の学習セットの獲得がみられる。

複合刺激の弁別と注意

●●● 参考図書

伊藤 正人（2005）．行動と学習の心理学——日常生活を理解する
　　—— 昭和堂

　弁別学習や選択行動などの研究の詳しい解説と，日常生活との関係
について論じた学習心理学の教科書。

岩本 隆茂・高橋 雅治（1988）．オペラント心理学——その基礎と応
　　用—— 勁草書房

　第3章で選択行動，第4章で注意について解説されている。

メイザー，J. E.　磯 博行・坂上 貴之・川合 伸幸（訳）（2008）．メ
　　イザーの学習と行動（日本語版第3版）　二瓶社

　第14章で対応法則をはじめとして選択行動の理論が詳しく解説さ
れている。

小川 隆（監修）（1989）．行動心理ハンドブック　培風館

　第9章で種々の弁別課題とそれを利用した動物での心理物理学的な
研究が紹介されている。

ピアース，J. M.　石田 雅人・石井 澄・平岡 恭一・長谷川 芳典・中
　　谷 隆・矢澤 久史（訳）（1990）．動物の認知学習心理学　北大
　　路書房

　第5章で注意について解説されている。

佐藤 方哉（編）（1983）．現代基礎心理学6　学習Ⅱ　その展開　東
　　京大学出版会

　第1章で動物の知覚研究，第3章で弁別と選択的注意，第4章で選
択行動が解説されている。

概念学習・観察学習・問題解決

　ニンジンやレタスやカボチャは形状や色や味がそれぞれ異なるが，私たちはそれら多様な物を一つひとつ学習しなくても「野菜」としてカテゴリ化することができる（概念学習）。また，自分自身が強化や罰を受けなくても他者を観察して新しい行動を学ぶことができ（観察学習），経験したことのない新しい課題に直面したとき，その問題を解決する新しい行動を自発することができる（問題解決）。この章では，個々の刺激や個々の環境での直接的な経験に依存しないそれらの行動についてみていこう。

概念学習

　日常場面では，動物も人間も経験したことがない新しい事物に遭遇する。車にぶつかった犬は，自転車やオートバイやバスなど，大きさや外見がさまざまに異なる多様な乗り物に対しても適応的に行動するだろう。そうでないなら，犬はすべての種類の乗り物にぶつかって一つ一つ危険なことを学習しなければならない。**概念学習**は人間や動物が環境に適応するために不可欠な学習である。

　カテゴリ化　　私たちは多くの異なる事物を同じカテゴリに分類できる。ニンジンやレタスやカボチャはそれぞれ異なり，すべてに共通する定義特性を見出すのは困難である。しかし，私たちはそれらに「野菜」という同じラベルをつけて命名できる。こうした事物の分類を**カテゴリ化**という。また，ニンジンに対して新しく「ベジタブル」というラベルを学べば，レタスやカボチャにも「ベジタブル」という新しいラベルを即座に当てはめることができる。ニンジンはニンジンであると同時に，野菜であり，植物であり，食品であり，自然物でもある。事物をさまざまにカテゴリ化した結果，私たちは事物の意味や**概念**を学習する。

　ハトやサルなどの動物も，ヒトと同じように自然事物の写真を見てカテゴリ化することが明らかにされている。私たちと共通の言語をもたない動物が自然事物の写真をカテゴリ化したとき，彼らが写真を実物と対応があるものとして見ているのか，2次元的な写真をどう意味づけ，どのような概念を形成したのか，私たちはそうした内容についてまで知ることはできない。しかし動物が，どのように事物をカテゴリ化するかを知ることはできる。「言語なきカテゴリ化」がどのようなメカニズムで実現されているのか，動物を用いて多くの研究が行われている。

Topic　カテゴリ化とは？

　動物におけるカテゴリ化の先駆的研究はハーンスティンとラヴランド（1964）に遡る。彼らはハトに人や事物や風景が写っているカラースライド写真を見せ，継時弁別訓練を行った。写っている人は大きさ，姿勢，人数，衣服，性別，年齢などさまざまで，風景や背景も多様だった。人が写っている写真へのつつき反応を VI スケジュールで強化し，人が写っていない写真への反応を消去した。それぞれ 600 枚の大量の写真が用意され，毎日異なった 40 枚が使われた。同じ写真を繰返し用いなかったにもかかわらず，ハトは弁別を獲得した。ハトは個々の写真に反応するかしないかを学習したのではなく，人が写っているかいないかの弁別を学習し，その弁別反応は毎日取り換えられる新しい写真に般化した。色や明るさや形など，人の写真に共通する物理的特徴がないか徹底的に精査した結果，ハトは「"人という概念"に基づいて多用な写真を弁別しているとしか考えられない」と結論づけられた。

　現在に至るまでさまざまなカテゴリを用いてハトやサルで膨大な研究が行われたが，これまで 2 つの改訂があった。第 1 点は理論上の問題で，ハーンスティン自らが，"○○の概念"に基づくという説明は適切ではないとしたことにある。晩年，ハーンスティン（1990）は刺激性制御のレベルという観点からカテゴリ化と概念を区別して論じた（p.198 を参照）。第 2 点は方法上の問題である。ハーンスティンらは毎日新しい写真を用いて弁別と同時に般化をみた。現在は，多様だが限られた数のカテゴリ事例で繰返し弁別訓練を行い，弁別が完成した後に新しい事例を呈示して，弁別が般化するかどうかを消去法によってテストすることが多くなった。訓練に使われた個々の事例それぞれへの反応を学習しただけなら（事例学習），カテゴリ弁別は新しい多様な事例へ般化しない。カテゴリ間で弁別が生じ，その弁別がカテゴリ内の新しい多様な事例に般化したとき，カテゴリ化が起きたという。このように，カテゴリ化はカテゴリ間弁別とカテゴリ内般化として行動的に定義された。

概念学習　189

Topic　ハトにおける自然刺激のカテゴリ弁別

　ハーンスティンら（1976）は，種々の自然事物が写っている
カラースライド写真をハトに弁別させた。実験 1 では，四季
折々の風景写真 1,840 枚を使用した。その半数には「樹」が写
っていたが，残り半数には「樹」が含まれていなかった。実験
2 では，1,760 枚のスライド写真が使用されたが，その半数は
大西洋から水溜まりに至るまで，種々の「水」が写っていた。
他半数は，「水」が写っていなかった。ただし，どの写真にも
雨のような水滴は写っていなかった。また，雪や氷の写真もあ
ったが，水分でないものはすべて「水以外」の写真として使用
した。実験 3 では，種々の人がさまざまに写っているスライド
写真 1,600 枚を使用した。その半数には，ある「特定の人」が
写っていた。

　それぞれの実験で，「樹」「水」「特定の人」の写真を正刺激，
それ以外を負刺激とする継時弁別訓練を行った。1 日に 80 試
行を行い，そのうち 40 試行では正刺激を呈示し，他の試行で
は負刺激を呈示した。正刺激につつき反応をすると VI 30 秒で
餌で強化し，負刺激へのつつき反応は消去する継時弁別訓練を
行った（8 章参照）。このようにして毎日新しい写真を用いな
がら，正刺激には反応し負刺激には反応しない訓練が行われた。
この弁別訓練をハトは容易に学習し，新しい写真にもその弁別
は転移した。

図9-1　左は実験1で使用した「樹以外」，右は「樹」の写真の例（ハーンスティンら，1976）
左上はセメント壁をはう蔦，左下はセロリ。

図9-2　左は実験3で使用した「特定の人以外」，右は「特定の人」の写真の例（ハーンスティンら，1976）
左上は「特定の人」のスカーフを巻いている彼女の夫，左下は「特定の人」のアパートの一室にいる彼女の友達。

概念学習　191

ハトが樹，特定の人，魚，水などが写っている写真と写っていない写真，人の笑っている顔と怒っている顔の写真，鳥類と哺乳類の線画，アニメの登場人物，バロック音楽と近代音楽，ピカソとモネの絵，自然物と人工物の航空写真などをカテゴリ化し，サルが人とサルの顔をカテゴリ化し，アオカケスが毛虫の食べた葉の穴を他の傷穴から区別してカテゴリ化することなどが示された。人と車と花と椅子の写真をハトに使って4選択場面におけるカテゴリ化をみた研究もある。いずれの場合も，カテゴリ間の弁別とカテゴリ内の般化のパラダイムが用いられた。

人工カテゴリを用いた研究　　なぜハトなどの動物はヒトにも匹敵するカテゴリ化ができるのだろう？　この疑問に答えるために，自然カテゴリの特徴を模した**人工カテゴリ**を用いた研究が行われるようになった。

自然カテゴリは右ページ Topic にあげたような特徴をもつことが知られている。こうした特徴をもつ人工カテゴリを実験者が物理的に定義可能な刺激特性から作成し動物のカテゴリ化をみれば，それぞれの特性がどのようにカテゴリ化に寄与するかを分析することができる。その先駆けとなったのがリーとハリソン（1978）で，自然カテゴリの多型的な性質を人工カテゴリで再現し，ハトが弁別できるかが検討された。

多型カテゴリ　　下の例は，最も単純な2つの**多型カテゴリ**である（理解しやすいようにアルファベットを用いている）。

カテゴリ1： **A**	**B**	*A*	**a**
カテゴリ2： *b*	**b**	*B*	*a*

Topic 自然カテゴリの構造

1. カテゴリを定義する必要十分属性が存在しない。これを多型的という。**自然カテゴリ**の多くは**多型カテゴリ**である。
2. 属性は,ある程度の正または負の相関をもつ。属性Aをもっていれば,かなりの蓋然性で属性Bをもったり属性Cをもたなかったりする。たとえば,羽毛をもっていればかなりの蓋然性で飛ぶことができ,樹上に巣を造り,木の実を食べネズミや魚を捕獲しない。しかし,いずれの属性にも例外事例がある。
3. 多型的カテゴリの境界は,特定の属性や属性のセットの有無によって1/0的に決まらない。
4. カテゴリの事例は,等しくカテゴリを代表しない。カテゴリ事例の**典型性**に勾配が見られる(**プロトタイプ効果**)。
5. 上記1〜4のような特徴をもつ多様な事例は,**家族的類似性**によって構造化されている。まったく属性を共有しない事例同士も,それぞれが多様な他の事例とある程度の属性を部分的に共有していれば,同一カテゴリの成員になることができる。逆に,犬と猫のように類似性が高くても,どんな猫も犬カテゴリの周辺事例にさえなれないという意味で,カテゴリは家族的類似構造によって明確に分離することができる。
6. カテゴリは階層的である。歯医者のイス(**下位カテゴリ**)は,椅子(**基礎カテゴリ**)でもあり,家具(**上位カテゴリ**)でもある。ただし鳥のような自然カテゴリは評定者がどの程度知識をもっているかによって,基礎カテゴリにも上位カテゴリにもなることがある。
7. カテゴリ化は,**カテゴリ内類似性**を最大化し,かつ,**カテゴリ間類似性**を最小化する。同一レベルにある対立カテゴリの**属性相関**を最もよく反映しているのは,基礎カテゴリである。

(*属性は,動作や機能なども含めた幅広い特性を意味する。)

図9-3 鳥カテゴリ
コマドリは,他の多くの鳥が持っている特性をたくさんもっている典型性が高い鳥である。ペンギンやダチョウは鳥としての典型性は低いが,飛べないからといって鳥のカテゴリから排除されない。フクロウは小動物を食べ夜行性だが,鳥の一員である。

「野菜とは何か？」を野菜のさまざまな特性を挙げて定義しようとしても必ず例外が出てしまうように，これら8つのアルファベットを2つのカテゴリに分ける規則を見出すのは難しい。もしカテゴリ化できれば以下のような多種多様なアルファベットも，正しくカテゴリ化できる（カテゴリ間の弁別とカテゴリ内の般化）。

$$\mathbf{Y} \quad \mathbf{M} \quad \mathbb{A} \quad \mathbb{A}$$
$$y \quad m \quad \mathbb{b} \quad \mathbb{b}$$

（上段4つがカテゴリ1，下段4つがカテゴリ2）

　カテゴリ1の事例は，「エー」「大文字」「ボールド」の少なくとも2つの特性をもつ。同様に，カテゴリ2の事例は，「ビー」「小文字」「イタリック」の少なくとも2つの特性をもつ。これらのカテゴリでは，カテゴリ内のすべての事例に共通する特性は存在しない（**B**のように「エー」でなくとも，カテゴリ1の成員である）。また，すべての特性は2つのカテゴリ間で重複する（*a*のように「エー」でもカテゴリ2の成員である）。このように，どの特性もそれ1つではカテゴリの成員性を決定しない。こうした多型カテゴリは，**Y**（カテゴリ1）や $\mathbb{b}$（カテゴリ2）などの新奇事例を，柔軟にその成員に加えることができる。はじめてアーティチョークを見たとき「野菜」と認識できるように，多型カテゴリの境界は開かれている。各カテゴリの3つの特性すべてをもつカテゴリ1の**A**やカテゴリ2の*b*は，典型性が最も高い**プロトタイプ**とよばれる。実験室場面で論理的にこのカテゴリを解こうとするとヒト成人にはきわめて難しいが，動物やヒト乳児には容易な弁別課題で，新奇な事例にも弁別の転移がみられる。

人工的多型カテゴリの弁別
——ヒトとハトの比較

ジツモリ（1993）は，要素図形（○か△か），要素図形の色（黒か白か），背景色（赤か緑か）の3次元からなる多型カテゴリをハトとヒトで比較した。図形の数と配置をさまざまに変化させれば多くの事例を作成することができる。図9-4 はその一例である。以下，カテゴリ1と2の事例を111や000のように，3次元上の1と0で表す。カテゴリ1では011，110，101に相当する各10種，カテゴリ2では100，001，010に相当する各10種の事例を用いて継時弁別訓練を行った。その後，訓練に使わなかったプロトタイプ（111と000）や新しい特性を1つもつ刺激（図形が☆，図形の色が灰色，または背景色が青）でテストすると，ハトは高い精度で正しくカテゴリ化できた。

ヒトもカテゴリ弁別を学習したが，新奇な事例でテストすると弁別が崩壊した。ほとんどの実験参加者は訓練事例を1/0的に厳密に分割する複雑な**ルール**を学習していた。他の参加者は，101や001などの特性の組合せをすべて丸暗記して反応した（**事例学習**）。こうしたルールや丸暗記は，プロトタイプを含む新奇な事例には適用できない。この種間相違は，ヒトとヒヒを比較したデビイら（1997）でも確認された。

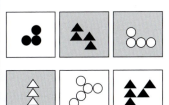

図9-4 多型カテゴリの事例（ジツモリ，1993）上段は○，形の色が黒，背景色が赤（図では灰色）の3つのうち2つをもつカテゴリ事例。下段は△，形の色が白，背景色が緑（図では白）のうち2つをもつカテゴリ事例。図形の数や配置を変化させて，多数のカテゴリ事例を作成できる。

概念学習

言語的処理を得意とするヒトは，ごく少数の視覚的特性からなる人工カテゴリを課題解決的に学習するとき，本来曖昧なカテゴリに厳密な境界を与えようとする。ハトやサルなどの動物は，訓練に用いられた事例との"緩やかな類似性"に沿う形で，新奇な事例も柔軟にカテゴリ化する。「野菜とは何か」を私たちは言語的に定義できないが，日常場面では私たちも実験室で動物が見せるような柔軟なカテゴリ化をする。人工カテゴリを最初に動物に適用したリーとハリソン（1978）は，各カテゴリを他のカテゴリより強く特徴づける特性がそれぞれ独立に抽出され，それらを加算的に統合する何らかの認知的処理が働いていると考えた（**加算的統合説**）。ただし，リーやジツモリが用いた人工カテゴリは自然カテゴリの特徴の１つの多型的特徴を検証する目的で作製され，単純化のためにカテゴリ特性は相互に独立に操作されていた。

家族的類似性　多型的な自然カテゴリの特性は相互に完全に独立なわけではなく，ある程度の正または負の相関をもって生起するのが普通である（たとえば**図 9-3** の「鳥」カテゴリ）。飛ぶことができない鳥，飛ぶことができても地面に営巣する鳥，木の実より魚や鼠を食べる鳥がいる。しかし多くの鳥は飛ぶことができて，樹に営巣し，木の実や穀物を食べる。こうしたゆるやかな属性相関によって，多様な事例からなるカテゴリは，カテゴリ全体としての**家族的類似性**をもつといわれている。父親と母親とその子どもたちはそれぞれ違った顔をしている。ある子どもは父親のある部分と母親のある部分をもち，他の子どもはそれとは違う父親や母親の部分をもち，子ども同士でも似た部分と似てない部分がある。個々を比較すればそれぞれ異なっているが，全体的にみると全員が似通った家族である。

Topic 家族的類似性をもつ人工カテゴリ

図9-5は，家族的類似性をもつ人工カテゴリである（ジツモリら，2011）。無作為に選んだ男子大学生の顔画像（A, B, C, D）のそれぞれを，やはり無作為に選んだ男子大学生の顔画像（P）と50％ずつ合成して，AP, BP, CP, DPをつくる。たとえば，AとPから合成画APができる。合成画が加わることで，無作為に選んだ顔画像の間に類似性が生まれる。たとえば，AとAPはAを共有し，APとBPはPを共有し，BPとBはBを共有するので，A－AP－BP－Bの類似性の系ができる。図9-5では，AとBとCとDの間にさらに強い結びつきをつくるために，これらの50％合成画AB, BC, CD, AD, AC, BDが加えられた。たとえばAとBを50％ずつ合成するとABができる。これらの合成画をさらにPと合成すると（たとえばABとPを合成してABPを作成する），多様な事例がPを中心とする類似性ネットワークに組み込まれる。

新たな画像（たとえばE）もPと合成したEPを介してカテゴリに取り込めるので，このカテゴリは容易に拡張できる。また，Pの合成率によって典型性を操作できる。A, B, C, Dは，カテゴリ末端に位置する周辺事例である。APやBPやABPなどは，典型性が高い中心事例である。Pの合成率が高くなるほど，典型性が高くなる。Pはこのカテゴリを代表するプロトタイプである。

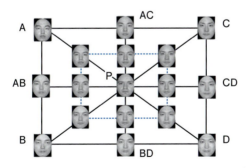

図9-5 家族的類似性によって構造化された人工カテゴリ
ADとBC，それらをPと合成したADPとBCPは図示されていない。

自然界には，家族的類似性ネットワークがはりめぐらされている。家族的類似性によって，いくつかのカテゴリ事例を学習すれば，きわめて容易に多様な事例からなるカテゴリが形成される。ハトなどの動物が，自然事物の2次元的な写真を実物と対応するものとして見ているのか（**実物ー写真等価性**），よくわかっていない。しかし動物にとっても，自然カテゴリの事例の2次元的射影である写真に，家族的類似性が成立していてもおかしくはない。スキナー（1935）は，弁別刺激は必ずしも単一の刺激ではなく，複数の刺激からなる**刺激クラス**を形成する場合があるとした。カテゴリ化は刺激クラスの獲得である。自然カテゴリがもつ家族的類似性によって，人や動物は容易に刺激クラスを学習できる。

● 等 価 性

機能的等価性　ハーンスティン（1990）によれば，カテゴリ内の事例が単に知覚的類似性によって同じような反応を引き起こすのではなく，機能的に等価なとき「**概念**」が獲得されたという（知覚的類似性だけによるならば，「般化」といえば十分である）。

　私たちにとってコマドリやペンギンやその他の多様な鳥は，「鳥」という点で等価である。だからコマドリが「BIRD」ならペンギンやその他の鳥も「BIRD」である。動物実験では，カテゴリの一部の事例の強化随伴性を変化したとき，他の事例にもその変化が即座に及べば**機能的等価性**が成立しているという。ただし，知覚的類似性による般化ではないことが確かめられなければならない。右ページの Topic は，ハトが機能的等価性を学習できることを示した最初の研究である。カテゴリ内の多様な事例が機能的に等価であれば，新しい刺激がそのどれか1つと等価になれば，その刺激は他のすべての事例と等価になり容易に概念が拡張される。

Topic 機能的等価性と概念

　ヴァーン（1988）は，知覚的類似性の効果を相殺するために，40 枚の樹のスライド写真を無作為に 2 つのグループに分けた。写真を 1 枚ずつ呈示し，一方のグループの写真（S⁺）にハトが反応すると VI スケジュールで強化し，他のグループの写真（S⁻）への反応は消去した（継時弁別訓練）。訓練完成の後，S⁺ と S⁻ を逆転させた。逆転の直後は，ハトは新しく S⁻ になった写真に反応し，S⁺ になった写真には反応しない。逆転を学習するには，もとの学習よりはるかに多くの訓練を必要とする。しかしついには逆転が完成する。こうして逆転を何度も繰返し訓練すると（**連続逆転学習**），ハトはわずか数枚の写真の逆転を経験しただけで，他のすべての写真へも反応を逆転できるようになった（8 章の**学習セット**（p.185）も合わせて参照のこと）。

　実験者が多様な「樹」の写真を無作為に分けたので，2 グループの写真を知覚的な類似性によってカテゴリ化することはできない。逆転を何度も経験したことによって，ハトは反応した結果がどうであろうと，いつも同じ結果をもたらす写真，すなわち同じ機能をもつ写真を 1 つのグループにカテゴリ化したといえる。たとえば，写真 A が S⁺ のときは B も C も S⁺ であり，写真 A が S⁻ のときは B も C も S⁻ であることを学習したと考えられた。このようにして同一の反応を引き起こすようになった A と B と C は，機能的に等価であるという（**機能的等価性**）。

等 価 性

獲得された等価性　色と線分の傾きのように，知覚的類似性のない物理的刺激を何らかの共通する事象に結びつけて学習すると等価になることが知られている。これを特に**獲得された等価性**という。多くの場合，見本合わせ課題（8章参照）の一種の**恣意的見本合わせ課題**が用いられる。恣意的見本合わせ課題では見本刺激が赤なら○と△の比較刺激から○，見本刺激が緑なら△を選ぶなどのように，実験者が恣意的に見本刺激と比較刺激の対応関係を決めるので"恣意的"という用語が用いられる。

　見本刺激を色（赤か緑）と傾き（水平か垂直），比較刺激はどちらの場合も形（○か△）にし，見本が赤と水平のときは○，緑と垂直のときは△を選ぶ訓練をする。これは，赤と水平を○を介して等価にし，緑と垂直を△を介して等価にする訓練である。しかし，単に「赤なら○」「水平なら○」のように個々の随伴性を学習した可能性がある。そこで次に，どちらか一方の次元の見本刺激，たとえば赤と緑を用いて，赤なら新しい比較刺激■を選び，緑なら□を選ぶ訓練をする（コマドリは「鳥」だが「BIRD」でもあると教える）。訓練の後，水平なら■を選び，垂直なら□を選ぶかをテストする。もし赤と水平が等価に学習されていれば，水平で■を選ぶ。緑と垂直が等価なら，垂直で□を選ぶ。こうしたテストをすると，ハトは正しく比較刺激を選ぶことがよく知られている（「鳥」であるコマドリが「BIRD」なら，「鳥である」ペンギンも「BIRD」であることが分かる）。これは，知覚的に類似していない複数の見本刺激が共通の比較刺激に結びついたことによって，機能的に等価になる例である。このとき共通する比較刺激を**媒介子**とよぶ。また，ハトが共通の反応や強化子を媒介子として等価性を獲得することも知られている（右ページ Topic）。

Topic 媒介子として働く強化期待（トウモロコシか？小麦か？）

　以下の例は，色と線分の傾きが共通の強化子を媒介として等価になる例である。図9-6A のように訓練では色（赤か緑）と傾き（垂直か水平）の4種の同一見本合わせを訓練する。そのとき，赤と垂直の同一見本合わせでは強化子としてトウモロコシ，緑と水平の同一見本合わせでは強化子として小麦を与える。トウモロコシを媒介子として赤と垂直，小麦を媒介子として緑と水平を等価にする訓練である。強化子はそれらの刺激と同時には出ないので，厳密にはトウモロコシや小麦への**強化期待**が媒介子になる。テストでは図9-6B のように，**恣意的見本合わせ**課題を用いる。ハトはそれまで恣意的見本合わせの訓練は受けていないにもかかわらず，赤なら垂直を緑なら水平を選び，垂直なら赤を水平なら緑を選ぶ。共通の強化期待が媒介となって，色と線分の傾きに等価性が獲得された。このような獲得された等価性は，ユチョーリ（1990）などによって多くの研究がなされた。

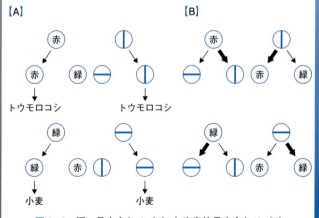

図9-6　同一見本合わせ（A）と恣意的見本合わせ（B）
比較刺激の左右位置は，いずれの場合も試行間で変化する。Bで，太い→を選べば等価性が成立する。

等価性

刺激等価性 「リンゴは赤い，赤いはポスト」でも「リンゴは
ポスト」にはなりえない。「リンゴ」と「赤い」と「ポスト」は
相互に交換可能な等価性をもっていないからである。もし刺激A
とBとCが等価で相互に交換可能ならば，「AならB」と「Bな
らC」を学習すれば，「BならA」と「CならB」の対称律と「A
ならC」の推移律が成立する（推移律と対称律を合わせた「Cな
らA」の等価律も成立する）。このとき，「AならA」「BならB」
「CならC」の反射律も成立している。「AならB」のAは後ろに
きてもAで，Bは前にきてもBなら（反射律），「AならB」か
ら「BならA」が成立する。そうでなければ，「AならB」から
「BならA」の対称律はうまれない。たとえばイヌとドッグとフ
ントは「犬」という点において等価である。このとき，「イヌは
イヌ」「ドッグはドッグ」「フントはフント」という反射律が成立
している。反射律は，「イヌ」という言葉はどんな文章のどの位
置にあっても同じ言葉であるという基本的な言語理解である。こ
うした刺激間の等価性をシドマン（たとえばシドマン，1994）は
刺激等価性とよんだ。複数の刺激間で等価性が成立していれば，
その1つと新しい刺激との等価性を学習しただけでその関係が他
のすべての刺激に波及し，効率的に語彙学習ができる。刺激等価
性は，成人，言語障害のある人，言語習得前の幼児で多数の研究
が行われた（右ページ Topic）。

　刺激等価性が言語的な刺激以外の色や図形などの間にも成立す
るかどうか，恣意的見本合わせ課題を用いて多くの研究がされた。
たとえば，「赤なら○」と「○なら垂直」や「緑なら△」や「△
なら水平」の恣意的見本合わせを動物に訓練した後に，対称律や
推移律や反射律をテストするという方法がとられた。

Topic 知的障害をもつ人の刺激等価性の成立

　ある知的障害者は，犬や帽子や船などの絵に対して正しくその名称を言うことができ，「ドッグはどれ？」などの音声刺激に対して正しくその絵を選ぶことができた（図9-7の2本の太い矢印）。しかし，文字に関する学習は困難であった。そこで，「ドッグはどれ？」と聞いて数枚のカードから「DOG」と書かれたカードを選ぶ訓練が行われた（図中の破線の矢印）。この訓練は，「ドッグはどれ？」という音声刺激を見本刺激，「DOG」のカードを正しい比較刺激とする**恣意的見本合わせ課題**に相当する（ただし，この場合は見本刺激と比較刺激が恣意的に決まるわけではないので，**象徴見本合わせ課題**とよんだほうがいい）。帽子や船など他のさまざまな刺激でも，同様に訓練した。この訓練をしただけで，文字カードに対して正しく音声反応できるようになった（たとえば「DOG」と書かれた文字カードに対して正しく「ドッグ」と言える）。また，絵を見本刺激にすると正しい文字カードを，文字カードを見本刺激にすると正しい絵を選べるようになった（図中の細い3本の→）。

　この人にとって，見本刺激や比較刺激として用いられた「他者の音声刺激」と「絵」と「自分の音声反応」はすでに等価になっており，「文字」だけが仲間はずれになっていた。そのため，音声刺激と文字を等価に結びつける訓練をしただけで，その関係が絵や音声反応に即座に波及したものと考えられる。

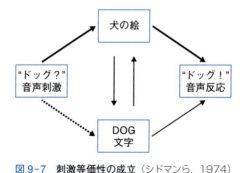

図9-7　刺激等価性の成立（シドマンら，1974）

等価性

しかし，このアプローチには根本的な誤解があった。シドマンの方法は，すでに等価性が成立しているか否かのテストである。「赤なら○」と「○なら垂直」から赤と○と垂直に等価性が形成される根拠はない。重度の言語障害をもつ人，チンパンジーやサルやハトなどの動物では刺激等価性は得られていない。チンパンジーなどで推移律が見られたという報告もあるが，対称律の成立は特別な訓練を受けたチンパンジーでも困難である。

　ところが，成人や言語を習得している子どもでは，見本刺激と比較刺激が交換可能（反射律）で，「赤なら○」と「○なら垂直」を学習しただけで，赤と○と垂直の間に対称律や推移律が成立する。もちろんヒトでも，訓練前に赤と○と垂直の間に相互に交換可能な等価性は成立していない。しかしヒトは，「赤なら○」を学習すれば「○なら赤」（対称律）に拡張解釈する。ヒトにとって，赤や○が見本刺激であろうと比較刺激であろうと，「赤は赤」「○は○」なのである（反射律）。「赤なら○」で「○なら赤」なので，赤と○には交換可能性が成立し「赤＝○」になる。同様に「○＝垂直」も学習すれば「赤＝垂直」の推移律が成立する。

　動物で刺激等価性が起きない最大の原因は，たとえば見本刺激の○と比較刺激の○に，反射律が成立しないことにある。両者はその機能や呈示位置や呈示時間が異なる。「赤なら○」と「○なら垂直」で比較刺激の○と見本刺激の○を，動物が交換可能な同じ物（反射律）とみなさなければ，等価性は成立しない。これまでの膨大な動物研究は，恣意的見本合わせでは交換可能性が獲得されないことを示している。しかし「A＝B」と「B＝C」の機能的等価性を連続逆転学習（p.199 参照）で訓練すると，ハトでも「A＝C」の推移律が成立する（ジツモリら，2006）。

Topic 類人猿の言語学習

　言語を使えるのは人間だけなのだろうか？　チンパンジーなどの類人猿も訓練すれば，私たちと同じような言葉が話せるのではないだろうか？　ヘイズ夫妻はビッキーという名のチンパンジーをわが子のように育て，言葉を教えようとしたが，「ママ」「パパ」「カップ」の3語の発声に成功しただけであった。その後，音声言語以外の方法で，類人猿との会話を試みる研究者が現れた。ガードナー夫妻はワシューという名のチンパンジーに手話を教え，プレマック夫妻はセアラという名のチンパンジーにプラスチック片を用いた記号言語を教えた。

　彼らが音声言語の教育をあきらめたのは正しかった。その後の研究により，類人猿は人間とは咽頭（のど）の構造が異なっており，人間のような言語の発声は困難であることが明らかになったからである。ワシューは手話で100語以上もの単語（名詞，動詞，形容詞）をそれぞれ適切に用いることができたし，セアラは意味をもつプラスチック片を並べて異同概念を示し，否定・疑問・条件文をつくることができた。オランウータンやゴリラに手話を教える試みも成功した。現在では，ジョージア州立大学ヤーキス霊長類研究所や京都大学霊長類研究所で，人工言語の訓練が行われている。コンピュータのキーボードに描かれた記号を押すことによって「話し」，スクリーンに映し出された記号を「理解」する。ピグミーチンパンジーのカンジ君やチンパンジーのアイちゃんが有名である。

　動物に手話を教える試みは，類人猿だけでなく，イルカやアシカでも成功している。これらの動物は手話を使って人間にメッセージを送ることはできないが，人間からのメッセージは理解できる。「ボールに，フリスビーを，移動せよ」の命令と「フリスビーを，ボールに，移動せよ」という命令を区別して正しく反応するなど，文法を理解できることもわかっている。

等価性

● 観察による学習

模倣学習　　　他個体（モデル個体）の行動を観察した結果，モデル個体と同じ行動をするようになることを模倣という。模倣には，新生児にみられる初期模倣（たとえば，赤ん坊の前で舌を突き出すと，赤ん坊も舌を突き出す）のような生得的で一時的な模倣もあるが，それまでみられなかった新しい行動を獲得する模倣学習は，観察という経験によって生じる比較的永続的な行動変化である。

　ミラーとダラード（1941）によれば，模倣学習のしくみは通常のオペラント条件づけと何ら変わるところがない。たとえば，ダンスの先生と同じようにステップを踏めば，うまく踊れたという結果（正の強化子）がもたらされるであろう。モデル個体の反応と同じ反応を観察個体がすることによって，観察個体は強化を受けるため，観察個体はその反応を繰り返すようになる。つまり，特定の行動の模倣が強化されたわけである。しかし，模倣はそのような直接的な強化がなくても成立する場合がある。

　たとえば，図 9-8 はタコを使った実験の結果である。モデルになるタコは，赤白 2 つのボールのうちどちらか一方を攻撃するようにあらかじめ訓練されている。観察タコはモデルのタコが一方のボールを攻撃するところを 4 回観察する。その後，観察タコに 2 つのボールを見せて 5 回のテストを行う。テスト中，観察タコには強化も罰も与えない。その結果，モデルが赤ボールに攻撃するところを見たタコ（赤ボール攻撃観察群）は赤ボールを攻撃し，モデルが白ボールに攻撃するところを見たタコ（白ボール攻撃観察群）は白ボールを攻撃した。観察経験のないタコ（非観察群）は赤白両方のボールを等しく攻撃した。

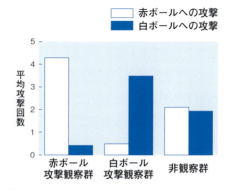

図 9-8　タコの観察学習
（フィオリトとスコット，1992 より作図）

Topic　般化模倣

　模倣も他個体の行動を見るという経験によって行動が変化するのであるから，学習の一種である。しかしフィオリトとスコットのタコの実験のように，観察個体の行動そのものに強化や罰が与えられないにもかかわらず，模倣が生じるということは，模倣学習の能力自体は生得的であることを示唆している。一方，このような模倣学習能力が過去の経験によって形成される場合がある。モデル個体と同じ反応をするといつも強化され，異なる反応をすると強化されないか罰せられることを繰返し経験すると，モデルがまったく新しい行動をしたときにもそれを模倣することがヒトで知られている。つまり，特定の行動ではなく「まねる」という一般化された行動が獲得される。これを **般化模倣** という。

代理強化と代理罰 　図9-8の実験では，モデルのタコは，正しいボールを攻撃すると餌をもらい（強化），間違ったボールを攻撃すると電撃を受ける（罰）という方法で事前に訓練されていた。しかし，観察タコが見ているときにはモデルのタコには餌も電撃も与えられなかった。もし，モデル個体が強化や罰を受けているところを観察個体が目撃したら，どうなるだろうか？

　バンデューラ（1965）の有名な研究では，テレビを用いて幼児に5分間の番組を見せた。大人の男性（モデル）が風船人形を殴ったり蹴ったりしている映像である。その後，この人形がいる部屋で幼児を一人にしておくと，モデルと同じように人形に攻撃するという模倣行動がみられた（**代理的古典的条件づけ**）。しかし，番組の終わりにモデルが他の大人の男性に叱られている（罰せられている）シーンを見ていた幼児の模倣行動は少なかった。また，モデルが他の男性からほめられている（強化されている）シーンを見た幼児の模倣行動は影響を受けなかった。一般に，他個体（モデル）の反応に対する強化や罰の手続きが観察個体の反応に影響を及ぼすことを，**代理強化・代理罰**という。この実験では代理罰の効果はみられたが，代理強化の効果はみられなかった。しかし，代理強化の効果を確認した研究もある。

　他個体が罰を受けているところを目撃すると，模倣行動が減少するだけでなく，罰を受けない別の行動をするようになる。私たちは，他人の失敗を見て，もっとうまくやる方法を考える。模倣の学習だけでなく，他個体の行動とその結果を観察することでその行動を真似たり，その行動をしなくなったり，逆に異なる行動をしたりするようになることも含め，**観察学習**という。観察学習による行動療法は**モデリング療法**とよばれている。

Topic　情動反応の模倣

　ゴキブリを見て叫ぶ母親の姿を見て育った子どもは，ゴキブリを怖がるようになるかもしれない。このように，ある対象に対する他個体の情動反応を見たり聞いたりするだけで，その対象に対して同様の情動反応を示すようになることを**代理的古典的条件づけ**とよぶ。いっぽう，情動反応を誘発する対象に他個体が平気で接触している様子を観察すれば，情動反応は弱まる（**代理的消去**）。代理的条件づけや代理的消去は，モデリング療法でしばしば用いられている。

Topic　行動の伝播

　個体Aの行動を個体Bが模倣する，そして個体Bの行動をさらに個体Cが模倣するといったことの繰返しによって，行動がしだいに伝播することがある。**流行**とはこうした**行動伝播**の結果生じた一時的状態であり，それが長く続くと**文化**とよばれることがある。野生動物でも，小鳥の牛乳瓶フタ開け行動，ニホンザルのイモ洗い行動などが知られているが，これらの例が本当に模倣学習による行動伝播であるのかについては疑問視する研究者も多い。

　1921年に英国の小さな町で，1羽のシジュウカラ科の小鳥が牛乳瓶のフタを破いて開け，中の牛乳を飲んでいるのが目撃された。その後近くの町や村でも同様の報告が続き，この行動はしだいに英国中に広まっていった（フィッシャーとハインド，1949）。これは，模倣の繰返しによる行動伝播かもしれないが，それ以外の可能性も否定できない。ある鳥が牛乳瓶のフタを破ったまま飛び去った後にやってきた別の鳥の目には，破れたフタは大変目立つであろう。このような局所的強調効果により，フタをいじる行動のオペラント水準が増大したために，フタを破り開ける行動が学習しやすくなったのかもしれない（シェリーとガレフ，1984，1990）。

観察による学習　209

● 問題解決行動

　私たちは日々多くの問題に直面し，その解決を求められている。動物の問題解決行動に関して，初めて行われた研究は6章で紹介したソーンダイクによる問題箱実験であるが，これに異議を唱えたのがケーラー（1917）であった。彼はチンパンジーにさまざまな「知恵試験」を施して，いかに解決されるかを観察した。

　ケーラーの有名な実験に「箱とバナナの問題」がある。天井高くバナナを吊るす。チンパンジーは懸命にジャンプするが届かない。そのうちあきらめたかのように部屋の中を歩き回った後，隅に置いてあった木箱の前で突然立ち止まり，それをバナナの下に運び，箱に登ってあっという間にバナナを手に入れた。この問題解決行動はソーンダイクがいうように，徐々に獲得されたものではなく，突然生じたものであったため，ケーラーはチンパンジーが洞察（見通し）によって問題を解決したと主張した。つまり，問題場面の手段ー目的関係を見抜いて行動したと考えた。

　ケーラーの研究以降，問題解決に関する研究が数多く行われた。そうした研究から明らかになったことは，問題場面に直面する以前の経験が，問題解決の成否を決定するという事実である。たとえば，1章で紹介したように，チンパンジーはいくつもの木箱を積み上げて餌を取ることができたが（図1-1参照），こうした行動は突然，無から生じるわけではなく，それ以前に獲得されていた行動の組合せや相互作用の結果として自発されるのである（ビンガム，1929）。右ページのTopicは，「箱とバナナの問題」の解決に必要ないくつかの行動（ケーラーのチンパンジーが日常場面ですでに学習していた行動）をハトに訓練すると，ハトもケーラーのチンパンジーと同様に洞察的問題解決を示した例である。

Topic 洞察的問題解決を示すハト

　エプスタイン（1981）は「箱とバナナの問題」の解決のためには，少なくとも2つの行動があらかじめ獲得されていなければならないと考えた。「目的地に箱を運ぶ行動」と「箱に登ってバナナを取る行動」である。そこで，彼はハトにこの2つの行動を教え込んだ。まず実験装置の床に緑色の点を1つ置き，そこに向けて紙箱をつつき動かす行動を餌で強化した。緑点は毎回異なる場所に置かれ，そこに箱を移動させる訓練が行われた。この行動が形成された後，天井からおもちゃの小さなバナナを吊るし，その下に紙箱を配置した。緑点はない。この場面では，箱に登ってバナナをつつけば餌が与えられた（飛んで行ってバナナをつつくと消去）。最後にテストとして，天井からバナナを吊るし，離れた位置に箱を用意した。このときも緑点はない。この問題状況におけるハトの行動はケーラーのチンパンジーそっくりであった。つまり，「途方にくれた」ように歩き回った後，突然，バナナの下に箱を移動させ，それに登ってバナナをつついたのである（図9-9）。

図9-9 「箱とバナナの問題」を解決するハト
（エプスタイン，1981）

参考図書

藤田 和生（1998）．比較認知科学への招待——「こころ」の進化学
—— ナカニシヤ出版

　動物での知覚・認知研究が幅広く解説されている。

メイザー，J. E.　磯 博行・坂上 貴之・川合 伸幸（訳）（2008）．メ
イザーの学習と行動（日本語版第 3 版）　二瓶社

　第 10 ～ 12 章で概念形成，言語，観察学習について解説されている。

明和 政子（2004）．霊長類から人類を読み解く　なぜ「まね」をす
るのか　河出書房新社

　ヒトの赤ん坊とチンパンジーを比較しながら，模倣のメカニズムと
意味を解説している。

日本行動分析研究会（編）（1983）．ことばの獲得——言語行動の基
礎と臨床—— 川島書店

日本行動分析研究会（編）（2001）．ことばと行動——言語の基礎か
ら臨床まで—— ブレーン出版

　オペラント条件づけを定式化したスキナーが創始した行動分析学の
立場から，言語行動の基礎と臨床について解説している。

佐藤 方哉（編）（1983）．現代基礎心理学 6　学習 II　その展開　東
京大学出版会

　第 5 ～ 6 章で概念学習と観察学習が解説されている。

スキナー，B. F.　河合 伊六他（訳）（2003）．科学と人間行動　二瓶
社

　現代社会の抱えるさまざまな問題について行動分析学の視点で考察
し，解決法を示した書。

テイラー，J. R.（1996）．認知言語学のための 14 章　紀伊國屋書店

　カテゴリ化とカテゴリに関する言語学的アプローチの詳説。カテゴ
リを研究する心理学者にも必読の書。

矢田部 達郎（1983）．矢田部達郎著作集 6　思考心理学 3——動物の
思考—— 培風館

　ケーラーの研究以後，1950 年代初めまでの動物の問題解決行動の研
究を展望・紹介している。

記憶と学習 10

　学習とは「経験による行動の永続的な変化である」と定義されることが多い。永続的というのは，成熟や疲労や薬物などによる一時的あるいは過渡的な変化と区別するためで，すべての学習が文字通り永久に残るというわけではない。経験によって行動が変化するためには，経験によって得た情報を取り込み，記憶情報として保存し，そして必要な情報を検索して取り出し，行動に利用していく記憶過程を必要とする。記憶は，学習心理学の重要なテーマである。

記憶と学習

　経験によって新たな行動を学習するには，経験によって得た情報を貯蔵して行動に利用する記憶過程を必要とする。図10-1は遅延見本合わせ課題の例である。この課題を学習するためには，2つの記憶過程を必要とする。一つは，「見本刺激が赤なら赤の比較刺激に，見本刺激が緑なら緑の比較刺激に反応しなければならない」というように，課題全体についての学習である。長期記憶を必要とする学習で，とくに参照記憶とよばれている。また，「この試行の見本刺激は赤であった，あるいは緑であった」のように，遅延時間中に見本刺激を覚えていなければ正しい比較刺激を選べない。これは，その試行でだけ必要な短期記憶である（作業記憶ともいう）。適切に反応するためには，試行ごとの短期記憶と課題全体についての長期記憶を必要とする。記憶の長期的な側面は，学習理論にみられるように古くから学習心理学の領域で扱われてきた。記憶の短期的な側面は，動物がもつ「言葉なき記憶」のメカニズムを探ろうという観点から，近年になって多数の研究が行われるようになった。

短期記憶の研究法

　動物の短期記憶の研究は，ブラウ（1959）とコノルスキー（1959）が開発した遅延見本合わせ課題を用いて発展した。

　ブラウの方法は，9章で解説した見本合わせ課題を基本とするが，見本刺激への観察反応によって見本刺激が消され，遅延時間（保持時間ともいう）に入る。遅延時間が終了すると比較刺激が呈示され，選択反応が求められる（図10-1）。遅延時間が挿入されること以外は通常の見本合わせ課題と同じである。短期記憶を反映する指標として比較刺激に対する正答率が用いられる。

Topic 遅延見本合わせ課題

見本刺激への反応（**観察反応**）によって見本刺激が消えて，数秒の遅延時間の後に比較刺激が呈示される。見本刺激呈示時間を厳密に操作するために，試行開始を知らせる刺激（この例では白色光）を呈示し，その刺激に反応すると見本刺激が呈示される。見本刺激を呈示してから一定時間経過後の最初の観察反応によって見本刺激が消えて遅延時間に入る。

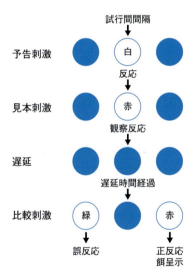

図 10-1 遅延見本合わせ課題の一例
見本刺激が赤なら遅延後に赤，緑なら遅延後に緑を選択すると正反応。比較刺激の左右位置は試行間で変化。

コノルスキーがイヌに開発した方法をハトに適用すると，たとえば赤―赤，緑―緑，赤―緑，緑―赤のように，2つの刺激が継時的に呈示され（たとえば，5秒ずつ），1番目と2番目の刺激の間に遅延時間が挿入される。図 10-2 のように，1番目と2番目の刺激が同じとき（マッチング試行）は，2番目の刺激呈示中の反応が強化される（たとえば，FI 5 秒で強化）。1番目と2番目の刺激が異なるときは（非マッチング試行），2番目の刺激呈示中の反応は消去される。1番目の刺激が見本刺激，2番目の刺激が比較刺激である。遅延時間が十分短くて見本刺激が記憶されていれば，マッチング試行では比較刺激に多くの反応が生じる。非マッチング試行では比較刺激への反応が抑制される。遅延時間を延ばしたときにマッチング試行と非マッチング試行で比較刺激への反応数に差がなくなれば，見本刺激による制御が時間経過によって失われたことになる。短期記憶を反映する指標として弁別率が求められる（右ページ Topic）。比較刺激の選択を求めるブラウの方法と区別して，継時遅延見本合わせ課題とよばれる（以下で特定しない場合は，ブラウの遅延見本合わせ課題である）。

　いずれの方法を用いても，遅延 0 秒で訓練した後に記憶テストが行われる。正答率や弁別率は見本刺激の呈示時間（観察時間）が長いほど上昇し，遅延時間（保持時間）が長いほど減少する（図 10-3）。見本刺激を見ている間に見本刺激の記憶が蓄積され，遅延の間に記憶痕跡が徐々に減衰する過程を反映していると考えられた。バッテリーに充電している時間が長いほど蓄電される量が大きく，それが時間とともに徐々に放電する過程と類似している。初期の研究では，動物の記憶は入力された記憶痕跡が時間とともに減衰する受動的な過程としてとらえられた。

Topic 継時遅延見本合わせ課題

図10-2は、見本刺激が赤と緑の**継時遅延見本合わせ**の例である。たとえば、マッチング試行では5秒経過後の最初の反応を強化、非マッチング試行では比較刺激が5秒呈示された後、強化なしに試行が終了する（消去）。**弁別率**（discrimination ratio, DR）は総反応数に対するマッチング試行での反応数の割合として求められる（ただしマッチング試行数と非マッチング試行数は等しい）。なお、100を乗じて正答率（%）と表記することもある。

$$DR = \frac{\text{マッチング試行反応数}}{\text{マッチング試行反応数} + \text{非マッチング試行反応数}}$$

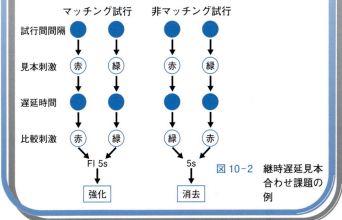

図10-2 継時遅延見本合わせ課題の例

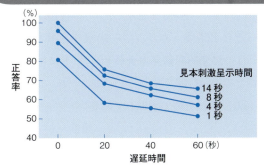

図10-3 遅延時間と見本刺激呈示時間を変化させたときの遅延見本合わせ課題におけるハトの正答率の変化
（グラント、1976）

短期記憶の研究法 217

その後，こうした記憶の受動的な側面に関する研究に代わり，動物にみられる積極的な情報処理としての記憶過程が注目されるようになった。

🔵 符 合 化

「明日は午後から雨になる」という天気予報を聞いて「明日は傘を持っていこう」と記憶する場合は，情報を未来の行動に変換（符号化）して記憶する予見的符号化の例である（翌朝になって天気予報の詳細や天気予報を聞いたことを忘れていても傘を持っていく）。予見的符号化は情報を利用しやすい形に変換して記憶しようとする積極的な情報処理方略である。一方，翌朝になって天気予報を思い出して傘を持っていくなら，情報をそのままの形で記憶していたことになる。後になってから思い出して「傘を持っていこう」と行動の形に変換するので，回顧的符合化という。

動物が予見的符号化をするなら，動物も後で何をしなければならないかを予測して積極的な記憶の仕方をしているといえる。ロイトブラット（1980）は，見本刺激として青と橙と赤の色光をハトに呈示した。遅延の後，比較刺激として 0 度（垂直線），12.5 度，90 度（水平線）の線分を呈示した。見本刺激が青だったら 0 度，橙だったら 12.5 度，赤だったら 90 度を選択するように訓練した（3 項目の恣意的遅延見本合わせ）。以下に示すように，見本刺激は橙と赤の試行間で類似している。一方，正しい比較刺激は 0 度と 12.5 度の試行間で類似している。

		類似	
見本刺激	青	橙	赤
比較刺激	0 度（垂直）	12.5 度	90 度（水平）
		類似	

Topic 予告刺激を利用した予期的符号化

図10-4のように，見本刺激が赤なら「水平と垂直」の比較刺激から水平を選び，緑なら垂直を選ぶ**恣意的遅延見本合わせ**と，見本刺激が赤なら「赤と緑」の比較刺激から赤を選び，緑なら緑を選ぶ**同一遅延見本合わせ**の両方を同時に訓練したとしよう。このとき，恣意的見本合わせを予告する●と，同一見本合わせを予告する▲を，見本と重ねて呈示する。●や▲は赤と緑の見本刺激に共通なので，見本合わせの手掛かりにはならない無関連な刺激要素である。

回顧的符号化の場合，たとえば見本は「赤で●」と記憶する方が，●を無視して「赤」と記憶するより，遅延中の記憶負荷が大きくなってしまう。そのため，色だけを遅延中に記憶する方略が学習されると考えられる。予期的符号化の場合，予告がなければ「水平または赤に行け！」のように角度と色の両方を記憶しなければならないが，予告刺激を利用すれば，「水平（赤）に行け！」のように角度か色のどちらか一方を記憶すればよい。

こうした課題でハトを訓練した後に，少数のプローブ試行で予告とは違う比較刺激を呈示してテストすると，正答率が顕著に低減する。上記の例では，「赤で●」が見本の試行では「水平に行け！」とだけ記憶するので，プローブ試行で「赤と緑」の比較刺激が呈示されると正しく赤を選べない。この結果は，ハトは予告刺激を利用して予期的符号化を行ったことを示唆する。

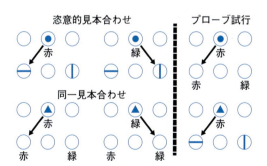

図10-4 恣意的遅延見本合わせと同一遅延見本合わせの訓練（左）と，訓練後のプローブ試行（右）の例
見本刺激と比較刺激の間に遅延時間が挿入され，比較刺激の左右位置は毎試行無作為。

遅延時間中に見本刺激の色をそのまま記憶していれば，遅延時間を長くしたとき，見本刺激が類似している試行間（見本刺激が橙で正しい比較刺激が12.5度と見本刺激が赤で正しい比較刺激が90度）の混同が多くなるだろう。それに対して，見本刺激が赤のとき「90度に行け！」のように，線分の傾きに変換して記憶していれば，正しい比較刺激が類似している試行間（見本刺激が青で正しい比較刺激が0度と見本刺激が橙で正しい比較刺激が12.5度）の混同が多くなるだろう。

　遅延時間を長くするとどちらの誤りも多くなったが，比較刺激の混同による誤りのほうが見本刺激の混同による誤りよりも急速に増加した。また，線分の傾きを見本刺激，色を比較刺激にして同様にテストしても，比較刺激の混同による誤りが多かった。すなわち比較刺激が傾きであろうと色であろうと，反応すべき比較刺激を予見的に記憶していたことを示している。

　予見的符号化がハトでみられたことは，ハトのような動物も後で何をしなければならないかを予測して，記憶すべき内容を行動に利用しやすい形に変換できることを示している。ただし，他の課題を用いたその後の研究で，比較刺激より見本刺激がハトにとって記憶しやすい刺激の場合は，回顧的符号化が促進されたという例も報告されている。動物も課題に応じて2種類の符号化を使い分けるという報告もある。

🔵 リハーサルと志向的忘却

　一時的に記憶できる容量と時間には限界があり，復唱したり何度も思い浮かべないと記憶は急速に消失する。電話番号を調べて電話し終わると，もうその番号を忘れていることはよく経験する。記憶を維持する積極的な活動を維持的リハーサルという。

Topic 1−対−多と多−対−1の見本合わせ課題

　サンチとロバーツ（1985）は，見本刺激を赤または緑とし，比較刺激を赤と緑，垂直線と水平線，○と△とする3種類の試行を用いた見本合わせ課題でハトを訓練した。見本刺激が赤なら，赤と垂直と○への反応が正答である。見本刺激が緑なら，緑と水平と△への反応が正答である。見本1つに対して複数の比較刺激が対応するので，**1−対−多の見本合わせ**課題とよばれた。別の条件では，見本が赤または緑，垂直または水平，○または△で，比較刺激は赤と緑だけであった。見本が赤，垂直，○なら赤の比較刺激を選択しなければならない。見本が緑，水平，△なら緑の比較刺激を選択しなければならない。これは，**多−対−1の見本合わせ**課題とよばれた。もし回顧的な符号化をしているなら，どの試行でも1つだけ見本刺激を覚えていればよいから，成績は条件間で差がないはずである。もし予見的な符号化をしていれば，複数の比較刺激を記憶しなければならない1−対−多の条件で誤りが多くなるはずである。結果は予見的符号化を支持した。

表 10-1　1−対−多と多−対−1の見本合わせ課題の例

1−対−多			多−対−1		
見本刺激	比較刺激		見本刺激	比較刺激	
赤	<u>赤</u>	緑	赤	<u>赤</u>	緑
緑	<u>緑</u>	赤	緑	<u>緑</u>	赤
赤	<u>垂直線</u>	水平線	垂直線	<u>赤</u>	緑
緑	<u>水平線</u>	垂直線	水平線	<u>緑</u>	赤
赤	<u>○</u>	△	○	<u>赤</u>	緑
緑	<u>△</u>	○	△	<u>緑</u>	赤

下線が正しい比較刺激。
ただし，左右の位置は毎試行ランダム。

志向的忘却　記憶する必要がある情報を私たちはリハーサルして維持しようとする。いくつかの項目を順次呈示して，ある項目だけ忘れてもいいことを知らせる手がかりを与えておいて後で抜き打ち的にテストすると，その項目の記憶だけが失われている。これは志向的忘却とよばれ，記憶しなければならない項目を私たちが選択的にリハーサルしていることを逆に現している。

　志向的忘却はヒトの記憶研究で知られていたが，この方法によって動物も必要な情報を選択してリハーサルするか否かを調べることができる。右ページの Topic は動物の志向的忘却を調べる実験例である。同一見本合わせ課題に遅延時間を挿入し，遅延中に「覚えなさい」と「忘れなさい」を指示する刺激（この例では垂直線と水平線）を呈示する。「覚えなさい」の後には比較刺激が呈示され，正答が強化される。「忘れなさい」の後は比較刺激が呈示されずに試行が終了する。比較刺激が呈示されないので，省略法という。訓練完成の後，「忘れなさい」の少数のテスト試行（プローブ試行）で，抜き打ち的に比較刺激を呈示して記憶テストを行う。多数試行でテストしてしまうと「忘れなさい」の後にも比較刺激が呈示されて弁別が求められることを学習してしまうからである。プローブ試行の正答率が「覚えなさい」の試行の正答率より有意に低ければ，志向的忘却が起きたことになる。すなわち，覚えなさいの試行では，見本刺激のリハーサルをしていたことが示唆される。こうした方法を用いて，サル，ハト，ラットなどで志向的忘却が見出された。動物も入力情報を受動的にそのまま記憶しているのではなく，行動にとって意味のある情報を選別し，その記憶を積極的に維持（リハーサル）していると考えられた。

Topic 志向的忘却の手続き──省略法

図 10-5 は試行的忘却実験で用いられる省略法の例である。この例では,赤と緑を見本刺激とし,「覚えなさい」の試行では遅延後に同一見本合わせが求められる。この例では,「覚えなさい」の試行の遅延中に中央キーに垂直線が呈示される。「忘れなさい」の試行では,水平線が呈示される。訓練完成後のプローブテストでは,訓練試行に少数のプローブ試行が挿入され,「忘れなさい」の後に比較刺激が呈示され選択が求められる。なお,この例では「覚えなさい」の訓練試行の誤反応には消去ではなくブラックアウト(実験箱を数秒間暗黒にする)が随伴する。これは,反応を求めずに試行間間隔に入る「忘れなさい」試行や後のプローブ試行での消去と区別し,嫌悪性を高めるために用いられる。

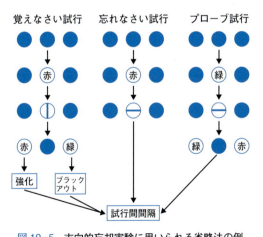

図 10-5　志向的忘却実験に用いられる省略法の例

リハーサルと志向的忘却

なぜ志向的忘却が起きるのか？ よく知っている人の名前が思い出せないことがある。しかし後になって何らかのきっかけで思い出すことができる。情報が記憶に蓄えられていても，その情報の検索に失敗すると一時的な忘却が起きる。志向性忘却の手続（省略法）では，「忘れなさい」の試行で，予期せずして比較刺激が呈示されて見本刺激が何だったかをテストされる。こうした文脈変化が検索の失敗による忘却を引き起こした可能性が指摘された。動物の志向的忘却はリハーサルを中止したからか検索の失敗なのかが問われた。この問題を巧みな方法を用いて解決したのはストーンブレイカーとリリング（1981）であった。右ページ Topic にあるように，志向的忘却はハトがリハーサルを中止したために起きたことが確かめられた。これによって，人のような言葉をもたない動物も，情報維持のリハーサルを行うことが明らかにされた。

　次に研究者が問題にしたのは，動物がリハーサルを中止したのはその情報が必要ないからか，あるいは何らかの他の環境要因に起因しているのかであった。動物が記憶するかしないかを制御する原因を明らかにすることは，行動的な観点からも重要な課題であった。

　「覚えなさい」の試行と「忘れなさい」の試行は以下の 3 つの要因で異なっている。

1. 「覚えなさい」の試行は，見本刺激の記憶が必要だが，「忘れなさい」の試行は必要ない。

2. 「覚えなさい」の試行は，遅延後に比較刺激が呈示されて弁別が求められるが，「忘れなさい」の試行は求められない。

3. 「覚えなさい」の試行は強化が用意されているが，「忘れなさい」の試行では強化されることなく試行が終了する。

Topic リハーサルの中止か検索の失敗か？

　ストーンブレイカーとリリング（1981）は，コノルスキー型の継時見本合わせ課題をハトに用いた。「覚えなさい」を指示する垂直線と「忘れなさい」を指示する水平線は，4秒の遅延時間の最初（条件A），真ん中（条件B），または最後（条件C）に0.5秒だけ呈示された。「忘れなさい」の後は，第2刺激は呈示されずそのまま試行が終了した。訓練の後，「忘れなさい」の後に第2刺激を呈示するプローブテストが行われた。条件A，B，Cそれぞれにおける「覚えなさい」試行と「忘れなさい」と指示したプローブ試行での正答率が図10-6に示されている。「忘れなさい」の指示が遅延の後の方になるほど，プローブ試行での正答率が高くなった。遅延の最後に「忘れなさい」の指示がでると，それまでハトはリハーサルを十分にしているので，正答率は「覚えなさい」試行に比べて有意に落ちない。遅延の最初に「忘れなさい」の指示が出ると，ハトはそこでリハーサルを中止するので忘却が起きる。この結果は，文脈変化による検索の失敗では説明できず，リハーサル説を支持した。

図10-6　プローブ試行正答率の比較（見本-指示刺激の間隔は，条件Aで0秒，条件Bで2秒，条件3で3.5秒）
（ストーンブレイカーとリリング，1981）

リハーサルと志向的忘却

これらの要因分析に用いられたのは，**置換法**とよばれる志向的忘却の手続きである。ケンドリックら（1981）は，「忘れなさい」と指示した後に，見本刺激とは無関係な刺激，たとえば●と▲を呈示してハトが●に反応すると強化した。見本刺激を記憶する必要がないにもかかわらず，志向的忘却が起きなかった。これによって，ほとんどの研究者が予想していた要因 1 が否定された。

　マキら（1981）は，「忘れなさい」と指示した遅延後に，餌だけを呈示して試行を終了したところ，テストで志向的忘却がみられなかった。すなわち，「忘れなさい」試行が餌呈示で終了すると，ハトは覚える必要のない見本刺激をリハーサルした。この意外な結果は，要因 3 を支持した。マキら（1981）は，「忘れなさい」の試行が餌の呈示で終了する場合は，**迷信行動**（6 章参照）的にリハーサルが偶発的に餌で強化されると考えた。学習過程でハトは見本刺激を記憶しないとチャンスレベル以上に強化を得ることができない。そのため，訓練初期は「覚えなさい」「忘れなさい」の指示刺激をまだ学習していないので，どちらの試行でもリハーサルする。「忘れなさい」の試行では，リハーサルのあるなしにかかわらず餌が呈示されるのだが，餌はリハーサルを迷信行動的に強化する。その結果，リハーサルしなくても餌が出るという随伴性を経験する機会が剥奪され，「忘れなさい」試行でも「覚えなさい」試行と同様にリハーサルが維持される。

　遅延後に「忘れなさい」の試行が終了する標準的な手続きでは，リハーサルが強化されずに試行が終了する（消去）。その結果，リハーサルを中止するようになると考えられる。なお，いずれの場合も，「覚えなさい」の指示でハトがリハーサルを開始するわけではなく，この指示は特別な機能をもたない。

Topic すぐテストされると分かると一生懸命覚える？

ヴァサーマン（1992）は，見本刺激とともに2種類の音（音1と音2）を呈示した（実験1）。半数のハトは音と遅延時間が対応する条件，他半数のハトは対応しない条件で訓練された。

対応条件	非対応条件
音1→遅延時間1秒	音1→遅延時間1秒か5秒
音2→遅延時間5秒	音2→遅延時間1秒か5秒

図10-7Aは訓練完成時の弁別率である。非対応条件では，遅延時間が5秒で1秒より弁別率が低下した（音が無関連刺激の通常の保持曲線）。対応条件では，非対応条件とくらべて，1秒を予告すると成績は上がり，5秒を予告すると低下した。

実験2では，実験1と同様の対応条件で訓練した後，音と遅延時間の対応が正しい試行（正指示条件）と逆転した試行（誤指示条件）でテストした。図10-7Bの＊は，音によって指示した遅延時間を示す。たとえば誤指示条件の＊5秒は，5秒と指示されたが実際は1秒後に比較刺激が呈示された。5秒と指示されると，実際の保持時間が1秒でも成績は低下し，1秒と指示されると実際の保持時間が5秒でも成績が上がる。ハトは音刺激で保持時間の長さを予測し，正答率が高く強化と強く結びついている1秒を予告されるとリハーサルに専念するが，誤反応しやすい5秒を予告されるとほとんどリハーサルに従事しないと考えられた。

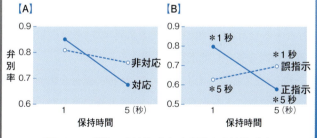

図10-7　実験1の結果（A）と実験2の結果（B）
（ヴァサーマン，1992を改変）

リハーサルと志向的忘却

志向的忘却の実験では,「忘れなさい」の試行でリハーサルをしても特に不利益を受けることはなかった。しかし,たとえば位置と色の複合刺激で,ある試行では遅延後に位置がテストされ,他の試行では色がテストされる場合には,テストを予告されない刺激要素までリハーサルすると記憶負荷がかかり正答率を下げることになる。志向的忘却実験がみようとした「不必要な情報の忘却」ではなく,むしろ「有害な情報の選択的忘却」は,複雑な自然環境における情報処理に必要な記憶方略である (Topic 参照)。

● 系列刺激の記憶

　動物の短期記憶の先駆的研究としてシンプとモフィット (1976) があげられる。3つのキーのうち左右2つのキーに白色光を「右→右→左」「左→右→右」のように次々と3回呈示して,そのたびにハトにつつかせた (観察反応)。合計で8通り (2×2×2) の3項目からなる刺激系列になる。短い遅延時間の後,中央のキーに赤,青,または白色光を呈示した。ハトが中央キーに反応すると,左右キーに中央キーと同じ色が呈示され,3つのキーのすべてが赤,青,または白になった。赤なら第1項目,青なら第2項目,白なら第3項目だったキーに反応すると強化された。これを1試行とする合計24種類の試行 (8系列×3) を繰返し訓練した後,遅延時間を長くして正答率の変化をみた。

　「右→右→左で赤なら右」のように24種の試行を個別に学習すれば,系列位置による正答率に違いが生じない。しかし系列の後ろほど正答率が高く,新近性効果が得られた。ハトは「右→右→左」などを3項目からなる系列として学習し,どの系列でも赤なら1番目,青なら2番目,白なら3番目のキーに反応したと考えられた。

Topic 不利益になる情報の積極的忘却

　実森（未発表）は，3つのキーの左右どちらかのキーに赤または緑の見本刺激を呈示した。遅延時間の後，色試行では見本刺激が呈示されなかった残り2つのキーに赤と緑が呈示され，色マッチングが求められた。位置試行では左右キーに黄が呈示され，位置マッチングが求められた。遅延時間中に実験箱の照明が色試行でOFF，位置試行でONになる条件（図10-8上段）と，色試行でON，位置試行でOFF（図10-8下段）になる条件で，それぞれハトを訓練した。

　訓練が進行すると，どのハトも各条件に特異的な行動を遅延中に示すようになった。位置試行で照明ONなら見本刺激が呈示されたキーをつつき続け，OFFならそのキーの前でじっと動かなかった（図の右上と右下）。いずれも，見本刺激の位置を身体的に保持するための定位反応であり，いわゆる記憶ではない。一方，色試行でOFFならハトはキーから離れ，ONなら3つのキーをつつき続けた（図の左上と左下）。色試行での遅延中の行動は，定位反応を阻止して色を記憶情報として保持するための行動と考えられた。

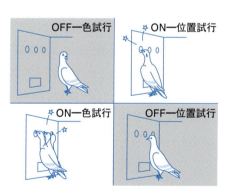

図10-8　遅延中の照明がONまたはOFFのとき，色試行または位置試行における遅延中のハトの行動

系列位置効果 　ヒトでは，複数の項目からなる刺激系列を呈示した後に記憶テストをすると，系列の中央の項目の記憶が悪く，初めのほうと終わりのほうの項目がよく記憶されることが知られている。これを**系列位置効果**といい，系列位置に対して正答率をプロットすると U 字型の曲線になる。系列の終わりのほうが記憶されやすいことを**新近性効果**，最初のほうが記憶されやすいことを**初頭効果**という。先に紹介したシンプとモフィット（1976）のハトの研究では，新近性効果のみが見出された。その後の研究の多くでも，ハトなどの動物では初頭効果は見出せず，動物は顕著な新近性効果を示すことが知られている。

　よく知られているヒトの U 字型の系列位置曲線は，一般に以下のような 3 つの説明がされている。

1. 系列の最初のほうの項目の記憶は後からの干渉（**逆向干渉**）を受け，後のほうの項目の記憶は前からの干渉（**順向干渉**）を受け，中央部の項目はその両方を受ける。

2. 各項目は系列内の位置情報とともに記憶として貯蔵され，系列の最初と最後のほうの記憶は強調されるので想起されやすい。

3. 系列的に呈示される項目は，その情報を一時的に保持するバッファに入り**リハーサル**される。しかしバッファの容量には制約がある。最初のほうの項目はバッファが空になっているので，長い間バッファに留まってリハーサルを受けることができる。中央部の項目はすでにバッファは満杯になっているため，次から次へと入ってくる項目によって押し出されてしまい，十分なリハーサルを受けることができない。後ろのほうの項目は，後から入ってくる項目が少ないので押し出されることなく，遅延後もバッファに留まりリハーサルを受ける。

Topic 高速逐次視覚呈示下の系列効果

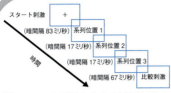

図 10-9 3項目からなる系列刺激の高速呈示

ジツモリとウシタニ（2017）は、「鳥」の画像3枚を図10-9のように暗間17ミリ秒をはさんで高速逐次呈示した。1枚は目標刺激で、特定の鳥画像（鳥1または鳥2）であった。他2枚は妨害刺激で、24枚の鳥画像から毎試行無作為に選んだ。最後に赤と緑の比較刺激を呈示し、目標刺激の弁別を求めた（鳥1なら赤、鳥2なら緑を選択すると強化）。数段階の訓練を経てハトはこの課題を学習した（刺激呈示時間は233ミリ秒）。正答率に顕著な新近性効果がみられ、目標刺激が系列の後になるほど正答率が高かった。

新近性効果は時間経過による忘却か、あるいは後続刺激からの逆向干渉によるのかをテストするために、目標刺激だけ呈示し他の2つの系列位置にブランク（何も写っていない画像）を呈示するブランク試行を通常の試行に加えて訓練した。訓練後、呈示時間を17ミリ秒まで数段階に変化してテストした。図10-10のように、約80ミリ秒を境として、それより短いとブランクを呈示する試行で顕著に正答率が高かった。

約80ミリ秒で画像情報は記憶として定着すると考えられた。定着以前に次の画像が入力されると、定着前の壊れやすい画像記憶は急速に失われる。一方、ひとたび定着してしまえば、後続画像からの干渉を受けない（単に時間とともに減衰する）。また、ハトはブランク試行では目標刺激呈示時間を17ミリ秒にまで短縮しても、チャンスレベル以上に弁別できることが明らかになった。

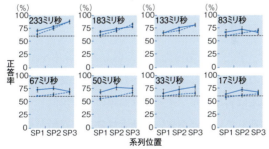

図 10-10 通常試行（破線）とブランク試行（実線）における系列位置効果（ジツモリとウシタニ、2017）

黒い破線より上は、チャンスレベルより有意（5%）に高い正答率。実験中のハトの動画は http://dx.doi.org/10.1037/xan0000132.supp でみることができる。

系列刺激の記憶

1と**2**の説明は，同一系列内の項目間の相互作用を仮定し，**3**の説明はリハーサルを受けないとたちまち消失してしまう短期的記憶とリハーサルによってしばらくは維持される長期的な記憶を仮定している。

　ライトら（1985）は，ハト，アカゲザル，ヒトの**系列位置効果**を比較した。**図10-11**の実験装置で，サルがレバーを下に押すと上のスクリーンに4つの刺激が順次呈示された（これを刺激リストとよぶ）。短い遅延時間の後，下のスクリーンに刺激が呈示された（これをプローブとよぶ）。プローブが刺激リストに「あった」または「なかった」かによって，レバーを右または左に押す訓練が行われた。この課題は**系列項目再認課題**という。旅行で撮るようなスナップ写真を大量に用意して毎試行違う写真からなるリストを作成して訓練した。これを「試行にユニーク」な条件といい，先行する試行からの干渉（**順向干渉**）を排除するために行われた。ハトとヒトにも同様の課題が用いられた。ただしヒトには言語化が困難な万華鏡パターンが使われた。これはヒト特有の言語的記憶による**リハーサル**を排除するためであった。

　訓練が完成した後，遅延時間を変化してテストした。**図10-12**は，正しく「あった」と反応した正答率を，その刺激のリスト内の位置に対してプロットした**系列位置曲線**である。種間で遅延時間は異なるが，系列位置曲線の形は類似していた。どの種にも共通して，遅延が短いと**新近性効果**，遅延が長いと**初頭効果**，中間の遅延でU字型の系列位置曲線が得られた。遅延時間によって系列位置曲線の形が種間で同様に変化した結果は，ハトやサルなどの動物の記憶は人の記憶と時間レンジこそ異なるが，基本的には種間で共通の構造をしていると考えられた。

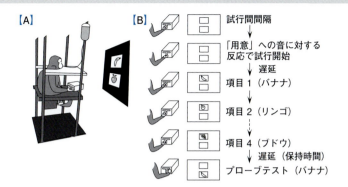

図 10-11　A：ライトら（1985）が用いたサルの実験装置
　　　　　B：系列項目再認課題の手続き

上下のスクリーンに同時に呈示された刺激が同じなら右に違えば左にレバーを押す訓練をまず行った後に，4項目の系列項目再認課題を訓練した。

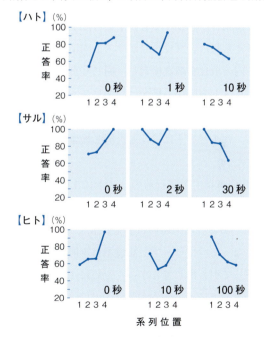

図 10-12　ハトとサルとヒトの系列位置曲線（ライトら，1985を改変）

系列刺激の記憶

系列再認課題における記憶の検索　サンドとライト（1982）は，リストの長さを変化してヒトとサルの反応時間を測定した。ライトら（1985）と同様に，リストとプローブの写真は毎試行ごとに新しくされた。プローブがリスト内に「なかった」と正しく反応するほうが「あった」と正しく反応するより時間がかかったが，どちらの場合も反応時間はリストの長さに従って増加した（図10-13の●は「あった」と正しく反応する時間，●は「なかった」と正しく反応する時間）。この結果はヒトとサルで一致していた。ただ単に見覚えがあるか否かでプローブに反応していたのなら，リストの長さにかかわらず反応時間は一定になる。ヒトもサルもプローブと記憶にあるリスト内の写真を一つひとつ逐次照合しながら検索し，一致するものがあったかなかったかで反応していたと考えられた。プローブがリスト内にある場合は，記憶にあるリスト内の項目を順次検索し，同じ写真があった時点で反応できるが，リスト内にない場合は記憶リストの最後まで検索しなければならない。そのため，「なかった」と正しく反応する時間は長くなる。サルとヒトはこうした同じ検索方略をとっていたことが示された。

　図10-13の▲は，数試行前のリストに1回だけ現れた写真がプローブとして呈示された試行で，「なかった」と正答したときの反応時間である。反応時間は顕著に長く，「あった」とする誤反応も多くなった。プローブと記憶項目を照合する際，前の項目の記憶を誤って引き出してしまったために「あった」とする誤反応が生じたと考えられた（試行間の順向干渉）。また，その項目の既知性によって正しく「なかった」とする反応時間が長くなった可能性がある。

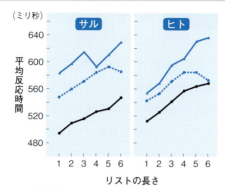

図 10-13 系列項目再認課題における記憶リスト長の効果
（サンドとライト，1982）

Topic カテゴリ内の順向干渉とカテゴリ移行による解除

ヒトでは同一カテゴリ事例からなる短期記憶のテストを連続して行うと数試行でたちまち正答率が低下するが，新しいカテゴリ事例に移行すると正答率が回復する。ジツモリら（1989）はサルの系列項目再認課題で，最初の40試行で「花」か「サルの顔」のどちらか一方のカテゴリ事例をリストとプローブに用い，次の40試行ではもう一方のカテゴリ事例を用いた。図 10-14 のように，カテゴリ内の順向干渉とカテゴリ移行による干渉からの解除がみられた。カテゴリ内類似性が，リスト項目の検索を干渉したと考えられた。

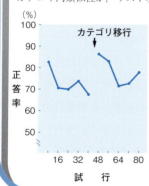

図 10-14 同一カテゴリ内での順向干渉とカテゴリ移行による解除
（ジツモリら，1989）

系列刺激の記憶

長期記憶からの干渉　　サルやハトは大量の画像を長期間記憶できることが知られている。ライトらの系列再認課題において，「試行にユニーク」な条件で，300枚程度の写真を繰返し用いて長期間訓練すると，リストになかったプローブに「あった」とする誤反応が増加して成績が低下するサルがでてくる。こうしたサルに白色画面をリスト，これまで使っていた古い写真または新しい写真をプローブとして呈示すると，古い写真には「あった」と反応し新しい写真には「なかった」と反応する。また，写真をすべて新しくすると，成績はたちまち回復するが古い写真に戻すと成績は再び低下する。これらの結果から，繰返し使った大量の写真をサルは記憶してしまい，長期記憶からの干渉によってリストになかったプローブにも「あった」と反応したことが判明した。また，リストとプローブが新しい場合は，その試行のリストで呈示され既知性のあるプローブには「あった」，その試行のリストになかった既知性のないプローブには「なかった」と反応し，見かけ上の高い正答率を示すことがわかった。サルたちは，もはやリスト項目とプローブとの逐次照合をしていなかった。毎日新しい写真を使って長期間訓練しても，安易な方略を誤って学習してしまったサルの行動修正はできなかった。

　しかし，古い写真をリストとプローブにする旧試行と，新しい写真をリストとプローブにする新試行をまぜて訓練すると，プローブの写真が古いか新しいかにかかわらず，その試行のリスト内に「あった」か「なかった」かで反応するようになり，旧試行でも高い正答率を示した（ジツモリとライトら，1988）。見覚えがあるか否かの既知性ではなく，現在の試行のリスト内にその写真を見たか否かに基づく反応方略に行動修正された。

Topic　ハトの長期記憶

　ヴァーンとグリーン（1984）は，類似した2対のスライド写真を160組用意し，各組から無作為に1枚ずつ選んだ160枚の写真を正刺激，残りの160枚を負刺激とする継時弁別訓練をした（図10-15A）。ハトは320枚のすべての写真を一つ一つ記憶して，正刺激には反応し，それら正刺激と紛らわしい負刺激には反応しないことを学習しなければならない。ハトはこの課題を学習した。

　ヴァーンらは，その後1年あまりしてからハトをふたたび実験箱に入れた。最初の日は弁別が崩れたが，ハトはすぐに正刺激と負刺激を弁別した。驚くべきことに，3年近くたってもハトは320枚の写真を記憶していた（同様に，図10-15Bのような糸くず状の刺激40対をハトはすべて学習した）。

　近年になって，クックら（2005）によってこの記録は更新され，ハトは約800枚のさまざまな写真のそれぞれにどう反応すべきかを記憶していることが示された。ハトは，大容量の画像記憶をもっていると考えられた。

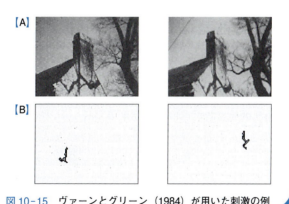

図10-15　ヴァーンとグリーン（1984）が用いた刺激の例

● イメージの記憶

　トンネルに入った電車が出てくる瞬間を当てようとするとき，電車がトンネル内を走っているイメージを思い描く。走っている電車の記憶，つまり運動イメージを再現しようとする心的操作である。ナイワースとリリング（1987）は時計の針に似た運動をハトに見せ，ハトがヒトと同様の心的操作をすることを示した。

　図 10-16 のように，知覚試行では針が 12 時から 1.5 秒かけて 135 度まで回る。イメージ試行では，1 秒かけて 90 度まで回った後 0.5 秒間見えなくなり，知覚試行と同じように合計 1.5 秒かけて 135 度に出現する。違反試行では，90 度まで回った後に 1 秒間見えなくなりイメージ通りなら 180 度まで回るはずが 135 度に出現する。どの試行でも針が 135 度に現れた時点で左右キーに白色光が呈示され，知覚試行とイメージ試行では左キー，違反試行では右キーに反応するように訓練された。

　しかしハトは運動イメージを弁別していたのではなく，針が消えない試行（知覚試行）では左キーに反応し，消える試行では消えるのが 0.5 秒（イメージ試行）なら左キー，1 秒（違反試行）なら右キーに反応していたことが判明した。そこで，2 秒で 180 度まで回る知覚試行，1 秒で 90 度まで回り 1 秒間消えて 180 度に現れるイメージ試行，1 秒で 90 度まで回り 0.5 秒後に行き過ぎて 180 度に現れる違反試行を，135 度の試行に加えて訓練した。180 度の試行では 135 度の試行とは逆に，針が 1 秒消えるとき（イメージ試行）は左キー，0.5 秒消えるとき（違反試行）は右キーへの反応が求められるので，消えている時間を手がかりにできない。それでもハトは弁別を完成し，弁別は新しい角度（158 度と 202 度）に転移した。

Topic ハトは運動イメージを記憶する？

ナイワースとリリング（1987）では，左右キーに白色光が呈示されて弁別が求められるときは，針は135度または180度で静止しているので，記憶にある運動イメージを手がかりに反応したと考えられた。しかし長期に渡る訓練とテストを通して運動速度が一定だったため，訓練中に獲得した何らかの身体運動（針の運動と一緒に頭を動かし，消えている間もその運動を続け，再度針が出たときの頭の位置など）を手がかりにした可能性があった。その後の研究で，訓練に使わなかった新しい運動速度でテストしたところ，運動速度にかかわらずハトは正しく反応した。この結果により，訓練中の運動速度に合わせた身体運動は手がかりになっていないと考えられた。

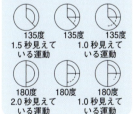
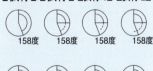

図 10-16　**ナイワースとリリング（1987）が用いた刺激**
（ナイワース，1992を改変）
実線の弧は見えている運動，破線の弧は見えていない運動。

イメージの記憶

●●●● 参考図書

メイザー, J. E. 磯 博行・坂上 貴之・川合 伸幸（訳）（2008）. メイザーの学習と行動（日本語版第3版） 二瓶社
　第11章で動物の記憶などが解説されている。

小川 隆（監修）（1989）. 行動心理ハンドブック 培風館
　第11章で動物での記憶研究に用いられる種々のオペラント条件づけの方法が解説されている。

ピアース, J. M. 石田 雅人・石井 澄・平岡 恭一・長谷川 芳典・中谷 隆・矢澤 久史（訳）（1990）. 動物の認知学習心理学 北大路書房
　第3章で動物の記憶過程について解説されている。

佐藤 方哉（編）（1983）. 現代基礎心理学6 学習II その展開 東京大学出版会
　第3章に動物における記憶研究の解説がある。

篠原 彰一（2008）. 学習心理学への招待［改訂版］——学習・記憶のしくみを探る—— サイエンス社
　条件づけから人間の記憶まで広く論じた学習心理学の入門書。

エピソード記憶と
メタ記憶 11

　10章では，見本刺激が赤だったか緑だったかのように，外部環境刺激に関する記憶を取り上げた。しかし私たちは，自分に起きた過去の出来事（エピソード）に関しても，「いつ」「どこで」「なに」があったかを想起することができる。過去においてそのエピソードを体験している自分とは別の今の自分がそのエピソードを想起する。これをエピソード記憶という。また，私たちは自分が何を記憶していたのか，そしてその記憶はどの程度確実なのかを査定することができる。自分の記憶を認識する別の自分がいるので，これをメタ記憶という。近年になり，そうした記憶を私たちヒトだけでなく，他の動物も共有していることがわかってきた。

エピソード記憶

　私たちは，「昨日の夕食はどこで何を食べましたか？」と訊かれ，「昨日の夜は家でパスタを食べました」などと答えることができる。また，自己の過去の経験を振り返ることによって未来を予測し，未来に備えることができる。これは自分自身の過去のエピソードに関する想起で，エピソード記憶とよばれる。エピソード記憶は長期記憶に分類されるが，一般的な知識に関する意味記憶や技能の習得に関する手続き的記憶と区別される。

　カケスなどの鳥は木の実が豊富な季節に木の実を数千カ所に隠し，半年以上たって掘り起こして食べる。餌が乏しい冬になると，「雪が降る前に（いつ），木の実を（なに），あの木の根元（どこ）に埋めた」などと自分の過去のエピソードを思い出して掘り起こすのだろうか？「あそこに埋めた実がなくなったので，今度はあそこには埋めないでおこう」などと考えるのだろうか？

　動物は私たちのような言葉をもたないので，エピソード記憶はヒトに特異的なものと考えられていた。ヒト以外の動物は今という一瞬だけを生きており，過去や未来の自己（自己意識）は存在しないのだろうか？　私たちにはそれを直接知る方法がないが，だからといってその存在を否定することはできない。さまざまな事柄がいつどこで自分に起きたかを想起し，それを手がかりとして適応的な行動をとることは，自然界における生存に大きな価値があるはずである。私たちは動物の意識内容にまで迫ることはできないが，動物が過去の自己に遡って「いつ」「どこ」「なに」を想起できるかを行動的に調べることはできる。また，動物が過去の自己の行動の記憶を手がかりにして，未来に対処するために現在の行動を調整するか否かを調べることもできる。

Topic カケスの将来計画？

　ラビイら（2007）がカケスに用いた実験箱は，透明な壁で仕切ることができる3つの横並びの部屋A，B，Cからなっていた。端の1つは"朝食部屋"で，朝2時間その部屋に閉じ込められ粉末の松の実（粉末なので貯食用トレイに隠せない）を与えられた。反対側の端の部屋は"朝食なし部屋"で，ここに閉じ込められている2時間は絶食だった。カケスは1日おきに端の部屋のAとCに入れられた。それ以外の日中の時間は仕切りが取り除かれ，自由に3つの部屋を行き来でき普段の餌も食べることができた（餌を隠さないようにトレイは取り除かれた）。夕方になってしばらく絶食させられた後，30分間中央のB室で粉末の松の実を与えられた。その後は，翌朝まで絶食だった。翌朝には部屋が仕切られ，AまたはCのどちらかに閉じ込められた。このとき貯食用トレイが再び入れられた。これが6日間続いた。

　7日目はテストで，夕方の絶食後の30分，B室に貯蔵可能な固形の松の実を置いた他は，訓練期と同じであった。カケスはここで初めて松の実をAやC室のトレイに貯食する機会を与えられたわけだが，"朝食あり"部屋より"朝食なし"部屋に多くの松の実を隠した。翌朝"朝食なし"部屋に閉じ込められても空腹にならないように，未来を予想して松の実を貯食したと考えられた。

　未来を見越したのではなく，単に飢餓状態になった部屋に餌を運んだ可能性があった。そこで次の実験では，A室とC室でそれぞれ異なる餌（便宜的に餌aと餌cで表す）を朝2時間与え，夕方の絶食後の30分間にB室でaとcの粉末を与えた。他は前実験と同じで，テストでは貯食できるaとcの固形餌をB室に置いた。カケスたちは，餌aをC室に餌cをA室により多く貯食した。著者らは，カケスが翌朝になって朝食メニューを自由に選択できるように，それぞれの部屋でもらう餌とは違う餌を貯食したと考えた。しかしカケスは，ある餌を得たとき，餌がまったくない場所やその特定の餌がない場所に貯食する習性を生得的にもっているのかもしれない（自然環境で，同じ種類の餌が得られる場所までわざわざ運んで貯食するのは不合理である）。

エピソード記憶 243

動物の意識経験を私たちヒトが共有するのは不可能なので，こうした動物の記憶はエピソード"的"記憶とよばれることが多い。ヒトの場合は，誰かが「歯が痛い」と言えば，自分と同一種の他者の痛み（意識経験あるいは**私的出来事**）を自分に照らし合わせて類推できる。だが決して他者の痛みを**直接経験**として共有することはできない。その点では，動物となんら違わない。

貯食行動の「いつ」「どこ」「なに」の記憶　　クレイトンとディキンソン（1998）は，カケスの貯食行動を利用して，動物が**エピソード的記憶**をもつことを初めて示した。好物だが傷みやすい芋虫とそれほど好物ではないが腐りにくいピーナッツを，時間をおいて2つのトレイに隠したカケスが，後でどちらのトレイを選ぶかをテストした。テスト前に2種類の訓練試行が行われた（**図11-1**）。4時間条件では，まずピーナッツを一方のトレイに隠し（もう一方のトレイはカバーがかけられている），その120時間後にもう一方のトレイに芋虫を隠し，その4時間後に掘り起こさせた。124時間条件では，まず芋虫を隠し，その120時間後にピーナッツを隠し，その4時間後に掘り起こさせた。この訓練によって，カケスは124時間経つと芋虫は傷んでまずくなることを経験した（**価値低下**）。テストでは，カケスが隠した芋虫とピーナッツを取り除き，トレイの中をくちばしでつつくなどして隠した餌を探す回数を20分間記録した。4時間条件では80％のカケスが最初に芋虫のトレイを調べ，平均反応数も芋虫のトレイで多かった。124時間条件では，すべてのカケスがピーナッツのトレイをまず調べ，平均反応数もピーナッツのトレイで多かった。カケスは「いつ，どこに，なにを隠したか」を記憶していて，賞味期限切れの芋虫よりピーナッツを選んだと考えられた。

4時間条件

124時間条件

図11-1　4時間条件と124時間条件の手続き
（クレイトンとディキンソン，1998を改変）

Topic　カケスは124時間前に餌を隠したことを忘れたのか？

　4時間条件でカケスは芋虫を掘り起こす行動を頻繁にみせ，124時間条件でピーナッツを掘り起こす行動を頻繁にみせた。どちらの条件でも2番目に隠したトレイを頻繁に調べているので，124時間も前に隠したほうを忘れたのかもしれない。

　そこで，他のグループのカケスの訓練試行では，124時間条件で古くなった芋虫を新しい芋虫にすり替えた。従って，時間がたってもこのグループのカケスにとって芋虫は腐らない。記憶の効果ならば，結果は先のグループと同じになる。しかし，このグループは4時間条件でも124時間条件でも一貫して芋虫のトレイを選んだ。カケスは「いつ」「どこ」「なに」を記憶し，しかもそれらがバラバラ（相互に独立）ではなく"いつどこでなにが起きたか"というひとまとまりのエピソードとして想起すると考えられた。

同様の結果は，カササギやコガラなど他の貯食性の鳥類で確かめられた。しかし，サルやラットに好ましい餌とそれほど好ましくない餌を隠した場所を見せておいて，時間経過によって好ましい餌の価値低下を経験させても一貫して好ましい餌を選ぶことが報告されている。貯食の習性がない動物にはこうした方法が適切ではなかった可能性が指摘され，人工言語を習得したゴリラ，イルカ，サル，ラット，ハト，ミツバチなどの動物にさまざまな方法を用いて多くの研究が行われるようになった。

意味記憶かエピソード記憶か　昨日の夕食に何を食べたか突然訊かれたとき，パスタを食べた昨夜の自己のエピソードを思い出して「パスタ」と答える場合は**エピソード記憶**である。毎朝同じ質問を繰り返され，ある日の夜チキンを食べているときに，「明日また訊かれたらチキンと言おう」と考え，翌朝になって食事のエピソードを振り返ることなくチキンと答える場合は**意味記憶**である。チキンだったことを"知っている"のであり，○○県の県庁所在地は△△と"知っている"ことと変わらない。エピソード記憶には，覚える必要がない状態で（偶然）経験した出来事を，後になって意識的に想起するという条件が必要である。

　人の腕のジェスチャーが指示する通りに複雑な反応をするように訓練されたイルカに「最後にした反応を反復しなさい」と「最近していない反応をしなさい」の指示も学習させる。そして「最近していない反応をしなさい」と何度か指示しイルカがそれをした後，「最後にした反応を反復しなさい」と指示するとイルカはそれができた。イルカが最近していない反応をしたときにその反応が再び要求されることは予測不可能なので，自分がどの反応をしたか後から想起できると考えられた（メルカドら，1998）。

Topic 睡眠がラットの「なに」「どこ」「いつ」の記憶を促進するか?

　ラットは,新しい物体に接近し,においを嗅ぐなどの探索行動を示すことが知られている(新奇性への偏好)。こうしたラットの習性を利用して,イノストロザら(2014)は「なに」「どこ」「いつ」の記憶に対する睡眠の効果をみた。

　まず,実験箱に置かれた2つの物体をラットに自由に探索させた。80分の保持時間の後,「なに」「どこ」「いつ」の3種の新奇性テストをおこなった(図11-2)。たとえば「なに」のテストでは,2つの物体のうち1つが新奇なものに取り換えられた。それぞれの物体を探索したことがあるか否かをラットが記憶していれば,新奇な物体への偏好が見られるはずである。

　睡眠条件と強制覚醒条件(ケージを叩くなどして眠らせない)では,ラットが眠る朝方の80分が保持時間になるように自由探索とテストの時間を調整した。覚醒条件では,ラットが活動する夕方の80分が保持時間になるようにした。睡眠条件の「どこ」と「いつ」のテストで,ラットは図中に↑で示した新奇性への顕著な偏好を示したが,覚醒条件と強制覚醒条件では偏好がみられなかった。「なに」のテストでは,どの保持条件でも新奇性への偏好が見られた。すなわち,「なに」の記憶は睡眠してもしなくても失われない。「どこ」と「いつ」の記憶は覚醒中に失われ,睡眠によって固定化されると考えられた。

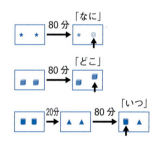

図11-2　ラットの新奇性への偏好と睡眠の効果
(イノストロザら,2014)
新奇性の偏好を示せば↑の物体を探索する。

エピソード記憶

こうした手続きは，言語をもつヒトや人工言語を習得したイルカ
では可能だが，ゼンタルら（2001）はこれをハトに適用しようとした。
　図11-3のように，恣意的見本合わせ課題で，一方の見本刺激
（図の例では垂直線）に反応していると4秒後の最初の反応で赤
と緑の比較刺激が呈示された（FI4秒）。他方の見本刺激（水平
線）では，4秒間反応しないと比較刺激が呈示された（DRO4秒）。

　　　　垂直→反応の自発→比較刺激→赤を選択→強化

　　　　水平→反応の保留→比較刺激→緑を選択→強化

　訓練が完成した後，テストが行われた。半数の試行では，図
11-4の例のように中央キーに明るい丸（○）が4秒間呈示され
た後に比較刺激が呈示され，赤に反応すると強化された。それ以
外の試行では，4秒間の暗キー（キー上になにも呈示しない●）
の後に比較刺激が呈示され，緑に反応すると強化された。どのハ
トも最初から明るいキーに反応し，暗いキーにはほとんど反応し
なかった。この反応や無反応は刺激によって誘発されたもので，
それを手掛かりにして正しい比較刺激を選ぶと強化されるという
期待や予測によって起きたものではない。しかし，ハトは高い正
答率（71.4%）を示した。一方，テストで逆の選択を求められた
ハトの正答率はチャンスレベルの50%以下になった。テスト初
期には，新しく導入された○や●は比較刺激の赤や緑と結びつい
ていないので，それらに反応が誘発されたか否かのエピソードに
基づいて比較刺激を選択したと考えられた。また，○や●が誘発
した反応や無反応と比較刺激とのマッチングが求められることを
テスト初期に予想できないので，「覚える必要がない状態で（偶
然）経験した出来事を，後になって意識的に想起する」というエ
ピソード記憶の条件を満たしていると解釈された。

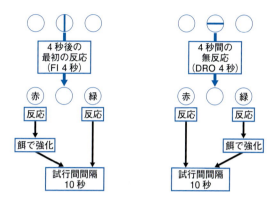

図 11-3 ゼンタルら（2001）が訓練に用いた恣意的見本合わせ課題の試行例

この例では，見本が垂直なら赤，水平なら緑を選択すると正答。赤と緑の比較刺激の左右位置は毎試行無作為。

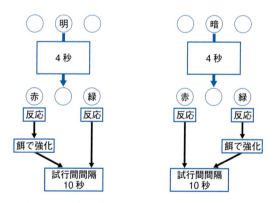

図 11-4 ゼンタルら（2001）がテストに用いた恣意的見本合わせ課題の試行例

赤と緑の比較刺激の左右位置は毎試行無作為。

テスト試行は1日に多数回繰り返されたので，"反応が誘発された後は赤を選ぶ"などの意味記憶に基づくルールを学習した可能性が考えられた。そこで，最初の4試行だけを分析すると（夕食は何だった？と突然訊かれる状況に相当），テストの初めからハトは反応が誘発されたか否かで正しい比較刺激を選んだことが確認された。このハトの行動がヒトのエピソード記憶と同じだとすることに彼らは慎重だが，動物のエピソード記憶を意味記憶と明確に区別して捉えようとした研究である。

ウィン・シフト（win-shift）を利用したラットのエピソード記憶

放射状迷路の8本の通路の先端に餌を置くと，ラットは餌を得た通路に繰返し入ることなく（ウィン・シフトの反応方略），すべての餌を効率的に得ることができる。バブとクリスタル（2006）は，毎試行無作為に選んだ通路の2カ所にラットが入ると，その先端でラットが好きなラズベリー味（R）とグレープ味（G）の固形飼料3個を呈示した。他2カ所では普通の固形飼料（C）1個を呈示した（他4つの通路は閉じていた）（図11-5A）。1時間後のテストではすべての通路が開けられ，前閉じていた4つの通路に入ると固形飼料（C）が呈示された（図11-5B）。ラットは1時間前に餌を得た以外の通路に入るというウィン・シフト方略によって効率よく餌を食べた。一方，6時間後のテストでは，普通の餌（C）に加えて風味づけされた固形飼料が前と同じ通路に置かれた（図11-5C）。訓練を重ねると，ラットは，6時間後にテストされるとウィン・シフト方略を捨てて風味づけ固形飼料があった通路にまず入るようになった。エピソード記憶を示唆するこの結果を得て，彼らは右ページTopicのテストを行い，ラットにエピソード記憶があると結論づけた。

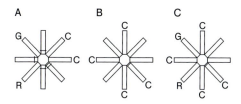

図 11-5　放射状迷路における試行例（バブとクリスタル，2006 を改変）
A：毎試行無作為に選んだ通路の先端にグレープ味（G），ラズベリー味（R），普通の固形飼料（C）を呈示する。B：1 時間後のテスト。C：6 時間後のテスト。

Topic　ラットのエピソード記憶

　バブとクリスタル（2006）は左記の実験の直後，いくつかの重要なテストを行った。以下はその要約である。
テスト 1：ラズベリーとグレープ味の固形飼料をチョコレート味とバナナ味の固形飼料に取り換えた。通路の選択行動は新しい味に即座に転移し，ラットは新しい味の餌をいつどこで食べたかのエピソード記憶を利用して柔軟に反応したと考えられた。
テスト 2：テスト 1 の後，チョコレート味とバナナ味の固形飼料のどちらかを 6 時間後のテストの前に与え，その味に飽食させて価値低下した。テストでラットは飽食していないほうの味の通路にまず入る頻度が高くなった。
テスト 3：6 時間後のテストの前の保持時間中に少量のチョコレートを与えてリチウム溶液を注射した（味覚嫌悪学習）。チョコレートで味覚嫌悪を学習したラットは，テストでチョコレート味の固形飼料が出る通路をほとんど選ばなかった。
　これらの結果から，ラットは「なに」（チョコレート味の餌かバナナ味の餌か）を「どこ」（どの通路か）と「いつ」（1 時間前か 6 時間前か）と結びつけて記憶しており，しかも記憶にある「なに」が自分にとって現在どうなっているかの情報（飽食または味覚嫌悪）に従って柔軟に行動すると結論づけられた。意味記憶と区別するためには，こうした柔軟性が求められる。

「なに」「いつ」「どこ」の統合　「なに」と「いつ」と「どこ」はエピソード記憶に統合されていなければならない。そうでなければ，「今朝，駅で，朝刊を買った」「昨夜，隅田川で，花火を見た」を，「昨夜，隅田川で，朝刊を買った」「今朝，駅で，花火を見た」などから区別できなくなってしまう。

　カケスやラットの典型的なエピソード記憶研究では，「なに」「どこ」「いつ」のすべての情報を利用しなければ解けない課題が用いられた。また，カケスには貯食，ラットには新奇性への偏好など，種特異的な行動特性に適した課題が用いられた。一方，ハトでは，「なに」と「どこ」と「いつ」の遅延見本合わせを個別に訓練し，その後のテストでそれらが統合されているかが問われた（右ページ Topic）。ハトは「なに」と「いつ」と「どこ」を遅延時間中に記憶しているが，それらを統合しているという結果は得られなかった。また，同様の方法でサルでも統合を示す確定的証拠は得られなかった。しかし，サルやハトが情報を統合できないと結論づけることはできない。

　マイヤス–マノアら（2014）は，同時弁別課題を用いて「なに」「どこ」「いつ」を統合しなければ解けない課題でハトを訓練した。2 選択–同時弁別場面で行われ，キーの左右位置が「どこ」に対応する。一方のキーでは少ない労力で多くの餌が得られ，他方のキーでは多くの労力で少ない餌しか得られない。これが「なに」に対応する。

　最初の訓練では，「どこ」と「なに」を統合する訓練を実施した。左右キーが両方とも青なら左キーに反応すると FR 3 で 6 秒強化した（右キーへの反応は消去）。両方とも黄なら右キーに反応すると FR 13 で 3 秒強化した（左キーへの反応は消去）。

Topic 遅延見本合わせ課題における「なに」「いつ」「どこ」

スコフ-ラケットら（2006）がハトに用いた遅延見本合わせ課題では，図11-6のようにスクリーンの周縁部8カ所のうち1カ所に赤い●または緑の▲が見本刺激として呈示された。3秒後の最初の反応で見本刺激が消え，保持時間に入った。2秒または6秒の保持時間の後，スクリーン中央に×が呈示されハトがそれをつつくと比較刺激が呈示された。「なに」試行では●と▲の同一見本合わせ，「いつ」試行では保持時間（2秒と6秒）と図形（星と足跡パターン）との恣意的遅延見本合わせが求められた。「どこ」試行では灰色の■が2つ呈示され，位置の見本合わせが求められた。ハトは比較刺激が呈示されるまでどの試行かを予測できない。それにもかかわらず，いずれの試行でも80％以上の高い正答率に達し「いつ」「どこ」「なに」を記憶していることが明らかにされた。

テストでは「なに」「どこ」「いつ」の統合が検討された。「見本刺激→保持時間→テスト1→テスト2で正答なら強化」のように，同一試行内で連続して「なに」と「どこ」と「いつ」のうち異なる2つの見本合わせがテストされた。ハトが3つの情報を統合していれば，2つのテストの成績は相関すると考えられた。たとえば，テスト1で「なに」，テスト2で「いつ」がテストされる場合，「なに」がわかればそれと統合している「いつ」もわかるはずである（逆も同様）。しかしテスト間の成績に相関はみとめられなかった。

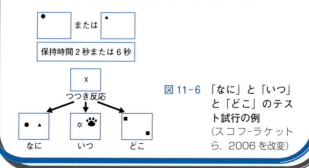

図11-6 「なに」と「いつ」と「どこ」のテスト試行の例
（スコフ-ラケットら，2006を改変）

エピソード記憶 253

青（左）→ FR 3 で 6 秒強化　　青（右）→ 消去

黄（左）→ 消去　　　　　　　　黄（右）→ FR 13 で 3 秒強化

　この訓練中に，左が青で右が黄の試行を数試行だけ挿入し，どちらに反応しても所定の強化が得られるようにした。これは，「どこ」と「なに」の統合を促進するために行われた。

　ここまでは午前中に行われたが，「いつ」をすでに訓練された「どこ」と「なに」に統合するために，以後の訓練では午後のセッションが追加された。午後のセッションでは，青（左）→ FR 13 で 3 秒強化，黄（右）→ FR 3 で 6 秒強化になり，青（左）と黄（右）の強化効率が逆転した。他は午前と同じである。

　午前と午後のセッションの順序が手がかりにならないように，1 日に両方のセッションをすることも，午後だけのセッションをすることもあった。こうした同時弁別課題で訓練した後，青の左キーと黄の右キーを同時呈示して無強化によるテストが行われた。ここで注意したいのは，テスト試行をセッション中に挿入してしまうと，テスト試行での選択が訓練試行の**強化随伴性**の影響を受けるので，テスト試行は各セッション直前に数試行だけ挿入された。従って，午前か午後か以外に，「いつ」を示す手がかりは存在しない。

　ハトが体内時計（約 24 時間のリズム）によって左右キーの強化随伴性を予測できれば，ハトは午前と午後でキーの選択位置を逆転するはずである。実際，ハトは強化効率（「なに」）を最大化するために，午前と午後（「いつ」）で反応するキー位置（「どこ」）を逆転した。この結果は，「なに」と「いつ」と「どこ」が訓練によって統合されたことを示唆し，著者らはハトが約 24 時間の体内時計（**概日リズム**）によるエピソード記憶をもつと考えた。

Topic ハトも時間がたって価値低下した餌を選ばない

マイヤスら（2014）は，概日リズムによるエピソード記憶に加えて，時間がたって傷んだ芋虫を選ばなくなるカケスのように，時間経過による価値低下によってハトが選択を変えることを見出した。ヒマワリの実と砕いたトウモロコシを強化子としたが，嗜好に個体差があるので，予備テストで個々のハトがどちらの餌をより好むか測定した。

左右キーのどちらか一方に赤または緑を呈示し，それをつつくと平均して7回に1回強化した。半数のハトの赤試行の強化子はヒマワリの実，緑試行の強化子はトウモロコシだった（他のハトでは逆転）。赤または緑のキーが「どこ」，強化子の種類が「なに」に対応する。個々のハトは午前と午後の訓練セッションを受けたが，どちらを受けるかは日によって変化したので概日リズムは手がかりにならない。

次に「いつ」を確立するために，午前のセッションから4時間後と午後のセッションから1時間後のそれぞれ同時刻に第2セッションを実施した。4時間後の第2セッションで，個々のハトがより好むほうの餌に食器用洗剤を混ぜて価値低下した。まずくなった好みの餌とたとえば赤キーが結びついている場合は，第2セッションの赤試行でハトが反応を抑制し（味覚嫌悪学習），かつ第1セッションの赤試行で反応が回復するまで訓練を継続する。こうして4時間後の第2セッションでは，好みの餌が傷んで食べられないことを教えた。

テストでは，第2セッションの直前に赤キーと緑キーを同時に呈示し，どちらを選ぶかを見た。どちらかを3回つつくと終了し強化は与えられなかった（消去法によるテスト）。

1時間後の第2セッション直前のテストでは好みの餌と結びついているキーを選択する確率が高かった（77.08%）。好みの餌がまずくなる4時間後ではそのキーの選択率は大幅に減少し（33.13%），好みではないが食べられる餌のほうをより頻繁に選んだ。

● メタ記憶

電話をかけるとき相手の番号を覚えているかどうか自分の記憶をチェックし，記憶が確かでなければ番号を調べなおすだろう。また，ある事柄の細部までは具体的に思い出せないが，自分がその事柄を知っていたと感じることは多い。ヒトは自分の記憶の内容や有無をモニターできる。これを**メタ記憶**という。

メタ記憶は，自分自身の思考や知識に関する認知，すなわち**メタ認知**の一種である。メタ記憶も**エピソード記憶**と同様に，外からは観察不可能な自己に関する認識（**私的出来事**）であるため，ヒトに特異的な能力だと考えられてきた。しかし，動物も自身の記憶や知識をモニターし，刻々と変化する環境に柔軟に対処する必要がある。ある問題場面で，その問題は自分に対処できないと判断できれば，その場面を事前に回避することができる。また，自分の記憶が不確かだと分かれば，それを補う情報を得ようとする。メタ記憶は，「未来の行動」を計画し，うまく環境に適応するためにも必須な記憶である。

ハンプトンとハムステッド（2006）は，**遅延見本合わせ**課題で誤反応のときは比較刺激を殴りつけ，正反応のときはやさしく触るアカゲザルについて報告している。サルは自分の記憶の確信度を意識し，記憶が不確かで誤反応しそうなときは比較刺激を乱暴に殴りつけるのだろうか？

遅延見本合わせ課題 ハンプトン（2001）がアカゲザルに用いた**遅延見本合わせ**課題では，見本合わせ場面に直面する前に，試行を中止するか続行するかの選択が許される**自由選択**試行と常に試行が続行して見本合わせが求められる**強制選択**試行があった。

Topic ハンプトン (2001) の実験

ハンプトン (2001) が用いた遅延見本合わせ課題では，見本刺激に触れると遅延時間に入る。遅延時間は，2頭のサル (M1 と M2) のそれぞれの正答率が十分低減する長さ (34秒と38秒) に調整された。遅延の後，2/3 の試行は**自由選択**試行に入り，左側の刺激を選ぶとスクリーン上に4つの比較刺激が呈示され，見本刺激と同じ刺激を選ぶと好物のピーナッツで強化された。誤反応には15秒のタイムアウトが与えられた。右側の刺激を選ぶと，比較刺激の代わりに麦の穂の画像が呈示され，それを触ると固形飼料が与えられた (テストを回避する選択)。残る 1/3 の試行は**強制選択**試行で，常に見本合わせが求められ，正答は好物のピーナッツで強化された。

M1 と M2 の各サルで，図 11-8 の左側の青い棒が自由選択試行，右側の白い棒が強制選択試行での正答率である (チャンスレベルは 25%)。正答率は自由選択試行で強制選択試行より有意に高かった。

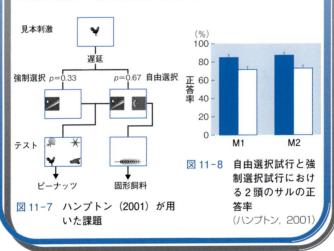

図 11-7 ハンプトン (2001) が用いた課題

図 11-8 自由選択試行と強制選択試行における2頭のサルの正答率
(ハンプトン, 2001)

メタ記憶 257

自由選択試行で，試行を中止すると確実に餌（固形飼料）を得られるが，試行を続行して正答するとより好ましい餌（ピーナッツ）を得られるようになっている。しかし誤反応すると餌ではなく罰としてタイムアウトが与えられる。サルが自身の記憶をモニターできれば，自由選択をして見本合わせをしたときのほうが強制的に見本合わせをさせられたときより正答率が高くなるはずである。この予想は支持された（前ページ Topic 参照）。

　記憶以外の環境要因や行動要因（外部ノイズ，疲労，動因の変動など）の効果をチェックするために，見本刺激の代わりに白色画面を呈示するテスト試行を訓練試行に数試行だけ挿入した。見本刺激の記憶の有無だけで続行か中止かを決めていれば，見本刺激が呈示されないテスト試行では中止を選ぶはずである。図11-9 のように，テスト試行では，通常の訓練試行より多くの試行を中止し，記憶以外の要因の効果はみとめられなかった。

　次の実験では遅延時間をさまざまに変化した。もしサルがメタ記憶をもつなら，遅延時間が短く見本刺激の記憶を自分が保持できていると判断すれば試行を中止しないが，遅延時間が長くなるに従って中止が多くなるだろう。図 11-10 の■のように，中止する確率は遅延時間に従って増加した。

　見本刺激の記憶が少しでも不確実なら試行を中止すれば，逆に試行を続行したときの自由選択試行での正答率は遅延時間が長くなっても高く維持されるだろう。一方，強制試行では正答率は遅延時間に従って減少するはずである。図 11-10 の●と○のように，この予想は，試行を中止する傾向の強いサル（M1）で確認されたが，その傾向が弱いサル（M2）では自由選択試行で試行の続行を選んだときでも遅延時間とともに正答率が減少した。

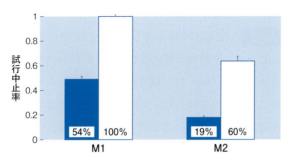

図 11-9 通常の訓練試行と（左側の青い棒線）と白色画面を呈示するテスト試行（右側の白い棒線）における試行中止率の比較
（ハンプトン，2001）
数値は，最初のセッションにおける中止率（％）である。

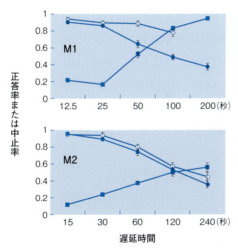

図 11-10 遅延時間による正答率と中止率の変化
（ハンプトン，2001）
■は中止率，○は自由選択試行での正答率，●は強制選択試行での正答率。

メタ記憶

同様の手続を用いて，チンパンジー，オランウータン，オマキザルなどでメタ記憶が確認されている。

情報の収集　記憶が不確かだと認識したとき，それを補足する情報（ヒント）を動物が得ようとするかが問われた。

　ハンプトンら（2004）は，図 11-11 のような 4 本のチューブのどれかに固形飼料を隠した。半数の試行で，アカゲザルは実験者が餌を隠す場面を見ることができた（「見える試行」）。他半数の試行では不透明なスクリーンが下がり，サルはその場面を見ることができなかった（「見えない試行」）。「見えない試行」では，実験者が餌を隠し終わると不透明なスクリーンが上がった。いずれの試行でもその 2 秒後に透明なスクリーンが上がり，サルは 1 つだけチューブを選ぶことが許され，正答ならそのチューブに隠されていた餌を得ることができた（図 11-11 右）。サルは「見えない試行」でチューブを選ぶ前にチューブを覗き見る反応をした（図 11-11 左）。また，「見えない試行」の正答率は，覗き見をした試行（平均 84%）で覗き見しなかった試行（平均 22%）よりはるかに高かった。一方，「見える試行」では覗き見の頻度は低かった。また，覗き見するときは餌を隠したチューブを最初に見る傾向があった。

　これらの結果はメタ記憶を支持したが，著者らは**反応競合**によっても説明できるとしている。「見える試行」では，餌がどこにあるか知っているので，餌を採りに行く反応傾向が高まっている（わざわざ再確認してから採ろうとはしない）。一方，隠されたはずの餌の場所が分からなければ，まずその場所を探す。この場合，自分が餌の場所を知らないことを知っている（**メタ記憶**）からではなく，単に餌の場所が分からないから探索したといえる。

図11-11 「見えない試行」でチューブを覗き見するサル（左）とチューブを持ち上げて固形飼料を採取するサル（右）
（ハンプトンら，2004）

Topic　カケスの場合

　ワタナベとクレイトン（2016）は，ハンプトンら（2004）の方法をカケスに用いた。実験1で正答率は「見える試行」で「見えない試行」より高く，選択前にチューブを覗き見する試行の割合は「見えない試行」で顕著に多いことがわかった。実験2では，外部要因（たとえば，不透明なスクリーンの上げ下げの有無）の効果を見るために，「見える試行」だけからなるセッションで遅延時間を変化した。外部要因はすべての「見える試行」で共通なので，遅延時間の増加とともに覗き見が増加すれば，外部要因の効果を否定できる。実験3では，反応競合が検討された。「見える試行」だけからなるセッションの半数の試行で，餌を一方のチューブに入れた後，それをもう一方のチューブに移し替えた。もし反応競合なら，カケスは餌がチューブに隠されるのを見たので，餌を採りに行く反応が覗き見する反応より出現傾向が高まっているはずである。従って，覗き見反応は増えることはない。メタ記憶なら，どちらのチューブに隠されたかの混乱（干渉）が生じ確信度が減少する。従って，覗き見反応は通常の試行より多くなる。実験2と3は，外部要因や反応競合ではないことを支持した。これらの要因の他にも，実験手続きによっては，テスト中の強化随伴性あるいは反応潜時や正答率（あるいは強化率）の変化が手がかりとなって，一見メタ記憶とみられる行動が示されることがある。

自分の反応の確信度評定　以上みてきた実験は，反応の前に，自分自身の記憶の有無を判断させる方法がとられた。一方，反応の後に，その反応が正しいと「確信する」または「確信しない」の選択を課す方法がある。この方法では，実際に正答だったとき正しいと「確信する」を選択し，誤答だったとき「確信しない」を選択すると，最大の強化が得られるようになっている。自分の記憶をモニタリングし，反応の確信度を正しく評定できるなら，正答のとき「確信する」と誤答のとき「確信しない」を選ぶ確率が，正答のとき「確信しない」と誤答のとき「確信する」を選ぶ確率より高くなることが予想される。

　この方法は反応競合が起きないという利点がある。しかし訓練場面の何らかの環境要因が確信度評定を制御している可能性があるので，ある課題の下で獲得した確信度評定が，即座に他の課題にも転移するかが問われなければならない。また，反応の仕方（たとえば反応時間の長短）が確信度評定の手がかり（弁別刺激）になっていないかの検討も必要である。

　コーネルら（2007）は，アカゲザルを図 11-12 のような弁別課題で訓練した（この最終手続きに入る前に，サルは確信度評定が入らない大きさ弁別の訓練を受けた）。この図の例では最も大きなドットを選ぶことが求められた。上段は正答後に"確信する"を選び強化としてトークン（p.122 参照）を 3 個得た例，中段は誤反応の後に"確信する"を選びトークンを 3 個失った例，下段は正答または誤答の後に"確信しない"を選びトークンを 1 個得た例である。トークンが 12 個以上貯まると本物の餌で強化され，強化と同時にトークンは初期値の 9 個に戻る。トークンがゼロになると，それ以上トークンは減少しない。

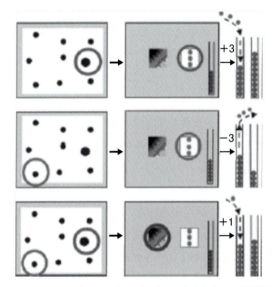

図 11-12 コーネルら（2007）が用いた大きさの弁別課題
まず9個のドットが毎試行無作為な位置に呈示される。大きいドットを選べば正答（上段の図で円で囲まれているドット），小さいドットを選べば誤答（中段の図で円で囲まれているドット）。もちろん円は実際には呈示されない。選択の直後，「確信する」のアイコン（縦に並んだ3つのドット）と「確信しない」のアイコン（幾何学的図形）が呈示される。正答のとき「確信する」を選ぶと，画面右端の透明な筒にトークンが3つ入れられる。誤答のとき「確信する」を選ぶと，トークンを3つ失う。下段のように正答でも誤答でも「確信しない」を選ぶと，トークンが1つ加えられる。なお，弁別の難易度（大小のドットの大きさの差）を試行間で無作為に変化した。「確信する」の選択は，リスクが大きい賭けである。自分の反応とそれに対する評価が一致すれば大強化を得るが，一致しなければ大罰を受ける。「確信しない」は，小強化を毎試行必ず受ける。リスクはないが，強化効率が悪い。

この実験の 2 頭のサルは，予備実験において確信度評定つきの長さの弁別と数の弁別課題で十分な訓練を受けていた。この研究では，確信度評定が前記の大きさ弁別課題や記憶課題（図 11-13）にも転移するかが問われた。大きさの弁別課題でも記憶課題でも，それぞれの弁別訓練が 65% の正答率に達した時点で確信度評定が導入された。サルは導入直後から，正答の後には「確信しない」より「確信する」を選び，誤答の後には「確信する」より「確信しない」を選ぶ傾向を示した。すなわち，予備実験で訓練された確信度評定がこれらの新しい課題に転移した。ただし，反応時間は正答のほうが誤答より短い傾向があるので，「反応時間が短いときは"確信する"，反応時間が長いときは"確信しない"」と反応した可能性があった。しかし反応時間だけではデータを説明できず，この仮説は棄却された。

　このように実験 1 では，アカゲザルが自分の反応の確信度をモニターできることが示された。実験 2 では情報が不足しているとき，サルはそれを補足する情報（ヒント）を得ようとするかが検討された。同様の目的で行われた前記のハンプトンら（2004）などでは，餌を探索する反応が指標として用いられたが，自分が「何を知っているか，何を知らないか」を知らなくても，餌の場所が分からなければ動物は探索反応を起こすだろう。一方，この実験の記憶課題では，複数の画像を A → B → C → D のように定められた順番で触る系列学習において，"ヒント要求アイコン（次はどれ？）"に触ると，次に触らなければならない画像が指示された。これは動物が日常的に自発する既存の反応ではなく，実験室で条件づけによって形成されたオペラント反応である。従って，反応競合（p.260）は起きない。

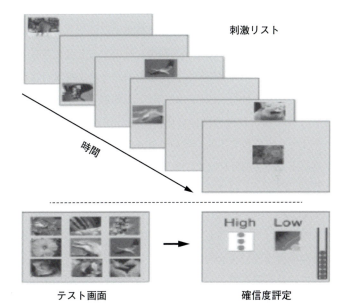

図 11-13　コーネルら（2007）が用いた記憶課題
6 枚の異なる画像からなる刺激リストが，3×3 の 9 カ所のうち毎試行ランダムに選ばれた 6 カ所に継時的に 1 つずつ呈示され，保持時間（0.5秒）の後，テスト画面が呈示された。テスト画面の 8 カ所にはリスト内になかった画像，他 1 カ所にはリスト内にあった画像が呈示され，リスト内にあった画像を選ぶと正答で強化された。また，個々のリスト画像を確実に見るように，1 つずつ呈示されるリスト画像に触る（観察反応）と次の画像が呈示された。大量の画像を用意し，毎試行そして毎日新しい画像が用いられた（「試行にユニーク」な条件）。この記憶課題で訓練した後，「確信する（High）」と「確信しない（Low）」のアイコンが加えられ確信度評定が求められた。その場合のトークン強化は大きさの弁別課題と同じであった。

「ヒントなし」試行（図 11-14, a と b）では，4 つの画像が無作為な位置に呈示され，A → B → C → D の順序で反応することが求められた。前述の系列学習（p.111）と同様に反応した画像が消えないので，偶然に順番通りに最後まで反応できる確率はきわめて小さい。順番通りに 4 つの画像に反応すると強化されるが（強化子はバナナ味の固形飼料），順番を誤るとそこで試行は終了する。ヒントあり試行（c）では，"ヒント要求" アイコンが呈示され，これに触ると次の画像の周囲に線分が点滅する（d）。アイコンは各系列位置で 1 回，最高で計 4 回使える。アイコンを使わず最後まで順序通りに反応できるとバナナ味の固形飼料が与えられるが，途中で 1 回でもアイコンを使うと普通の固形飼料になってしまう。

サルたちは，すでに特定の 4 つの画像（A，B，C，D）を用いて十分な訓練を受けており，「ヒントなし」試行でも高い正答率を示していた。そこで，テストでは半数の試行でこの旧画像リスト，他半数の試行で新しい画像からなる新画像リストを呈示した。さらにその半数は「ヒントあり」試行，半数は「ヒントなし」試行だった。このテストは 4 日間続いた。同様のテストが 10 組の新画像リストで順次行われた。各新画像リストを導入した直後は，「ヒントなし」試行の正答率が低く，「ヒントあり」試行のヒント要求頻度が高かった。

新しい画像リストの「ヒントなし」試行の正答率は 4 日間で顕著に増加し，「ヒントあり」試行でヒントを使った試行の割合が減少した（図 11-15a）。また，親近性が高い旧画像とくらべて，新画像の「ヒントなし試行」の正答率が低く，「ヒントあり」試行でヒントを要求した試行の割合が高かった（図 11-15b）。

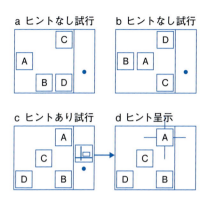

図 11-14 コーネルらが用いた系列学習課題
(コーネルら，2007 を改変)

A，B，C，D は 4 枚セットの刺激リスト（a と b は「ヒントなし」試行の例，c は「ヒントあり」試行の例）。「ヒントあり」試行でヒントを得たいときは，c の幾何学的模様を押すと，その画像が指示される（d）。各試行で，バナナ味の固形飼料の強化を得られる可能性がある間は刺激画面の横に赤いドットが呈示されている。1 度でも"ヒント要求"アイコンを使うとドットが消え，強化が普通の固形飼料になる。

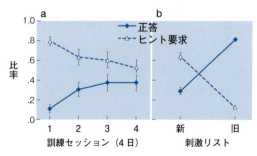

図 11-15 ヒントなし試行での正答率とヒントなし試行でヒントを要求した試行の比率（コーネルら，2007）
a：新画像リストでの 4 日間の推移。
b：新旧画像リスト間の比較。

実験1と2の結果から，サルはモニタリング（自分の知識の評定）とコントローリング（知識不足なら情報を得る）というメタ認知機能をもつと結論づけられた。

　エピソード記憶と同様，メタ記憶（広くはメタ認知）は言語をもつヒト特有の心的機能だと考えられてきた。ヒトでは4歳くらいでメタ認知が発達するといわれている。しかし，ヒトのみならず多くの動物が環境に適応して生存するためには，自分自身の経験や行動や知識を認識し，時々刻々と変化する環境を予測し，それに対処すべく柔軟に行動する必要がある。近年になってチンパンジーや旧世界ザル（アカゲザル）や新世界ザル（オマキザル）も，そうした心的機能をもつことが次第に分かってきた。ハトでは否定的な結果が多く報告されているが，近年ではメタ認知的機能を示唆する研究も散見されるようになった（たとえば右ページTopic）。

　ただし，動物にそうした心的機能があったとしても，それがはたしてヒトが私的出来事として自覚しているもの（意識）と同じかどうかは分からない。コーネルら（2007）は，論文の最後でヒトの研究を引用し，自己の記憶や知識などの内的状態を意識的に判断する以前に，ヒトは言語化できない意識下のレベルでそうした判断をすでにしていると指摘した。彼らは，言語化される以前のメタ認知機能をヒトとサルは共有していると論じ，17世紀の哲学者ルネ・デカルトの動物機械論に反し，動物は“言語なき思考”ができるとしてこの論文を結んでいる。

Topic　ハトはメタ認知をもつか？

　イワサキら（2018）は，コーネルら（2007）と同様に系列学習課題をハトに用いた。ただし，3項目の系列を用い，ハトがつついた項目は順次消えるようにして，ハトにも容易に学習できる課題になっている。また，コーネル（2007）とは異なり，旧画像リストでテストされるか新画像リストでテストされるかを予告する刺激が試行開始とともに呈示され，それをつつくと，「ヒントなし」と「ヒントあり」の選択が求められる。従って，系列学習課題の前に「ヒントなし」と「ヒントあり」の選択をすることになる。「ヒントあり」を選ぶと，その直後の系列学習課題で系列順序に合わせて各項目に目印がつけられる。なお，自動的に「ヒントなし」または「ヒントあり」になる強制試行も併せて行われた。「ヒントなし」で正答した場合は常に餌で強化した。「ヒントあり」では必ず正答するが，そのうちの数試行は強化が与えられなかった。テストでは4日ごとに新しい画像からなる新奇系列が用いられた。

　個体差が大きかったが，大半のハトは新奇系列でテストすることを知らされると，「ヒントあり」を選ぶ確率が高くなる傾向を示した。1羽のハトは，新しい新奇系列が導入された最初の日から顕著にこの傾向を示し，「ヒントなし」の強制試行の正答率が低いほど「ヒントあり」試行を選択する傾向がみられた。著者らは，ハトも自分の知識を認識し，後で求められる課題に対処できるように環境を調整する（この場合は，「ヒントあり」または「ヒントなし」を選択する）ことができると考えた。大きな個体差が何に起因するかの分析が待たれるが，少なくとも1羽のハトで得られた結果は，進化の途上で，ヒトや類人猿やサルの他にハトなどの鳥類にもメタ認知機能が共有された可能性を示唆した。

●●●● 参考図書

ダマシオ，A.　田中 三彦（訳）（2018）．意識と自己　講談社

　生物神経科学の視点から，自己のものとして認識される感情（感情認識）と意識の関係について一般読者向けに論じている。

ドーキンス，M. S.　長野 敬他（訳）（1995）．動物たちの心の世界　青土社

「動物たちの心がどうなっているのか」という問題について，行動生物学の視点から論じている。

ファインバーグ，T. E.・マラット，J. M.　鈴木 大地（訳）（2017）．意識の進化的起源――カンブリア爆発で心は生まれた――　勁草書房

　原始的意識が進化の途上でどのようにして生まれたかを，哲学や神経生物学および進化的アプローチで得られた知見に基づき，統一的に説明しようとする試み。

グリフィン，D. R.　長野 敬・宮木 陽子（訳）（1995）．動物の心　青土社

　多様な動物の行動に見られる意識の働きについて，豊富な行動観察をもとに検証されている。

三宮 真智子（編著）（2008）．メタ認知――学習力を支える高次認知機能――　北大路書房

　ヒトの学習に関するメタ認知研究の基礎から応用までを網羅しながら，メタ認知研究の実用可能性を解説している。

清水 寛之（編著）（2009）．メタ記憶――記憶のモニタリングとコントロール――　北大路書房

　ヒトにおけるメタ記憶研究の動向を，認知心理学や発達心理学など幅広い領域から解説している。10 章に，動物のメタ記憶の解説がある。

引 用 文 献

＊入手の容易な訳書があるものについては，訳書の後に原著を（　）に入れるという順序で示している。本文や図表では原著出版年で統一しているので，参照の際には注意されたい。

1章

Allison, M. G., & Ayllon, T.（1980）. Behavioral coaching in the development of skills in football, gymnastics, and tennis. *Journal of Applied Behavior Analysis, 13*, 297-314.

Gallistel, C. R., Fairhurst, S., & Balsam, P.（2004）. The learning curve : Implications of a quantitative analysis. *Proceeding of the National Academy of Science, USA, 101*, 13124-13131.

Hull, C. L.（1934）. The concept of the habit-family hierarchy and maze-learning : Part I. *Psychological Review, 41*, 33-54.

ケーラー，W. 宮 孝一（訳）（1962）. 類人猿の知慧試験　岩波書店
（Köhler, W.（1917）. *Intelligenzprüngen an Menschenaffen.* Berlin : Springer.）

Sajwaj, T., Libet, J., & Agras, S.（1974）. Lemon-juice therapy : The control of life-threatening rumination in a six-month-old infant. *Journal of Applied Behavior Analysis, 7*, 557-563.

Schneirla, T. C.（1933）. Motivation and efficiency in ant learning. *Journal of Comparative Psychology, 15*, 243-266.

スレーター，P. J. B. 日高 敏隆・百瀬 浩（訳）（1988）. 動物行動学入門　岩波書店
（Slater, P. J. B.（1985）. *An introduction to ethology.* Cambridge : Cambridge University Press.）

Tinbergen, N.（1951）. *The study of instinct.* Oxford : Oxford University Press.

2章

Barrass, R.（1961）. A quantitative study of the behaviour of the male *Mormoniella vitripennis*（Walker）（Hymenoptera, Pteromalidae）towards two constant stimulus-situations. *Behaviour, 18*, 288-312.

Carew, T. J., Pinsker, H. M., & Kandel, E. R.（1972）. Long-term habituation of a defensive withdrawal reflex in Aplysia. *Science, 175*, 451-454.

Cheney, D. L., & Seyfarth, R. M.（1988）. Assessment of meaning and the detection of unreliable signals. *Animal Behaviour, 36*, 477-486.

Cohen, L. B., & Strauss, M. S.（1979）. Concept acquisition in the human infant. *Child Development, 50*, 419-424.

Davis, M.（1970）. Effects of interval length and variability on startle-response habituation in the rat. *Journal of Comparative and Physiological Psychology, 72*, 177-192.

Davis, M., & Wagner, A. R.（1968）. Startle responsiveness after habituation to different intensities of tone. *Psychonomic Science, 12*, 337-338.

Davis, M., & Wagner, A. R. (1969). Habituation of startle response under incremental sequence of stimulus intensities. *Journal of Comparative and Physiological Psychology*, *67*, 486–492.

Gardner, L. E. (1968). Retention and overhabituation of a dual-component response in *Lumbricus terrestris*. *Journal of Comparative and Physiological Psychology*, *66*, 315–318.

Groves, P. M., & Thompson, R. F. (1970). Habituation : A dual-process theory. *Psychological Review*, *77*, 419–450.

Kaplan, P., Scheuneman, D., Jenkins, L., & Hilliard, S. (1988). Sensitization of infant visual attention : Role of pattern contrast. *Infant Behavior and Development*, *11*, 265–276.

Kimble, D., & Ray, R. (1965). Reflex habituation and potentiation in Rana pipiens. *Animal Behaviour*, *13*, 530–533.

Williams, J. A. (1963). Novelty, GSR, and stimulus generalization. *Canadian Journal of Psychology*, *17*, 52–61.

Zajonc, R. A. (1968). Attitudinal effects of mere exposure. *Journal of Personality and Social Psychology Monograph Supplement*, *9* (2, Pt.2).

3章

アスラチャン，E. A. 柏植 秀臣・丸山 修吉（訳）(1955). パヴロフ――その生涯と業績―― 岩波書店
　(Asratian, E. A. (1953). *I. P. Pavlov : His life and work*. Russia : ASRA.)

Buckley, K. W. (1989). *Mechanical man : John Broadus Watson and the beginnings of behaviorism*. New York : Guilford Press.

Domjan, M., & Wilson, N. E. (1972). Specificity of cue to consequence in aversion learning in the rat. *Psychonomic Science*, *26*, 143–145.

Fanselow, M. S., & Poulos, A. M. (2005). The neuroscience of mammalian associative learning. *Annual Review of Psychology*, *56*, 207–234.

Garcia, J. (1989). Food for Tolman : Cognition and cathexis in concert. In T. Archer, & L.-G. Nilsson (Eds.), *Aversion, avoidance, and anxiety : Perspectives on aversively motivated behavior* (pp.45–85). Hillsdale, NJ : Erlbaum.

Garcia, J., Ervin, F. R., & Koelling, R. A. (1966). Learning with prolonged delay of reinforcement. *Psychonomic Science*, *3*, 121–122.

Henderson, T. B., & Strong, P. N., Jr. (1972). Classical conditioning in the leech *Macrobdella ditetra* as a function of CS and UCS intensity. *Conditioned Reflex*, *7*, 210–215.

Hoffman, H. S., Fleshler, M., & Jensen, P. (1963). Stimulus aspects of aversive controls : The retention of conditioned suppression. *Journal of the Experimental Analysis of Behavior*, *6*, 575–583.

Imada, H., Yamazaki, A., & Morishita, M. (1981). The effects of signal intensity upon conditioned suppression : Effects upon responding during signals and intersignal intervals. *Animal Learning and Behavior*, *9*, 269–274.

Jones, M. C. (1924). A laboratory study of fear : A case of Peter. *Pedagogical*

Seminary, 31, 308‒315.

McAllister, W. R.（1953）. Eyelid conditioning as a function of the CS-US interval. *Journal of Experimental Psychology, 45,* 417‒422.

内藤 徹（1969）. 乳幼児の眼瞼条件反射――乳幼児と成人の比較研究―― 心理学モノグラフ No.10 東京大学出版会

パヴロフ, I. P. 川村 浩（訳）（1975）. 大脳機能半球の働きについて――条件反射学――（上・下） 岩波書店
（Pavlov, I. P.（1927）. *Conditioned reflexes : An investigation of the physiological activity of the cerebral cortex.* Oxford : Oxford University Press.）

Prokasy, W. F., Jr., Grant, D. A., & Myers, N. A.（1958）. Eyelid conditioning as a function of unconditioned stimulus intensity and intertrial interval. *Journal of Experimental Psychology, 53,* 242‒246.

Quirk, G. J., Garcia, R., & Gonzalez-Lima, F.（2006）. Prefrontal mechanisms in extinction of conditioned fear. *Biological Psychiatry, 60,* 337‒343.

Schafe, G. E., Sollars, S. I., & Bernstein, I. L.（1995）. The CS-US interval and taste aversion learning : A brief look. *Behavioral Neuroscience, 109,* 799‒802.

Seligman, M. E. P.（1970）. On the generality of the laws of learning. *Psychological Review, 77,* 406‒418.

玉井 紀子（1998）. 条件性抑制事態における消去後の文脈変化による renewal 効果の検討――ラットの摂水反応をベースとして―― 関西学院大学文学部心理学科 1997 年度卒業論文

Testa, T. J.（1975）. Effects of similarity of location and temporal intensity pattern of conditioned and unconditioned stimuli on the acquisition of conditioned suppression in rats. *Journal of Experimental Psychology : Animal Behavior Processes, 1,* 114‒121.

Watson, J. B., & Rayner, R.（1920）. Conditioned emotional reactions. *Journal of Experimental Psychology, 3,* 1‒14.

Wenger, M. A.（1936）. Enternal inhibition and disinhibition produced by duplicate stimuli. *American Journal of Psychology, 48,* 446‒456.

ウォルピ, J. 金久 卓也（監訳）（1977）. 逆制止による心理療法 誠信書房
（Wolpe, J.（1958）. *Psychotherapy by reciprocal inhibition.* Stanford, CA : Stanford University Press.）

4章

Bitterman, M. E., Menzel, R., Fietz, A., & Schäfer, S.（1983）. Classical conditioning of proboscis extension in honeybees（*Apis mellifera*）. *Journal of Comparative Psychology, 97,* 107‒119.

Bouton, M. E.（1988）. Context and ambiguity in the extinction of emotional learning : Implications for exposure therapy. *Behaviour Research and Therapy, 26,* 137‒149.

Hearst, E., Bottjer, S. W., & Walker, E.（1980）. Conditioned approach-withdrawal behavior and some signal-food relations in pigeons : Performance and positive vs. negative "associative strength". *Bulletin of the Psychonomic*

Society, 16, 183-186.

Kamin, L. J.（1968）. "Attention-like" processes in classical conditioning. In M. R. Jones（Ed.）, *Miami symposium on the prediction of behavior : Aversive stimulation*（pp.9-31）. Coral Gables, FL : University of Miami Press.

Mackintosh, N. J.（1976）. Overshadowing and stimulus intensity. *Animal Learning and Behavior, 4*, 186-192.

パヴロフ，I. P.　川村 浩（訳）（1975）. 大脳機能半球の働きについて──条件反射学──（上・下）　岩波書店

（Pavlov, I. P.（1927）. *Conditioned reflexes : An investigation of the physiological activity of the cerebral cortex.* Oxford : Oxford University Press.）

Rescorla, R. A.（1967）. Pavlovian conditioning and its proper control procedures. *Psychological Review, 74*, 71-80.

Rescorla, R. A.（1969）. Pavlovian conditioned inhibition. *Psychological Bulletin, 72*, 77-94.

Rescorla, R. A., & Wagner, A. R.（1972）. A theory of Pavlovian conditioning : Variations in the effectiveness of reinforcement and nonreinforcement. In A. H. Black, & W. F. Prokasy（Eds.）, *Classical conditioning II : Current research and theory*（pp.64-99）. New York : Appleton-Century-Crofts.

5章

Baker, A. G., & Mackintosh, N. J.（1977）. Excitatory and inhibitory conditioning following uncorrelated presentations of CS and UCS. *Animal Learning and Behavior, 5*, 315-319.

Berridge, K. C., & Schulkin, J.（1989）. Palatability shift of salt-associative incentive during sodium depletion. *Quarterly Journal of Experimental Psychology, 41B*, 121-138.

Hearst, E., & Jenkins, H. M.（1974）. *Sign-tracking : The stimulus-reinforcer relation and directed action.* Austin, TX : Psychonomic Society.

Hilliard, S., & Domjan, M.（1995）. Effects of sexual conditioning of devaluing the US through satiation. *Quarterly Journal of Experimental Psychology, 48B*, 84-92.

Holland, P. C.（1977）. Conditioned stimulus as a determinant of the form of the Pavlovian conditioned response. *Journal of Experimental Psychology : Animal Behavior Processes, 3*, 77-104.

Hollis, K. L., Pharr, V. L., Dumas, M. J., Britton, G. B., & Field, J.（1997）. Classical conditioning provides paternity advantage for territorial male blue gouramis（*Trichogaster trichopterus*）. *Journal of Comparative Psychology, 111*, 219-225.

Jenkins, H. M., & Moore, B. R.（1973）. The form of the auto-shaped response with food or water reinforcers. *Journal of the Experimental Analysis of Behavior, 20*, 163-181.

Schull, J.（1979）. A conditioned opponent theory of Pavlovian conditioning and habituation. In G. H. Bower（Ed.）, *The psychology of learning and motivation*（Vol.13, pp.57-90）. New York : Academic Press.

Siegel, S. （1982）. Pharmacological habituation and learning. In M. L. Commons, R. J. Herrnstein, & A. R. Wagner （Eds.）, *Quantitative analyses of behavior* （Vol.3 : Acquisition, pp.195‑217）. Cambridge, MA : Ballinger.

Siegel, S., & Ellsworth, D. W. （1986）. Pavlovian conditioning and death from apparent overdose of medically prescribed morphine : A case report. *Bulletin of the Psychonomic Society, 24*, 278‑280.

Timberlake, W. （1994）. Behavior systems, associationism, and Pavlovian conditioning. *Psychonomic Bulletin and Review, 1*, 405‑420.

Timberlake, W., & Grant, D. L. （1975）. Auto-shaping in rats to the presentation of another rat predicting food. *Science, 190*, 690‑692.

6章

APOPO, VZW （2019）. *2018 Annual report.* Antwerpen : Author.

浅野 俊夫 （1982）. 行動の形成 佐々木 正伸 （編） 現代基礎心理学 5 : 学習 I ——基礎過程—— （pp.91‑114） 東京大学出版会

Balaban, P. M., & Chase, R. （1989）. Self-stimulation in snails. *Neuroscience Research Communications, 4*, 139‑146.

Bjork, D. W. （1993）. *B. F. Skinner : A life.* New York : Basic Books.

ボークス，R. 宇津木 保・宇津木 成介 （訳） （1990）. 動物心理学史——ダーウィンから行動主義まで—— 誠信書房
（Boakes, R. （1984）. *From Darwin to behaviourism : Psychology and the mind of animals.* Cambridge, Cambridge University Press.）

Catania, A. C. （1998）. *Learning* （4th ed.）. Upper Saddle River, NJ : Prentice Hall.

Elliott, M. H. （1928）. The effect of change of reward on the maze performance of rats. *University of California Publications in Psychology, 4*, 19‑30.

Fountain, S. H., & Rowan, J. D. （1995）. Sensitivity to violations of "run" and "trill" structures in rat serial-pattern learning. *Journal of Experimental Psychology : Animal Behavior Processes, 21*, 78‑81.

Miller, N. E., & Carmona, A. （1967）. Modification of a visceral response, salivation in thirst dogs, by instrumental training with water reward. *Journal of Comparative and Physiological Psychology, 63*, 1‑6.

Nevin, J. A. （1999）. Analyzing Thorndike's law of effect : The question of stimulus-response bonds. *Journal of the Experimental Analysis of Behavior, 72*, 447‑450.

Poling, A., Weetjens, B., Cox, C., Beyene, N., Bach, H., & Sully, A. （2010）. Teaching giant African pouched rats to find landmines : Operant conditioning with real consequences. *Behavioral Analysis in Practice, 3*, 19‑25.

Scarf, D., & Colombo, M. （2010）. Representation of serial order in pigeons （*Columba livia*）. *Journal of Experimental Psychology : Animal Behavior Processes, 36*, 423‑429.

Schwartz, B. （1984）. *Psychology of learning and behavior.* New York : Norton.

Skinner, B. F. （1945）. Baby in a box. *Ladies' Home Journal, 62*, 30‑31 ; 135‑136

; 138.

Skinner, B. F.（1948）. "Superstition" in the pigeon. *Journal of Experimental Psychology, 38*, 168‒172.

Skinner, B. F.（1953）. *Science and human behavior.* New York : Macmillan.

Skinner, B. F.（1960）. Pigeons in a pelican. *American Psychologist, 15*, 28‒37.

Staddon, J. E. R., & Simmelhag, V. L.（1971）. The "superstition" experiment : A reexamination of its implications for the principles of adaptive behavior. *Psychological Review, 78*, 3‒43.

Stein, L., Xue, B. G., & Belluzzi, J. D.（1994）. In vitro reinforcement of hippocampal bursting : A search for Skinner's atoms of behavior. *Journal of the Experimental Analysis of Behavior, 61*, 155‒168.

Terrace, H. S.（1987）. Chunking by a pigeon in a serial learning task. *Nature, 325*, 149‒151.

Thorndike, E. L.（1898）. Animal intelligence : An experimental study of the associative processes in animals. *Psychological Review Monograph Supplements, 2*（4, Whole No.8）.

Tolman, E. C.（1932）. *Purposive behavior in animals and men.* New York : Appleton-Century-Crofts.

Tolman, E. C., & Honzik, C. H.（1930）. Introduction and removal of reward, and maze performance in rats. *University of California Publications in Psychology, 4*, 257‒275.

7章

Amsel, A.（1958）. The role of frustrative nonreward in noncontinuous reward situation. *Psychological Bulletin, 55*, 102‒119.

Azrin, N. H., & Holtz, W. C.（1961）. Punishment during fixed-interval reinforcement. *Journal of the Experimental Analysis of Behavior, 4*, 343‒347.

Bentall, R. P., Lowe, C. F., & Beasty, A.（1985）. The role of verbal behavior in human learning : II. Developmental differences. *Journal of the Experimental Analysis of Behavior, 43*, 165‒181.

Bolles, R. C.（1970）. Species-specific defense reactions and avoidance learning. *Psychological Review, 77*, 32‒48.

Breland, K., & Breland, M.（1961）. The misbehavior of organisms. *American Psychologist, 16*, 681‒684.

Capaldi, E, J.（1967）. A sequential hypothesis of instrumental learning. In K. W. Spence, & J. T. Spence（Eds.）, *The psychology of learning and motivation : Advances in research and theory*（Vol.1）. New York : Academic Press.

Church, R. M.（1963）. The varied effects of punishment on behavior. *Psychological Review, 70*, 369‒402.

Domyan, M.（1996）. *The essentials of conditioning and learning.* CA : Brooks/ Cole.

Foree, D. D., & LoLordo, V. M.（1973）. Attention in the pigeon : Differential effects of food-getting versus shock-avoidance procedures. *Journal of Comparative and Physiological Psychology, 85*, 551‒558

メイザー，J. E.　磯　博行・坂上　貴之・川合　伸幸（訳）（2008）．メイザーの
学習と行動（日本語第3版）　二瓶社
（Mazur, J. E.（2006）. *Learning and behavior*（6th ed.）. Upper Saddle River,
NJ : Prentice Hall.）

Overmier, J. B., & Seligman, M. E. P.（1967）. Effects of inescapable shock upon
subsequent escape and avoidance responding. *Journal of Comparative and
Physiological Psychology*, *63*, 28-33.

Premack, D.（1965）. Reinforcement theory. In D. Levine（Ed.）, *Nebraska
Symposium on Motivation*（Vol.XIII, pp.123-180）. Lincoln : University of
Nebraska Press.

Racklin, H., & Green, L.（1972）. Commitment, choice and self-control. *Journal of
the Experimental Analysis of Behavior*, *17*, 15-22.

レイノルズ，G. S.　浅野　俊夫（訳）（1978）．オペラント心理学入門──行動
分析への道──　サイエンス社
（Reynolds, G. S.（1975）. *A primer of operant conditioning*（Rev.ed.）.
Glenview, IL : Scott, Foresman and Company.）

Schindler, C. W., & Weiss, S. J.（1982）. The influence of positive and negative
reinforcement on selective attention in the rat. *Learning and Motivation*, *13*,
304-323.

Shettleworth, S. J.（1975）. Reinforcement and the organization of behavior in
golden hamsters : Hunger, environment, and food reinforcement. *Journal of
Experimental Psychology : Animal Behavior Processes*, *1*, 56-87.

Sidman, M.（1953）. Two temporal parameters of the maintenance of avoidance
behavior by the white rat. *Journal of Comparative and Physiological
Psychology*, *46*, 253-261.

Theios, J.（1962）. The partial reinforcement effect sustained through blocks of
continuous reinforcement. *Journal of Experimental Psychology*, *64*, 1-6.

Timberlake, W., & Allison, J.（1974）. Response deprivation : An empirical
approach to instrumental performance. *Psychological Review*, *81*, 146-164.

8章

Blough, D. S.（1956）. Dark adaptation in the pigeon. *Journal of Comparative and
Physiological Psychology*, *49*, 425-430.

Blough, D. S.（1957）. Spectral sensitivity in the pigeon. *Journal of Optical Society
of America*, *47*, 827-833.

Blough, D. S.（1979）. Effects of the number and form of stimuli on visual search
in the pigeon. *Journal of Experimental Psychology*, *3*, 211-223.

Blough, P. M.（1984）. Visual search in pigeons : Effects of memory set size and
display variables. *Perception and Psychophysics*, *35*, 344-352.

Cavoto, K. K., & Cook, R. G.（2001）. Cognitive precedence for local information
in hierarchical stimulus processing by pigeons. *Journal of Experimental
Psychology : Animal Behavior Processes*, *27*, 3-16.

Conger, R., & Killeen, P.（1974）. Use of concurrent operants in small group
research. *Pacific Sociological Review*, *17*, 399-416.

Coren, S., & Walker, J.（1997）. *What do dogs know?* New York : Free Press.

Guttman, N.（1965）. Effects of discrimination formation on generalization from the positive-rate baseline. In D. I. Mostofsky（Ed.）, *Stimulus generalization* (pp.211–217). Stanford, CA : Stanford University Press.

Guttman, N., & Kalish, H. I.（1956）. Discriminability and stimulus generalization. *Journal of Experimental Psychology, 51,* 79–88.

Hanson, H. M.（1959）. Effects of discrimination training on stimulus generalization. *Journal of Experimental Psychology, 58,* 321–334.

Harlow, H. F.（1949）. The formation of learning sets. *Psychological Review, 56,* 51–65.

Herrnstein, R. J.（1961）. Relative and absolute strength of response as a function of frequency of reinforcement. *Journal of the Experimental Analysis of Behavior, 4,* 267–272.

Honig, W. K.（1965）. Discrimination, generalization and transfer on the basis of stimulus differences. In D. I. Mostofsky（Ed.）, *Stimulus generalization.* Stanford, CA : Stanford University Press.

Jenkins, H. M., & Harrison, R. H.（1960）. Effects of discrimination training on auditory generalization. *Journal of Experimental Psychology, 59,* 246–253.

Johnson, D. F.（1970）. Determiners of selective stimulus control in the pigeon. *Journal of Comparative and Physiological Psychology, 70,* 298–307.

Lashlay, K. S.（1938）. The mechanism of vision XV : Preliminary studies of the rat's capacity for detail vision. *Journal of General Psychology, 18,* 123–193.

Maki, W. S., Jr., & Leith, C. R.（1973）. Shared attention in pigeons. *Journal of the Experimental Analysis of Behavior, 19,* 345–349.

メイザー, J. E.　磯 博行・坂上 貴之・川合 伸幸（訳）（2008）. メイザーの学習と行動（日本語第3版）　二瓶社
（Mazur, J. E.（2006）. *Learning and behavior*（6th ed.）. Upper Saddle River, NJ : Prentice Hall.）

McDowell, J. J.（1981）. On the validity and utility of Herrnstein's hyperbolia in applied behavior analysis. In C. M. Bradshaw, E. Szabadi, & C. F. Lowe（Eds.）, *Quantification of steady-state operant behavior* (pp.311–324). Amsterdam : Elsevier.

Navon, D.（1977）. Forest before trees : The precedence of global features in visual perception. *Cognitive Psychology, 9,* 353–383.

Reynolds, G. S.（1961a）. Behavioral contrast. *Journal of the Experimental Analysis of Behavior, 4,* 57–71.

Reynolds, G. S.（1961b）. Attention in the pigeon. *Journal of the Experimental Analysis of Behavior, 4,* 203–208.

レイノルズ, G. S.　浅野 俊夫（訳）（1978）. オペラント心理学入門――行動分析への道――　サイエンス社
（Reynolds, G. S.（1975）. *A primer of operant conditioning*（Rev.ed.）. Glenview, IL : Scott, Foresman and Company.）

Schwartz, B.（1984）. *Psychology of learning and behavior.* New York : Norton.

Sidman, M., & Stoddard, L. T.（1966）. Programming perception and learning for retarded children. In. N. R. Ellis （Ed.）, *International review of research in mental retarded* （Vol.II., pp.151-208）. New York : Academic Press.

Skorupski, R., Spaethe, J., & Chittka, L. （2006）. Visual search and decision making in bees : Time, speed, and accuracy. *International Journal of Comparative Psychology, 19*, 342-357.

Terrace, H. S. （1963）. Discrimination learning with and without "errors". *Journal of the Experimental Analysis of Behavior, 6*, 1-27.

Terrace, H. S. （1964）. Wavelength generalization after discrimination learning with and without errors. *Science, 144*, 78-80.

Williams, B. A. （1983）. Another look at contrast in multiple schedules. *Journal of the Experimental Analysis of Behavior, 39*, 345-384.

9章

Bandura, A. （1965）. Influence of models' reinforcement contingencies on the acquisition of imitative responses. *Journal of Personality and Social Psychology, 1*, 589-595.

Bingham, H. C. （1929）. Chimpanzee translocation by means of boxes. *Comparative Psychology Monographs, 5* （3, Serial No.25）.

Dépy, D., Fagot, J., & Vauclair, J. （1997）. Categorization of three-dimensional stimuli by humans and baboons : Search for prototype effect. *Behavioural Processes, 39*, 299-306.

Epstein, R. （1981）. On pigeons and people : A preliminary look at the Columban Simulation Project. *The Behavior Analyst, 4*, 43-55.

Fiorito, G., & Scotto, P. （1992）. Observational learning in *Octopus vulgaris*. *Science, 256*, 545-547.

Fisher, J., & Hinde, R. A. （1949）. The opening of milk bottles by birds. *British Birds, 42*, 347-357.

Herrenstein, R. J. （1990）. Levels of stimulus control : A functional approach. *Cognition, 37*, 133-166.

Herrnstein, R. J., & Loveland, D. H. （1964）. Complex visual concept in the pigeon. *Science, 146*, 549-551.

Herrnstein, R. J., Loveland, D. H., & Cable, C. （1976）. Natural concepts in pigeons. *Journal of Experimental Psychology : Animal Behavior Processes, 2*, 285-302.

Jitsumori, M. （1993）. Category discrimination of artificial polymorphous stimuli based on feature learning. *Journal of Experimental Psychology : Animal Behavior Processes, 19*, 244-254.

Jitsumori, M., Ohkita, M., & Ushitani, T. （2011）. The learning of basic-level categories by pigeons : The prototype effect, attention, and effects of categorization. *Learning and Behavior, 39*, 271-287.

Jitsumori, M., Shimada, N., & Inoue, S. （2006）. Family resemblances facilitate formation and expansion of functional equivalence classes in pigeons. *Learning and Behavior, 34*, 162-175.

ケーラー，W. 宮 孝一（訳）（1962）. 類人猿の知慧試験 岩波書店

(Köhler, W. (1917). *Intelligenzprüngen an Menschenaffen.* Berlin : Springer.)

Lea, S. E. G., & Harrison, S. N. (1978). Discrimination of polymorphous stimulus sets by pigeons. *Quarterly Journal of Experimental Psychology, 30,* 521–537.

Miller, N. E., & Dollard, J. (1941). *Social learning and imitation.* New Haven : Yale University Press.

Sherry, D. F., & Galef, B. G., Jr. (1984). Cultural transmission without imitation : Milk bottle opening by birds. *Animal Behaviour, 32,* 937–938.

Sherry, D. F., & Galef, B. G., Jr. (1990). Social learning without imitation : More about milk bottle opening by birds. *Animal Behaviour, 40,* 987–989.

Sidman, M. (1990). Equivalence relations : Where do they come from? In D. Blackman, & H. Lejeune (Eds.), *Behaviour analysis in theory and practice : Contributions and controversies* (pp.93–114). Hove, UK : Erlbaum.

Sidman, M. (1994). *Equivalence relations and behavior : A research story.* Boston, MA : Authors Cooperative.

Skinner, B. F. (1935). The generic nature of the concepts of stimulus and response. *Journal of General Psychology, 12,* 40–65.

Urcuioli, P. J. (1996). Acquired equivalences and mediated generalization in pigeon's matching-to-sample. In T. R. Zentall, & P. M. Smeets (Eds.), *Stimulus class formation in humans and animals* (pp.55–77). Amsterdam : Elsevier.

Vaughan, W., Jr. (1988). Formation of equivalence sets in pigeons. *Journal of Experimental Psychology : Animal Behavior Processes, 14,* 36–42.

10章

Balda, R. P., & Kamil, A. C. (1992). Long-term spatial memory in Clark's nutcracker, *Nucifraga columbiana. Animal Behaviour, 44,* 761–769.

Blough, D. S. (1959). Delayed matching in the pigeon. *Journal of the Experimental Analysis of Behavior, 2,* 151–160.

Cook, R. G., Levison, D. G., Gillett, S. R., & Blaisdell, A. P. (2005). Capacity and limits of associative memory in pigeons. *Psychonomic Bulletin and Review, 12,* 350–358.

Jitsumori, M., & Ushitani, T. (2017). Rapid visual processing of picture stimuli by pigeons in an RSVP (rapid serial visual presentation) Task. *Journal of Experimental Psychology : Animal Learning and Cognition, 43,* 127–138.

Jitsumori, M., Wright, A. A., & Cook, R. G. (1988). Long-term proactive interference and novelty enhancement effects in monkey list memory. *Journal of Experimental Psychology : Animal Behavior Processes, 14,* 146–154.

Jitsumori, M., Wright, A. A., & Shyan, M. R. (1989). Builup and release from proactive intergerence in a rhesus monkey. *Journal of Experimental Psychology : Animal Behavior Processes, 15,* 329–337.

Kendrick, D. F., Rilling, M., & Stonebraker, T. B. (1981). Stimulus control of delayed matching in pigeons : Directed forgetting. *Journal of the Experimental Analysis of Behavior, 36,* 241–251.

Konorski, J. (1959). A new method of psychological investigation of recent memory in animals. *Bulletin de L'Académie Polonaise des Sciences, 7*, 115–117.

Maki, W. S., Olson, D., & Rego, S. (1981). Directed forgetting in pigeons : Analysis of cue functions. *Animal Learning and Behavior, 9*, 189–195.

Neiworth, J. J. (1992). Cognitive aspects of movement estimation : A test of imagery in animals. In W. K. Honig, & J. G. Fetterman (Eds.), *Cognitive aspects of stimulus control* (pp.323–346). Hillsdale, NJ : Erlbaum.

Neiworth, J. J., & Rilling, M. E. (1987). A method for studying imagery in animals. *Journal of Experimental Psychology : Animal Behavior Processes, 13*, 203–214.

Roitblat, H. L. (1980). Codes and coding processes in pigeon short-term memory. *Animal Learning and Behavior, 8*, 341–351.

Sands, S. F., & Wright, A. A. (1980). Serial probe recognition performance by a rhesus monkey and a human with 10- and 20-item lists. *Journal of Experimental Psychology : Animal Behavior Processes, 6*, 386–396.

Sands, S. F., & Wright, A. A. (1982). Monkey and human pictorial memory scanning. *Science, 216*, 1333–1334.

Santi, A., & Roberts, W. A. (1985). Prospective representation : The effects of varied mapping of sample stimuli to comparison stimuli and differential trial outcomes on pigeons' working memory. *Animal Learning and Behavior, 13*, 103–108.

Shimp, C. P., & Moffitt, M. (1974). Short-term memory in the pigeon : Stimulus-response associations. *Journal of the Experimental Analysis of Behavior, 22*, 507–512.

Stonebraker, T. B., & Rilling, M. (1981). Control of delayed matching-to-sample performance using directed forgetting techniques. *Animal Learning and Behavior, 9*, 196–201.

Vaughan, W. Jr., & Greene, S. L. (1984). Pigeon visual memory capacity. *Journal of Experimental Psychology : Animal Behvior Processes, 10*, 256–271.

Wasserman, E. A. (1976). Successive matching-to-sample in the pigeon : Variations on a theme by Konorski. *Behavior Research Methods and Instrumentation, 8*, 278–282.

Wasserman, E. A. (1998). Pigeons' memory for event duration : Differences between visual and auditory signals. *Animal Learning and Behavior, 26*, 163–171.

Wright, A. A., Cook, R. G., Rivera, J. J., Shyan, M. R., Neiworth, J. J., & Jitsumori, M. (1990). Naming, rehearsal, and interstimulus interval effects in memory processing. *Journal of Experimental Psychology : Learning, Memory, and Cognition, 16*, 1043–1059.

Wright, A. A., Santiago, H. C., Sands, S. F., Kendrick, D. F., & Cook, R. G. (1985). Memory processing of serial lists by pigeons, monkeys, and people. *Science, 229*, 287–289.

11章

Babb, S. J., & Crystal, J. D. (2006). Episodic-like memory in the rat. *Current Biology*, *16*, 1317-1321.

Clayton, N. S., & Dickinson, A. (1998). Episodic-like memory during cache recovery by scrub jays. *Nature*, *395*, 272-274.

Hampton, R. R. (2001). Rhesus monkeys know when they remember. *Proceeding of the National Academy of Science, USA*, *98*, 5359-5362.

Hampton, R. R., & Hampstead, B. M. (2006). Spontaneous behavior of a rhesus monkey (*Macaca mulatta*) during memory tests suggests memory awareness. *Behavioural Processes*, *72*, 184-189.

Hampton, R. R., Zivin, A., & Murray, E. A. (2004). Rhesus monkeys (*macaca mulatta*) discriminate between knowing and not knowing and collect information as needed before acting. *Animal Cognition*, *7*, 239-246.

Inostroza, M., Binder, S., & Born, J. (2013). Sleep-dependency of episodic-like memory consolidation in rats. *Behavioural Brain Research*, *237*, 15-22.

Iwasaki, S., Watanabe, S., & Fujita, K. (2018). Pigeons (*Columba livia*) know when they will need hints : Prospective metacognition for reference memory? *Animal Cognition*, *21*, 207-217.

Kornell, N., Son, L. K., & Terrace, H. S. (2007). Transfer of metacognitive skills and hint seeking in monkeys. *Psychological Science*, *18*, 64-71.

Mercado, E. III, Murray, S. O., Uyeyama, R. K., Pack, A. A., & Herman, L. M. (1998). Memory for recent actions in the bottlenosed dolphin (*Tursiops truncatus*) : Repetition of arbitrary behaviors using an abstract rule. *Animal Learning and Behavior*, *26*, 210-218.

Meyers-Manor, J. E., Overmier, J. B., Hatfield, D. W., & Croswell, J. (2014). Not so bird-brained : Pigeons show what-where-when memory both as time of day and how long ago. *Journal of Experimental Psychology : Animal Behavior Processes*, *2*, 225-240.

Raby, C. R., Alexis, D. M., Dickinsson, A., & Clayton, N. S. (2007). Planning for the future by western scrub-jays. *Nature*, 919-921.

Skov-Rackette, S. I., Miller, N. Y., & Shettleworth, S. J. (2006). What-where-when memory in pigeons. *Journal of Experimental Psychology : Animal Behavior Processes*, *32*, 345-358.

Watanabe, A., & Clayton, N. S. (2016). Hint-seeking behavior of western scrub-jays in a metacognition task. *Animal Cognition*, *19*, 53-64.

Zentall, T. R., Clement, T. S., Bhatt, R. S., & Allen, J. (2001). Episodic-like memory in pigeons. *Psychological Bulletin and Review*, *8*, 685-690.

人名索引

ア　行

アズリン（Azrin, N. H.）　136
アムゼル（Amsel, A.）　151
アリストテレス（Aristoteles）　5

岩崎信太郎　269

ヴァーン（Vaughan, W. Jr.）　199,
　237
ヴァサーマン（Wasserman, E. A.）
　227
ウィリアムス（Williams, B. A.）　157

エプスタイン（Epstein, R.）　211

カ　行

ガードナー（Gardner, B. T.）　205
ガードナー（Gardner, R. A.）　205
カタニア（Catania, A. C.）　99
ガットマン（Guttman, N.）　168,　170,
　171
カボット（Cavoto, K. K.）　180

キャパルデイ（Capaldi, E, J.）　151

クレイトン（Clayton, N. S.）　244
グローブス（Groves, P. M.）　28

ケイミン（Kamin, L. J.）　56
ケーラー（Köler, W.）　210
ケンドリック（Kendrick, D. F.）　226

コーエン（Cohen, L. B.）　26
コーネル（Kornell, N.）　262,　268,
　269
コノルスキー（Konorski, J. A.）　216
コレン（Coren, S.）　155
コンガー（Conger, R.）　162

サ　行

サンチ（Santi, A.）　221
サンド（Sands, S. F.）　234

ジェンキンス（Jenkins, H. M.）　74,
　168
実森正子　195,　229,　231,　235
シドマン（Sidman, M.）　146,　148,
　161,　202
ジョーンズ（Jones, M. C.）　43
ジョンソン（Johnson, D. F.）　175
シンプ（Shimp, P. C.）　228,　230

スキナー（Skinner, B. F.）　38,　92,
　94,　95,　96,　104,　106,　198
スコフーラケット（Skov-Rackette, S. I.）
　253
スコルプスキー（Skorupski, R.）　183
スタイン（Stein, L.）　116
スタッドン（Staddon, J. E. R.）　106
ストーンブレイカー（Stonebraker, T. B.）
　224,　225

セリグマン（Seligman, M. E. P.）　48
ゼンタル（Zentall, T. R.）　248

ソーンダイク（Thorndike, E. L.）　84,
　86,　88

タ　行

チェニー（Cheney, D. L.）　27

デイビス（Davis, M.）　24
ティンバーレイク（Timberlake, W.）
　80,　129
デピイ（Dépy, D.）　195
テラス（Terrace, H. S.）　159,　172

トールマン（Tolman, E. C.）　38，88～90
ドムヤン（Domyan, M.）　150

ナ　行
ネイボン（Navon, D.）　178

ハ　行
ハースト（Hearst, E.）　80
ハーロウ（Harlow, H. F.）　185
ハーンスティン（Herrnstein, R. J.）　162，189，190，198
バウトン（Bouton, M. E.）　61
パヴロフ（Pavlov, I. P.）　32，34，38，40，42，52，55，56，71，74
バブ（Babb, S. J.）　250，251
ハル（Hull, C. L.）　3，38，90
ハンソン（Hanson, H. M.）　170
バンデューラ（Bandura, A.）　208
ハンプトン（Hampton, R. R.）　256，260，264

ヒリアード（Hilliard, S.）　69

ファウンテン（Fountain, S. H.）　113
ブラウ（Blough, D. S.）　167，214
プレマック（Premack, D.）　128

ベイカー（Baker, A. G.）　70

ボウルズ（Bolles, R. C.）　126
ホーニック（Honig, W. K.）　173

ホリス（Hollis, K. L.）　79

マ　行
マイヤス-マノア（Meyers-Manor, J. E.）　252，255
マキ（Maki, W. S.）　176，226
マッキントッシュ（Mackintosh, N. J.）　184

ミラー（Miller, N. E.）　95，206

ヤ　行
ユチョーリ（Urcuioli, P. J.）　201

ラ　行
ライト（Wright, A. A.）　232
ラッシュレイ（Lashley, K. S.）　164
ラビイ（Raby, C. R.）　243

リー（Lea, S. E. G.）　192，196

レイノルズ（Reynolds, G. S.）　108，176
レスコーラ（Rescorla, R. A.）　58，64

ロイトブラット（Roitblat, H. L.）　218
ロック（Locke, J.）　5

ワ　行
渡辺安里依　261
ワトソン（Watson, J. B.）　38，41，43

事項索引

ア 行

暗順応曲線　167
安全信号　133

意識　268
維持性般化法　168
維持的リハーサル　220
移調　172
一般法則　4
遺伝　10
異同弁別　166
意味記憶　242, 246, 251
イメージ脱感作法　43
隠蔽　56, 174

ウィン・シフト　250

鋭敏化　28
エソロジー　14
エピソード記憶　242, 246, 256
エピソード的記憶　244
延滞条件づけ　44

オペラント　102
オペラント条件づけ　84
オペラント水準　102, 130
オペラント箱　92

カ 行

下位カテゴリ　193
回顧的符合化　218
概日リズム　254
外制止　42
階層的学習　60
階層的刺激　180
概念　188, 189, 198
概念学習　188
解発刺激　14

回避　120
回避学習　121
学習　2
学習曲線　6
学習性絶望　137
学習セット　185, 199
確信度評定　262
獲得された等価性　200
加算的統合説　196
加算テスト　72
過小対応　163
過剰予期効果　58
画像情報　231
家族的類似性　193, 196, 197
過大対応　163
価値低下　244, 251, 255
葛藤　135
カテゴリ化　188, 189
カテゴリ間弁別　189
カテゴリ間類似性　193
カテゴリ内般化　189
カテゴリ内類似性　193
間歇強化　46
観察　4
観察学習　114, 208
観察反応　215
観察法　4
感受期　11
感性強化　122
感性予備条件づけ　52
完全対応　163

記憶痕跡　216
記憶弁別理論　112
基礎カテゴリ　193
拮抗条件づけ　42
機能的等価性　198, 199
逆向干渉　230, 231

逆向連鎖化　109, 110
逆行条件づけ　44
強化　32
強化期待　201
驚愕反射　12
強化子　100
強化随伴性　254
強化スケジュール　130, 140
強化矛盾　46
強制選択　180, 256, 257
巨視的要因　147
筋弛緩法　43

偶発的強化　106
群発反応　130

経験　10
継時遅延見本合わせ　217
継時遅延見本合わせ課題　216
継時弁別　158, 189
継時弁別訓練　154, 156, 164
継時見本合わせ課題　225
形態的学習　60
系統的脱感作　43
系列位置学習説　112
系列位置曲線　232
系列位置効果　230, 232
系列学習　110, 266
系列項目再認課題　232
系列説　151
系列符号化理論　112
結合探索　182
嫌悪刺激　120
検索　224, 234
現実脱感作法　43
兼リスク　123

効果の法則　88
高原　6
高次条件づけ　52
恒常性維持　76

向性　12
高速逐次呈示　231
後天的要因　10
行動経済学　123
行動システム　80
行動対比　130, 158
行動伝播　209
行動分析学　92
行動目録　102, 106
行動療法　8
興奮条件づけ　62
興奮性般化勾配　171, 173
興奮メカニズム　40
項目間連合　112
好リスク　123
刻印づけ　11
固定の動作パターン　15
古典的条件づけ　32
孤立項選択　166
混合スケジュール　156
痕跡条件づけ　44

サ　行
サイントラッキング　62
作業記憶　214
参照記憶　214

恣意的遅延見本合わせ　218, 219
恣意的見本合わせ　201, 202, 248
恣意的見本合わせ課題　200, 203
シェイピング　102
視覚探索　180
時間条件づけ　44
刺激閾　167
刺激クラス　198
刺激-刺激連合　88
刺激性制御　54, 154, 168, 189
刺激置換理論　74
刺激等価性　202
刺激般化　20, 36, 166
刺激-反応連合　88

286　事項索引

次元外シフト　184
次元間弁別　170
次元内シフト　184
次元内弁別　170
試行錯誤学習　84
志向的忘却　222
至高点　129
自己制御　124，125
自然カテゴリ　192，193
実験　4
実験神経症　55
実物-写真等価性　198
私的出来事　244，256，268
自動反応形成　62
シドマン型回避スケジュール　148
自発　98
自発的の回復　22，40，130
習慣　3，90
習慣族　3
自由選択　256，257
従属変数　4
集中学習　24
習得的行動　10
自由反応場面　140
手段反応　128
手段-目的関係　210
種特異的防衛反応　126
馴化　18，136
順向干渉　230，232
順行条件づけ　44
順向連鎖化　108
準備性　48，128
上位カテゴリ　193
消去　40，102，130
消去抵抗　46，130，131，140
消去手続き　40
条件興奮　62
条件興奮子　72
条件刺激　32
条件性強化子　122，124
条件性嫌悪刺激　121，133

条件制止　62
条件制止子　72
条件性弁別　60，164，166
条件性弁別訓練　164
条件性抑制　133
条件反射　32
条件反応　32
象徴見本合わせ課題　203
衝動性　124
情報価　58
省略訓練　138，146
省略法　222，223
初期学習　11
初期模倣　206
初頭効果　230，232
事例学習　189，195
新奇性恐怖　18
新奇性への偏好　247
新近性効果　228，230〜232
人工カテゴリ　192，197
信号刺激　14
心的操作　238
真にランダムな統制手続き　64
心理物理学　167

推移律　202
随伴性　64
随伴性空間　64
随伴性形成行動　114
随伴反応　128
スキナー箱　92
スキャラップ　144，149
スケジュール感受性　114，148
刷り込み　11

制御　94
正刺激　54，156
制止条件づけ　62
制止メカニズム　40
生得的解発機構　14
生得的行動　10

生得的反応連鎖　15
正の強化　120
正の強化子　120
正の行動対比　158
正の随伴性　64
正の走性　12
正の頂点移動　170
正の罰　132
生物学的制約　126
生物的制約　48
セルフコントロール　124
全強化　46
選好　163
先行拘束　124
潜在学習　90
全体優位性　180
選択的注意　176
先天的要因　10
前頭前皮質　40

走性　12
相対強化率　162
相対反応率　162
即時強化　124, 137
属性相関　193
阻止　56, 174

タ　行

対応法則　162
対称律　202
タイムアウト　132
代理強化　208
代理的古典的条件づけ　208, 209
代理的消去　209
代理罰　208
多型カテゴリ　192, 193
多元スケジュール　141, 154
他行動分化強化スケジュール　146
多-対-1の見本合わせ　221
脱馴化　20
脱制止　42

単一強化スケジュール　140, 141
単一刺激条件づけ後般化勾配　170
短期記憶　214, 216
短期馴化　26
探索関数　182
探索効率　182
単純接触効果　18

遅延強化　124
遅延時間　214, 261
遅延罰　136, 137
遅延見本合わせ　252, 253, 256
遅延見本合わせ課題　214, 216
置換法　226
逐次照合　234, 236
逐次探索　182
逐次的接近法　102
遅滞テスト　72
チャンキング　113
チャンク　113
注意　182
注意の階層性　178
注意の限界容量　178
注意配分　176
仲介変数　92
中間課題　174
長期記憶　214, 236, 242
長期馴化　26
直後罰　136
直接経験　244
直線走路　110

定位反射　12
定位反応　229
定間隔スケジュール　144
定率スケジュール　142
手続き的記憶　242
転移　262
典型性　193

同一遅延見本合わせ　219

同一見本合わせ　178
動因　90
動因低減　90
等価律　202
道具的条件づけ　84
凍結反応　133
洞察　210
同時条件づけ　44
同時弁別　252
同時弁別訓練　154
動性　12
逃避　120
逃避学習　121
動物機械論　268
動物行動学　14
トークン強化子　122
特色価効果　177
特徴探索　182
独立変数　4
トップダウン効果　182
トラッキング法　167
トレード・オフ　183

ナ　行

慣れ　18

二重過程説　28
認知地図　89, 90

ネイボン効果　178

ハ　行

バイオフィードバック　95
媒介子　200
パヴロフ型条件づけ　32
罰　132
罰の対比効果　134
場面設定子　60
般化減衰説　178
般化勾配　36, 168
般化模倣　207

反射律　202
般性強化子　122
反応確率差分説　128
反応休止　142
反応競合　260, 261, 262, 264
反応形成　102
反応遮断化説　129
反応変動性　100
反応連鎖　109

微視的要因　147
非対称性強化　167
非分化強化　168
非弁別回避条件づけ　121
非見本合わせ課題　164
比率ラン　142

不安階層表　43
フェイディンク　160
フェイド・アウト　160
フェイド・イン　160
復元効果　61, 130
複合刺激　174
複合条件づけ　56
負刺激　54, 156
負の強化子　120
負の行動対比　158
負の随伴性　64
負の走性　12
負の頂点移動　170, 171
負の罰　132, 146
部分強化　46, 131, 150
部分強化効果　46, 131, 140, 150
部分強化スケジュール　140
部分罰　136
部分優位性　180
プライミング　182
フラストレーション説　151
ブラックアウト　132, 164, 223
プラトー　6
フリーオペラント　140, 146

事項索引　289

フリーオペラント法　93
ブリスポイント　129
プリマックの原理　128
ブレイク・アンド・ラン　142, 144
プロトタイプ　194, 197
プロトタイプ効果　193
文化　209
分化強化　102, 168
分化条件づけ　54
分化的反応　154
分散学習　24

並立スケジュール　141, 160
ベースライン　129
変間隔スケジュール　144
扁桃体　40
弁別　54, 154
弁別閾　167
弁別回避条件づけ　121
弁別後般化　156
弁別刺激　100, 101, 108, 128, 138, 154
弁別説　150
弁別率　217
変率スケジュール　142

放射状迷路　250
保持時間　214
補償反応　76
ボトムアップ効果　182
ホメオスタシス　76
本能的行動　14

マ　行
マガジン訓練　103
慢性的恐怖　137

味覚嫌悪学習　49, 251, 255
見通し　210
見本合わせ課題　164, 176

無関係性の学習　70
無誤弁別学習　158, 161
無条件刺激　32
無条件性強化子　120
無条件反射　12, 32
無条件反応　32

迷信行動　104, 141, 226
迷路学習　88
メタ記憶　256, 260, 261
メタ認知　256, 268

目的‐手段関係　88
モデリング療法　208
模倣　206
模倣学習　206
問題解決行動　210
問題箱　84

ヤ　行
薬物耐性　77

誘因　92
誘発　32, 98

溶化　160
抑制性般化勾配　171, 173
予見的符号化　218
予測　94

ラ　行
離散試行　140, 164
離散試行法　93
リハーサル　230, 232
流行　209
臨界期　11

類似性ネットワーク　197
累積反応記録　143
ルール　195
ルール志向行動　114

ルール支配行動　114

レスコーラ＝ワグナー・モデル　58
レスポンデント条件づけ　32, 95, 96
連合選択性　48
連鎖　108
連鎖化　108
連鎖スケジュール　141
連鎖反射　12
連続逆転学習　199
連続強化　46
連続強化スケジュール　140

数　字

1次条件づけ　52

1次性強化子　120
1-対-多の見本合わせ　221
2次条件づけ　52
2次性強化子　122
3項随伴性　98, 99, 101
3次条件づけ　52

英　字

CR　32
CS　32
S-R 連合　68
S-S 連合　68
UR　32
US　32

執筆者紹介

実森正子 （じつもり まさこ）　　【6〜11章】

1972年　千葉大学人文学部（心理学専攻）卒業
1977年　慶應義塾大学大学院社会学研究科博士課程（心理学専攻）
　　　　満期退学
現　在　千葉大学名誉教授　文学博士

主要著書・論文

『現代基礎心理学6　学習Ⅱ』（共著）（1983）
『心理学の基礎』（共著）（1984）
『行動心理ハンドブック』（共著）（1989）
Journal of Experimental Psychology 誌，*Animal Learning and Behavior*
誌などに論文を発表

中島定彦 （なかじま さだひこ）　　【1〜5章】

1988年　上智大学文学部心理学科卒業
1993年　慶應義塾大学大学院社会学研究科後期博士課程（心理学専
　　　　攻）満期退学
現　在　関西学院大学文学部教授
　　　　博士（心理学）

主要著書・論文

『アニマルラーニング』（2002）
『学習心理学における古典的条件づけの理論』（編著）（2003）
『動物心理学——心の射影と発見』（2019）
Journal of the Experimental Analysis of Behavior 誌，*Learning and*
Motivation 誌などに論文を発表

コンパクト新心理学ライブラリ　2

学習の心理　第2版
―― 行動のメカニズムを探る ――

2000年 6 月25日©	初 版 発 行
2019年 3 月10日	初版第24刷発行
2019年11月25日©	第2版第1刷発行
2021年 9 月25日	第2版第5刷発行

著　者　実森正子	発行者　森平敏孝
中島定彦	印刷者　山岡影光
	製本者　小西惠介

発行所　　**株式会社　サイエンス社**

〒151-0051　東京都渋谷区千駄ヶ谷1丁目3番25号
営業　☎ (03) 5474-8500 (代)　振替 00170-7-2387
編集　☎ (03) 5474-8700 (代)
FAX　☎ (03) 5474-8900

印刷　三美印刷　　製本　ブックアート
《検印省略》

本書の内容を無断で複写複製することは，著作者および
出版者の権利を侵害することがありますので，その場合
にはあらかじめ小社あて許諾をお求め下さい。

サイエンス社のホームページのご案内
https://www.saiensu.co.jp
ご意見・ご要望は
jinbun@saiensu.co.jp　まで.

ISBN978-4-7819-1243-1

PRINTED IN JAPAN

テキストライブラリ 心理学のポテンシャル 5

ポテンシャル
学習心理学

眞邉一近 著

A5 判・272 頁・本体 2,600 円（税抜き）

私たちヒトや動物は，様々な環境の変化に柔軟に対応
しながら生活しています．環境に働きかけ，うまくい
かなければ振る舞い方を変えるという経験を積み重ね
ることによって「学習」していきます．
本書は，ヒト以外の動物でも生じる単純な学習から，
ヒトに特有な言語による学習まで，基礎研究で得られ
た知見に加えて，学習心理学以外の領域や臨床場面で
の応用事例についても紹介しています．

【主要目次】
第1章　学習心理学とは
第2章　非連合学習
第3章　連合学習(1)－－レスポンデント条件づけ
第4章　連合学習(2)－－オペラント条件づけ
第5章　連合学習(3)－－感覚運動学習
第6章　社会的学習
第7章　ルール支配行動

サイエンス社